Entre o impossível e o necessário

Recolha e organização de Paula Godinho
com Adelaide Gonçalves e Lourdes Vicente

ENTRE O IMPOSSÍVEL E O NECESSÁRIO

Esperança e rebeldia nos trajetos de mulheres sem-terra do Ceará

1ª edição

EXPRESSÃO POPULAR

São Paulo – 2020

Copyright © 2020, by Editora Expressão Popular

Revisão: *Nilton Viana e Dulcineia Pavan*
Projeto gráfico, diagramação e capa: *ZAP Design*

Dados Internacionais de Catalogação-na-Publicação (CIP)

E61	Entre o impossível e o necessário: esperança e rebeldia nos trajetos de mulheres sem-terra do Ceará. / recolha e organização de Paula Godinho com Adelaide Gonçalves e Lourdes Vicente.– 1.ed.— São Paulo : Expressão Popular, 2020. 276 p. : fots. Indexado em GeoDados - http://www.geodados.uem.br. ISBN 978-65-990414-3-3 1. Movimento sem-terra - Ceará. 2. Movimento sem-terra – Mulheres – Ceará. I. Godinho, Paula. II. Gonçalves, Adelaide. III. Vicente, Lourdes. IV. Título. CDU 333.013.6

Catalogação na Publicação: Eliane M. S. Jovanovich CRB 9/1250

Todos os direitos reservados.
Nenhuma parte desse livro pode ser utilizada
ou reproduzida sem a autorização da editora.

1ª edição: fevereiro de 2020

EDITORA EXPRESSÃO POPULAR
Rua Abolição, 201 – Bela Vista
CEP 01319-010 – São Paulo – SP
Tel: (11) 3112-0941 / 3105-9500
livraria@expressaopopular.com.br
www.expressaopopular.com.br
◼ ed.expressaopopular
◎ editoraexpressaopopular

Sumário

Agradecimentos 9

Introdução...17
Paula Godinho

"Essencial é a travessia", como em Guimarães Rosa......................................43
Adelaide Gonçalves e Lourdes Vicente

VIDAS CONTADAS

Quem faz isso é a necessidade! É a necessidade que faz a gente.................79
Maria Genoveva Monte Sousa, e Maria Isaltina Monte Lopes

Foi sofrido demais, ave Maria! 99
Francisca Alexandrina Lira da Silva

Nós já sabíamos o que era que nós queríamos: nós precisávamos da terra! 103
Maria Lima (Maria Paz Pereira)

Não solte a mão de ninguém. Porque se nós ficarmos sozinhos, aí nós se lasca.......129
Maria de Socorro da Silva Queiroz

Tanta terra plana e a gente só cheio de altos e baixos!.................................139
Virgínia Pereira dos Santos

Aí, foi muita luta, foi muito sofrimento e foi gente assassinada 151
Francisca Martins do Nascimento Souza, "Chiquinha Louvado"

É porque, naquele tempo, tinha que se envolver todo mundo.
No tempo da luta...163
Francisca Silvana de Castro, Dona Chaguinha

Esta luta, ela não pára, não!...169
Maria Expedida Lineu Silva, Dona Maria Bia

A gente teve essa resistência de lutar, de morrer. Como ele, que
foi um que tombou na luta 179
Maria de Jesus da Silva Barros

Nós vivemos libertos, fora de escravidão, graças a Deus! 187
Maria Moura dos Santos

Lutar pela terra foi uma necessidade!...193
Maria das Graças Nascimento

Já vivo nesse mundo novo da modernidade, mas não deixo de ser índia..................201
Maria de Lourdes da Conceição Alves, "Cacique Pequena"

A questão do pertencimento também é uma afirmação,
faz parte de ser quilombola...221
Cleomar Ribeiro da Rocha

Ocupação de terra é uma necessidade grande: a gente
não tem comida, não tem roupa, tudo é de esmola para comer...................................237
Maria Ana da Silva

O MST é essa coletividade que nos impulsiona a
essa luta coletiva, de transformação social..243
Maria de Lourdes Vicente da Silva (Lourdes Vicente)

Epílogo...269

Bibliografia 275

Em memória de Jacinta Sousa
e Nazaré Flor.
Às gerações futuras de
mulheres lutadoras pela terra.

Agradecimentos

Quiénes son los míos?
Los míos: los malcomidos, los maldormidos,
los dueños de nada.
Eduardo Galeano, 1975 [2009]
(La canción de nosotros)

O que segue é uma obra conjunta, só viável porque se uniram vontades. Nada teria sido possível se os meus caminhos não tivessem cruzado com os de Adelaide Gonçalves, professora na Universidade Federal do Ceará, que merece uma ação de graças pela sua capacidade de juntar pessoas, de conseguir apoios, de organizar, entregando-se com o seu saber e a sua militância às causas que importam. Um imenso agradecimento, com muito carinho, sentindo como um privilégio poder pisar o chão do Plebeu Gabinete de Leitura, que é obra sua. A convite da Universidade Federal do Ceará, numa estadia em Fortaleza, pude conhecer Lourdes Vicente que, como Adelaide, se tornaria uma amiga querida, das melhores que a vida me deu. A Lourdes Vicente, militante dedicada e generosa do MST, devo quase tudo: percorreu comigo todos os assentamentos em que vivem estas mulheres, fez a transcrição das entrevistas com esmero, introduziu notas importantes, trouxe o seu olhar sensível e sábio ao que me intrigava, acompanhou-me em momentos fruídos de fim de dia, ao fresco, e resolveu dúvidas à distância, via *coautor* ou *whatsapp*. Dá-me especial prazer que tenha aceitado a posição dupla que tem neste livro: como coautora, com Adelaide Gonçalves, do texto de contextualização acerca do Ceará, do *tempo longo*, das mulheres e do MST, e como entrevistada. Depois de conhecer o bairro onde vive, em Fortaleza, não era possível fazer este trabalho sem trazer também a voz de uma mulher de uma comuna urbana, onde os sem-terra se confrontaram com situações distintas. Estou grata a ambas, num trabalho que é o resultado de um mutirão de gente boa, que insiste na esperança.

A Atílio Bergamini e a Suene Honorato, meus anfitriões em Fortaleza, entre passeios à chuva na praia, cafés da manhã com tapiocas crocantes ou cuscuz com queijo, e toda a literatura que nos une, apaixonadamente discutida nos finais de dia, entre um copo de vinho ou uma infusão, devo o imenso carinho e uma grande parte das condições de logística na cidade para levar a cabo este trabalho, com a planificação dos dias entre estadias nos assentamentos. Foram também a minha companhia no deslocamento à Lagoa Encantada – e não voltamos as mesmas pessoas.

Tenho uma gratidão incomensurável pela equipe do terreno, que ainda deu mais entusiasmo a esta recolha. Além de Lourdes Vicente, com quem delineei todo o percurso, entre mensagens de *whatsapp* a partir de Portugal e cerveja gelada bebida na praia do Futuro, já em Fortaleza, juntou-se o jovem doutorando Lucas Assis, que se encarregou da recolha de imagem, e Valzemir Monte Ferreira, o experiente motorista e homem sensível às lutas contra o latifúndio, que sabia atravessar ribeiros e percorrer as estradas devastadas pelas enxurradas. Entre um bom humor que foi constante, com música sempre animada, na Hilux que o coletivo de transporte do MST do Ceará nos cedeu, conheci fraternidade e solidariedade calorosa, que me ensinaram que a felicidade resulta de partilhas sensíveis, e é radical. Foi meu privilégio, ao longo dessas semanas, em que os dias eram sempre muito grandes e cansativos, privar com estas pessoas, a que tanto me une, e a quem agradeço comovidamente. Fecho os olhos algumas vezes, e lembro o que disseram e fizeram, porque o mundo só se torna potável com gente assim, com quem é fácil inaugurar depressa as palavras "amigo" e "amiga". Nos dias em que circulamos, agradeço também a Jeová Sampaio, de Crateús, que nos acompanhou pelos assentamentos de Canindé, entre risos imensos, e a força de quem se dá aos outros, e à arriscada luta por um mundo diferente e justo. A José Ricardo Basílio (MST-CE), que conheci em 2017 durante um prazenteiro jantar, com o mar à nossa frente, devo carinho e cuidados com a minha pessoa, e estou muito grata pelos saberes que me passou, bem como pelos livros, por uma caneca e um boné.

Às mulheres do Movimento de Trabalhadores Rurais Sem Terra, que acederam a contar a sua história, um agradecimento imenso por quanto me ensinaram, pelo tempo que dispensaram e pela logística que facilitaram. Lutaram pela terra e pela vida, e dão em cada momento um exemplo de coragem na construção de um mundo melhor, mais justo, mais igualitário. Em Canindé, no Assentamento de Santa Helena, agradeço a dona Isaltina Monte Lopes e dona Genoveva Monte Sousa, que nos receberam e contaram os seus dias de luta árdua e corajosa, e ao filho da primeira, Isael, que cozinhou uma magnífica galinha caipira, e que nos serviu milho cozido e café, enquanto falávamos. No Assentamento de Tira-Canga, agradeço a dona Alexandrina (Francisca Alexandrina Lira da Silva): embora doente, acolheu-me em casa, na sua rede, entre a sua família, e contou a sua história, enquanto a nossa frente a paisagem intensamente verde desmentia o cinza do sertão em grande parte dos meses. No Assentamento 25 de Maio, no município de Madalena, entrevistei duas mulheres. A primeira, à sombra da igreja, foi dona Maria Lima, a mulher que ensina que 'tristeza não leva ninguém em frente'. O tempo passou sem notar, entre conversas com o seu marido Hermes, as idas à horta, onde colhemos as verduras para as refeições, cozinhadas pelo seu filho Josélio, e a participação numa marcha noturna, que comemorava os 30 anos do assentamento. Tenho igualmente a agradecer-lhe a dormida disponibilizada na sua casa, e todos os imensos cuidados que me dispensou, com a sua família. Na comunidade de S. Nicolau deste assentamento, entrevistamos dona Socorro (Maria de Socorro da Silva Queiroz), enquanto bebíamos suco de frutas e água fresca no alpendre da sua casa. Agradeço a imensa alegria, a firmeza e o tempo que dispensou. No Assentamento Santana, no município de Monsenhor Tabosa, estou profundamente agradecida a dona Virgínia (Virgínia Pereira dos Santos), que realizara há pouco uma intervenção cirúrgica, mas ainda assim nos recebeu, numa das casas que forma o grande quadrado que constitui o principal núcleo habitado desse assentamento, que tem no centro a igreja, o museu, a cooperativa de consumo e a rádio "Vozes do Campo". Um imenso obrigada pelas atenções que nos foram dadas nesse assentamento, na rádio, na bodega coletiva e na Escola do Campo. No litoral do Ceará, de regresso ao município de Itarema, onde já fizera trabalho de terreno há um ano e meio, reencontrei dona Chiquinha Louvado (Francisca Martins do Nascimento Souza) que, embora doente, nos recebeu no alpendre, ao lado da filha, Maria Ivaniza. Agradeço a ambas todos os cuidados e atenções. Também no Assentamento de Lagoa do Mineiro, estou grata pelo acolhimento de dona Chaguinha (Francisca Silvana de Castro), que entrevistei à beira da água, com o 'coqueiro solteiro' na outra margem, a sinalizar o local onde viveu antes. Com a sua voz calma e o rosto sereno, ensinou-me por que é necessário um mutirão para cortar uma corrente, e como esse é um gesto que empurra o tempo. Estou muito agradecida a dona Maria Bia (Maria Expedida Lineu Silva), que, além de trabalhar no campo, faz redes e tapetes. Ela me recebeu, recordou que a santa do assentamento, invocada quando necessário, é Nossa Senhora da Libertação, e me ofereceu um belo tapete, obra de suas mãos e do seu gosto. No Assentamento Melancias, no município de Amontada, o meu agradecimento se deve a dona Maria de Jesus (Maria de Jesus da Silva Barros), lutadora intrépida e viúva de um dos homens assassinados pelos pistoleiros, Francisco de Araújo Barros. Ao lado, em Itapipoca, o meu muito obrigada dirige-se a dona Graça (Maria das Graças Nascimento), que nos recebeu, com o seu marido, enquanto fazia renda de bilros. Das suas palavras saíam ações lúcidas e firmes, lutas antigas e outras que se lhes juntaram, com audácia. Em Maceió, onde voltei dias depois, com mais colegas, entrevistei dona Maria Branca (Maria Moura dos Santos) sob uma mangueira imensa. Além das palavras, ainda me presenteou com um saco com atas e seriguelas: muito obrigada por tudo! Na Lagoa da Encantada, no município de Aquiraz, tive o privilégio de falar com a Cacique Pequena (Maria de Lourdes da Conceição Alves), indígena Jenipapo-Kanindé que se uniu ao MST na luta pela terra, numa conversa marcante, luminosa e ousada, pela qual estou muito grata. Devo-lhe toda a descrição do que tem sido uma luta de 500 anos pela terra usurpada, em que ao colonialismo se juntariam os avanços do capitalismo, que empurraram os autóctones para lugares inóspitos, zonas de refúgio. Dessas zonas também falou Cleomar Ribeiro da Rocha, uma mulher quilombola do Cariri, agricultora e mariscadora, a quem agradeço as palavras, a confiança, a energia contagiante e as fotos que enviou. Dona Ana (Maria Ana da Silva), do Crato, perto de Juazeiro do Norte, é merecedora de um enorme agradecimento pela atenção e o tempo que me dedicou, num dia muito atarefado. A Lourdes Vicente, que acedeu também a "passar para o outro lado", contando a sua história via *skype*, um agradecimento e uma admiração infinitos pela sua capacidade de empurrar o mundo.

Recebi com desmesura, e a gratidão é imensa, em relação a tantos, no Ceará, em Santiago de Compostela e em Lisboa. Ao MST, e à sua coordenação no Ceará, que me permitiram delinear um percurso e realizar os contatos prévios às entrevistas, a minha inteira gratidão. Foram circunstâncias felizes as que me fizeram cruzar com tantas e tantos que, com sua generosidade e entrega, tornam este mundo melhor, e enchem o futuro de significado. A Sandra e Antonio Leandro, militantes do MST do município de Madalena, o meu muito obrigada pelo alojamento e pelo opíparo e inesquecível jantar no pátio de casa, entre muita conversa boa e cerveja em "véu de noiva". Agradeço as refeições cozinhadas por Dona Gorete, no Assentamento Santana, no município de Monsenhor Tabosa, as informações por parte dos funcionários da cooperativa, bem como a visita à Escola do Campo Florestan Fernandes, guiada pelo seu diretor, Eudes Araújo Santos, e pelos alunos empolgados e conscientes de como estão ali a ensaiar o futuro. Agradeço a Maria Ivaniza, diretora da Escola do Campo Francisco de Araújo Barros, por todo o carinho e cuidados (e por uma das melhores tapiocas...); a Giliarde, o meu imenso agradecimento, porque nos alojou, e cozinhou peixe com pirão, sucos deliciosos, macaxeira, tapiocas com coco e café cheiroso, em Itarema.

Em Fortaleza, circulei com os queridos colegas da Universidade Federal do Ceará, com quem partilhei bibliografia, ideias, camarão, tilápia, atas frescas, sucos deliciosos, manifestações, cerveja gelada e vinhos do Sul, em momentos inesquecíveis: Ana Karine Garcia, Eurípedes Funes, Francisco Régis Lopes Ramos, Frederico de Castro Neves, Irenísia Torres, Karoline Viana, Kênia Rios, Meize Lucas e Sulamita Vieira estão dentro do meu coração, onde se juntam a Liana de Castro Araújo e Tyrone Cândido, da Universidade Estadual do Ceará, e a Ricardo Nascimento, da Unilab. Agradeço aos estudantes das várias universidades, dos *campus* de Fortaleza, Quixadá e Redenção, a atenção e as perguntas estimulantes. O diretor do Arquivo Público do Ceará, Márcio Porto, presenteou-me com alguns livros de grande utilidade para a compreensão do Nordeste, tal como Dércio Braúna, Francisco José Pinheiro e vários outros colegas. Um obrigado ao senhor Valmar, sempre solícito no transporte e na resolução de pequenos problemas.

Agradeço à Fundação para a Ciência e a Tecnologia a bolsa de licença sabática, que permitiu realizar trabalhos de terreno e estadias variadas, acolhida por Adelaide Gonçalves, na Universidade Federal do Ceará, e por Lourenzo Fernández Prieto, na Universidade de Santiago de Compostela, em estadias descontínuas, entre o final de janeiro de 2019 e o final de agosto de 2019. A Adelaide e a Lourenzo devo as condições para a recolha e a escrita, que no caso do segundo passou pela serenidade de Santiago de Compostela, onde me pude entregar a uma parte das leituras prévias e da organização deste livro. Ao Instituto de História Contemporânea, agradeço o apoio para a realização deste projeto, com a sua equipe de ajuda aos pesquisadores em que destaco a Diana Barbosa e a Maria Laranjeiro. Estou grata à direção da FCSH por autorizar a licença sabática entre fevereiro e agosto de 2019, sem a qual esta pesquisa não poderia ocorrer.

Este é também um trabalho sobre os modos como se inventa a democracia, e é devedor da reflexão no âmbito de dois projetos, um dos quais com um enfoque no caso brasileiro: *Estado e memória*: políticas públicas da memória da ditadura portuguesa (1974-2009)", coordenado por Manuel Loff, da Universidade do Porto, e financiado pela FCT; *Transiciones a la democracia en el sur de Europa y en América Latina: España, Portugal, Argentina y Chile*", que foi financiado pelo Ministerio de Economía y Competitivad de España, coordenado a partir da Universidade Autónoma de Barcelona por Carme Molinero e Pere Ysàs. A reflexão que me foi solicitada no âmbito do projeto "Formas de ganarse la vida. La reproducción social en el Granero de Hidalgo, la Huerta de Yucatán y la Faja de Oro en Veracruz", coordenado por Ana Bella Pérez Castro, no âmbito do Instituto de Investigaciones Antropológicas, Unam-México, e de um outro, "Futuros en disputa: las narrativas sobre el porvenir a partir de la coyuntura política del 2018 en México", coordenado por Guadalupe Valencia García, também na Unam, foi fundamental para esta pesquisa. É igualmente com este livro que inauguro a minha participação no projeto "Revfail: Reversing the Genealogies of Unsuccess, 16th-19th centuries", no âmbito do programa "Rise – Marie Sklodowska Curie Actions", que envolve várias universidades europeias e americanas, entre as quais a Universidade Nova de Lisboa. A Red(e) Ibero-Americana Resistência e/y Memória é o alfobre essencial desta pesquisa, porque reúne investigadores que constituem um exemplo de rigor e empenhamento, e que escolheram insistir com a esperança.

Estou grata ao pessoal da Biblioteca Nacional de Portugal, da Biblioteca Concepción Arenal e da Biblioteca Xeral da Universidade de Santiago de Compostela, pela atenção e pela tranquilidade de que pude dispor para a escrita deste trabalho. A Marta Negro e Inacio Vilariño, que sabem sempre ser os meus mais-que-tudo na Galiza, consagro um carinho imenso e um agradecimento comovido, bem como às suas famílias. A Ana Estévez, Carlos Velasco, Lourenzo Fernández Prieto, Luis Bará, Luzia Oca, Mónica Baleirón, Xerardo Pereiro, Xurxo Ayan e aos amigos do Incipit-CSIC (sobretudo Cristina Sanchéz-Carretero), obrigada "com agarimo". Aos *meus*, por muitos lados do mundo, por ajudarem a caminhada a fazer sentido: Aitzpea Leizaola, Alice Samara, Ana Levy-Aires, Ana Luísa Rodrigues, Chéma Valcuende del Rio, Cristina Nogueira, Cristina Viano, Dulce Simões, Eduardo Knack, Ema Pires, Heriberto Cairo, Inês Fonseca, Joana Craveiro, João Baía, João Carlos Louçã, Jorge Freitas Branco, Lindomar Albuquerque, Manuel Loff, María García, María Lois, Mariana Mastrángelo, Mariana Rei, Miguel Cardina, Monica Gatica, Pablo Pozzi, Raquel Afonso, Rui Mateus Pereira, Rui Simões, Sandra Monteiro, Silvestre Lacerda, Teresa Costa Reis e Vanessa Almeida. A José Manuel Alves Pereira devo o apoio com algumas fotografias, e a Débora Dias e Suene Honorato a leitura crítica final, tão dedicada, imprescindível ao texto que se segue. Sem estes apoios, sem o carinho de tantas pessoas, dificilmente esta pesquisa seria feita, e não o seria decerto de modo tão feliz e intenso.

Devo aos meus filhos Inês e João, que são o meu futuro, e à minha mãe, que se vai esquecendo da esperança, uma ação de graças especial. A Inês cuidou também da logística da família na minha ausência, com o apoio de Francisca Candeias, durante o período de licença sabática, o que me permitiu dedicar ao trabalho de terreno, à composição das histórias de vida e à escrita. Está presente a memória do meu pai, meu tronco e meu abraço eterno.

Paula Godinho, Santiago de Compostela e Lisboa,
abril-setembro de 2019

Introdução

Paula Godinho

> *Ojalá podamos ser tan porfiados para seguir*
> *creyendo, contra toda evidencia, que la condición*
> *humana vale la pena, porque hemos sido mal*
> *hechos, pero no estamos terminados.*
>
> *Ojalá podamos ser capaces de seguir cami-*
> *nando los caminos del viento, a pesar de las caídas*
> *y las traiciones y las derrotas, porque la historia*
> *continúa, más allá de nosotros, y cuando ella dice*
> *adiós, está diciendo: hasta luego.*
> Eduardo Galeano

ABRIR A PORTA ESTREITA PARA UM POSSÍVEL INTEMPESTIVO

> *Como então? Desgarrados da terra?*
> *Como assim? Levantados do chão?*
> *Ou na planta dos pés uma terra*
> *Como água na palma da mão.*
> Chico Buarque

No dia 13 de março de 2019, em Anápolis, Goiás, mulheres do Movimento dos Trabalhadores Rurais Sem Terra (MST) e do Movimento Camponês Popular (MCP) cortaram as correntes metálicas que protegiam o portão de acesso à propriedade "Agropastoril Dom Inácio", que pertencia a João 'de Deus', um latifundiário que se apresentava como médium. Eram várias centenas, e os ônibus que as transportavam se assemelhavam a uma lagarta gigante, pela estrada. Estas mulheres, cujos corpos e idades só podemos tentar adivinhar, usavam lenços a camuflar os rostos. Não estavam dispostas à defensiva, tal como em 2006, quando ocuparam as instalações do viveiro de eucaliptos da Aracruz, e o destruíram, alertando para o dano ambiental da plantação intensiva dessa cultura, e, nomeadamente, para a devastação de aquíferos. Não querem viver à defesa. Apesar dos tempos funestos do presente, em 2019 não recuaram. Primeiro silenciosas, depois a gritarem "Terra Livre!", denunciaram um proprietário de terras como estuprador de centenas de mulheres. Para as mulheres do MST, a luta pela reforma agrária popular é também contra o capitalismo e o patriarcado.

Essa ação, adiada relativamente ao dia 8 de Março, Dia Internacional das Mulheres Trabalhadoras, por ter despertado suspeitas das autoridades, viria a ter algum impacto na mídia do Brasil, conquanto o tempo seja de cerco e o MST não esteja acostumado a ser bem tratado pela comunicação social.[1] Num cartaz, içada nos campos da propriedade, agora na posse das mulheres, lia-se: "Pela vidas das mulheres, somos todas Marielles".[2] Esta capacidade de juntar lutas, de as encadear, de lhes dar continuidade no tempo, de gritar que a justiça, no campo, se chama reforma agrária, como faz uma das mulheres que ouvimos no filme, passa igualmente por outras ações de força, uma das quais presenciei, num outro momento.

Na tarde do dia 19 de outubro de 2017, na delegação do Instituto Nacional de Colonização e Reforma Agrária (Incra) de Fortaleza, havia um mar de redes de todas as cores, montadas sob uma cobertura de zinco, onde dormiram muitos militantes do MST. Dizem-me que foram 600, ao longo das várias noites que durou a ocupação das instalações do Incra. São as urgências do presente, com ideias de porvir, que movem as mulheres e os homens, em muitos dos momentos em que a história acelerou. Frequentemente, guiam-se por sonhos humildes e indispensáveis, que podem exigir mudanças em larga escala. Neste caso, reivindicavam o avanço da reforma agrária, numa conjuntura que ficaria sucessivamente pior. Embora fossem evidentes muitos sinais, custava a crer neles, de véspera. O Brasil confrontava-se então com uma situação de golpe, que reativava memórias passadas, depois da destituição da presidenta Dilma Rousseff, em 2016. Com a dedicatória feita por Jair Bolsonaro, quando votou a exoneração de Dilma, poderia intuir-se que o pior ainda estaria por chegar. O futuro presidente, convocando os fantasmas da ditadura, louvaria na sua declaração de voto o coronel Carlos Alberto Brilhante Ustra, torturador de vários opositores durante a ditadura militar, e, designadamente, da presidenta. Não se cai duas vezes no mesmo precipício, mas pode cair-se de maneiras semelhantes, como se fosse um sonho mau que se repetisse. Provavelmente, porque, como nos recorda o escritor francês Eric Vuillard, "as maiores catástrofes

---

[1] Sobre o tratamento do MST pela mídia no Brasil, ver a tese de doutoramento em Estado, Direito e Administração, defendida em 2011 na Faculdade de Economia da Universidade de Coimbra, de Cristina de Souza Reis, Os Bastidores da Mídia e os Movimentos Sociais: o caso do MST.

[2] Refere-se a Marielle Franco, a militante e vereadora assassinada em 2018. Ver o filme realizado pela Brigada de Audiovisual Eduardo Coutinho, do MST, disponível em: https://www.youtube.com/watch?v=ZJXNNb8fNAY&feature=youtu.be. Acesso em: 12 ago. 2019.

anunciam-se frequentemente por passos pequenos" (Vuillard, 2017, p. 84, tradução minha). Por isso, podem apanhar as pessoas desprevenidas.

Entrei no edifício do Incra, logo a seguir a uma refeição. Havia ainda panelas com comida, um grupo que lavava a louça, outro que varria. O chão estava muito limpo, com mochilas e colchões empilhados. Numa sala, decorriam atividades dos 'sem-terrinha', as crianças do MST. Noutra, um debate em que se destacava um grupo centrado nos direitos de gênero, coordenado pelo coletivo LGBTQI+ do Movimento. Na parede, um cartaz com os turnos de segurança, organizados para os dias e as noites. Havia bandeiras vermelhas, a cor dominante nas roupas, e gente com bonés do MST. Um homem usava uma camiseta que comemorava os 100 anos da Revolução de Outubro. Com latas reaproveitadas, surgiram tambores e, animados por uma militante, começaram a cantar. Entoaram epopeias populares, relatos de ocupações, de luta, de sofrimento e de vitórias. As pessoas juntavam-se, batiam palmas, cantavam em coro. Eram de todas as idades. Uma colega da universidade tomou a palavra, saudou a ocupação, e convidaram-me a fazer o mesmo. Peguei no megafone, disse que vinha do outro lado do oceano, que estudara a reforma agrária e a revolução em Portugal, e que estava emocionada pelo que via. Saudei os presentes, e afirmei que me davam esperança.

Ocupação por militantes do MST da sede do Incra em Fortaleza, outubro de 2017. Foto de Lourdes Vicente.

Foi nesse instante que começou este livro, embora não o soubesse então, de maneira objetiva. Esta é uma obra com retratos de mulheres que não quiseram caber onde as pretenderam pôr, e ousaram ir ganhar com os seus uma vida, a partir das suas necessidades e dos seus sonhos. Relatam uma luta contra um esbulho longo, de mais de 500 anos, associado ao formato colonial e à apropriação privada de um bem: a terra. Com relatos de vida recolhidos entre mulheres do Ceará, militantes do Movimento dos Trabalhadores Rurais Sem Terra (MST), torna-se legível a relação entre a experiência e a expectativa, a delinear existências que não toleram os limites das correntes, do arame farpado e da propriedade privada do latifúndio, abrindo os trilhos da reforma agrária. É a vez e a voz de mulheres, que vivem em vários assentamentos cearenses do sertão, do sul, do litoral norte, e numa comuna da cidade de Fortaleza, emprestando eu o ouvido à recolha. A transcrição foi feita por Lourdes Vicente, e a seguir composta por mim. Algumas fotos são de Lucas Assis, outras de Lourdes Vicente, minhas ou de fotógrafo desconhecido; outras resultam do trabalho de José Alves Pereira sobre os filmes que foram realizados por nós.

É um trabalho coimplicado, embora o paradigma da neutralidade seja uma espécie de antibandeira para alguns cientistas sociais. Os tempos vão maus para esse lirismo. Embora os arautos do pós-modernismo considerassem que o desígnio era mudar a escrita antropológica para conferir maior sensibilidade política à disciplina, trata-se sobretudo de recuperar a dimensão do político e de (des)imperializar as ciências sociais e humanas.

Tornou-se corrente depreciar os insubmissos, que são remetidos para o domínio do desvio, do patológico, do anormal, responsabilizando-os pela instabilidade social, numa perspectiva devedora da anomia durkheimiana. Em alguns textos lidos a propósito dos sem-terra e do MST, intriga-me a busca que alguns fazem de uma pureza prístina nos movimentos sociais. Conquanto possamos equivocar-nos, a neutralidade não é um campo, sobretudo quando a realidade sobre a qual nos detemos vive momentos de necrose social. O meu compromisso como antropóloga é a coimplicação, que reitera o lado da humanidade e da empatia, num tempo em que os textos em torno do colapso e das ruínas pouco constroem além do medo.

Defendo que não há qualquer contradição entre o rigor do trabalho científico e o compromisso com um mundo mais justo, assente na igualdade. Enquanto cientista social, não trabalho sem as ferramentas que aprendi, sem o rigor dos métodos e das técnicas de pesquisa. Faço um levantamento bibliográfico prévio, vou em busca das leituras e dos auxiliares de pesquisa necessários, lanço a âncora na observação direta e participante, uso fontes de várias proveniências, realizo entrevistas com guião de controle, e recorro ao olhar crítico que a ciência construiu. Quando escrevo, não só não oculto o meu posicionamento, como compartilho a alegria, ou o desespero, daqueles com quem trabalho, num tempo em que assistimos a danos irreparáveis para as pessoas, as sociedades e o ambiente. Enquanto cientistas sociais, poderemos ser vítimas do nosso olhar se, como Narciso, nos afundarmos na nossa imagem, com a ilusão de que seria a de outrem. Não é preciso distorcer o visível para obter o imaginado, razão pela qual o manto diáfano das aparências tem de ser erguido, seja ele o tratamento preconceituoso, ou a cobertura enviesada da mídia. Nada melhor do que encarar a realidade, e percebê-la em processo, através das vozes das mulheres, como agentes sociais concretas.

Podemos cruzar a vida como nefelibatas, e caminhar sobre as nuvens. Acossados pela "neutralidade", alguns pesquisadores usam luvas de borracha na voz e na escrita, com um distanciamento que não é necessariamente crítico, mas que tem uma iniludível marca de distinção social. Classicamente, a antropologia propôs um contato com o real, a que chamou trabalho de campo, no âmbito do qual pode ocorrer a designada observação participante. É diferente olhar *de fora*, com a distância de classe que algumas vidas permitem, ou tentar observar a partir de dentro, através dos cotidianos vividos em proximidade. Primeiro em *Un mundo común* (Garcés, 2013), e depois com *Ciudad Princesa* (Garcés, 2018), a filósofa barcelonesa Marina Garcés desafiou-nos à *coimplicação* num mundo comum (Garcés, 2013, p. 22), neste tempo do desenvolvimento do capitalismo, em que o "eu", ou mesmo o "'nós", foram privatizados, fechados numa lógica do valor, da competência e da identidade (Garcés, 2013, p. 28). Foi esse entendimento de coimplicação que conduziu a recolha destas memórias e destes modos de delinear o porvir, com desejo e imaginação, num mundo que o capital contamina e a que os subalternos respondem: onde há opressão, há resistência, segundo práticas possíveis (Godinho, 2017), ou tendo na mira o que parece impossível, até ser conseguido.

Este trabalho resulta de uma escolha, que é o resultado da necessidade, notada por Walter Benjamim, de *escovar a história a contrapelo*, para perturbar quem lê, e insistir com a esperança (Pozzi e Godinho, 2019). Conquanto uma ciência social implicada mereça por vezes o label de abordagem subjetiva, ideológica, não científica, pouco acadêmica, a minha reflexão, na linha do que propõe Sherry Ortner para a antropologia, apoia-se em dados, em fontes, em evidências (Ortner, 2019), num trabalho de terreno feito com rigor, nos elementos do meu caderno de campo, com vários formatos de registo audiovisual, e num diário de terreno escrito nos finais de dia, mesmo quando exaurida por longas e empolgantes jornadas. Este é um trabalho com princípios, mas também com um fim: através da voz das mulheres subalternas, que se juntam para melhorar a existência e delinear uma outra, compreender a superação de itinerários marcados pela fome e pela ausência de condições de dignidade.

Dias antes da ocupação do Incra, em 2017, saíra com um motorista e três colegas da Universidade Federal do Ceará, a caminho do Assentamento de Lagoa do Mineiro, que se localiza a cerca de 200 km a norte de Fortaleza. Essa viagem era um ato de atenção, carinho e hospitalidade dos meus colegas, sobretudo de Adelaide Gonçalves, que sabiam que me faltava saber mais sobre a reforma agrária no Brasil, depois de ter trabalhado sobre a de Portugal. Quando abandonamos a pista principal, por caminhos de terra batida, chegamos a uma Escola do Campo. Foi a primeira de três escolas que haveria de conhecer nos dias imediatos, a que se juntariam mais algumas, um ano e meio depois. Maria Ivaniza e Cosma haveriam de me falar apaixonadamente do projeto ali desenvolvido, de me mostrar o banco de sementes, um esplendoroso cajueiro do saber, sob o qual os jovens se reúnem para apreciar o saber e o silêncio, a horta pedagógica que alimenta a escola e ainda produz de sobra, tudo seguindo as sendas de uma pedagogia diversa, com ênfase na agroecologia e em modos de cooperação e construção da igualdade. Num mundo de desigualdades crescentes e galopantes, a perceção de que outros modos de viver em conjunto têm sido inventados constitui um estímulo, sentido ao longo desta pesquisa, pelo conhecimento das mulheres e dos homens do MST.

No Assentamento de Lagoa do Mineiro, enquanto caminhava, o senhor Gilson chamou-me. Viria a saber que é o irmão de um dos quatro mártires que caíram para que a reforma agrária se fizesse, como se fosse preciso ensopar a terra de sangue para construir um sonho. A sua casa fica num extremo da comunidade, num campo com o oceano ao fundo, numa paisagem feérica de verde e de areia branca, a entrar pelo mar. Dona Zélia, a esposa, haveria de me mostrar a casa de alvenaria e a horta, de me falar de abundância e felicidade, e de me oferecer uma banana saborosa, enquanto conversávamos. Ao longo das visitas aos assentamentos, a ênfase nas habitações de cimento – em contraponto às anteriores, de taipa e com cobertura de palha de carnaúba, haveria de lembrar-me a comparação que faz Michael Taussig entre o ouro e o cimento, por todo o mundo, denominando-o "coluna vertebral da modernidade" (Taussig, 2013, p. 174). O cimento ficou conhecido como pedra líquida pela sua capacidade de mudar as formas, de ser usado para cobrir o que é imperfeito, e de dar forma estável a espaços que não a tinham. Várias vezes me lembrariam desse outro ouro, devido ao realce que, em quase todas as conversas, era conferido à habitação estável, de alvenaria, que trouxera conforto e segurança, desconhecidos nas casas de palha. Tradição não é aqui uma palavra que sirva para encher as vidas, porque o futuro não se conjuga em tempos pretéritos. Ao contrário, como noutros contextos em que a história acelerou e os subalternos quiseram inventar caminhos, entre tentativas, vitórias e erros, emergem frequentemente termos que sabem aos momentos inaugurais, ao novo, ao que implicou coletivos que se foram estruturando e que lidaram com desafios acrescidos. Perante um objetivo não atingido, que pode ser pequeno e contingente, como a textura do sabão artesanal que não é adequada, ou a produção de biogás que não é suficiente para suprir completamente as necessidades de uma Escola do Campo, ouvi muitas vezes pronunciar: "ainda não", que traz dentro o princípio da esperança. As realidades são sempre inacabadas, e a história não demostra estar completa.

Ao sair da casa de dona Zélia e do senhor Gilson, haveria de visitar pela primeira vez dona Chiquinha Louvado, então com 74 anos, no seu alpendre fresco, e de a ouvir falar de Nossa Senhora da Libertação, a padroeira do assentamento, numa linguagem em que os modos populares envolvem uma imagética religiosa cristã, com ênfase na conquista de uma terra prometida, e noutras lutas que a existência lhe trouxe, e a que não virou a cara. Ao escutá-la, fui apanhada de surpresa por um discurso impressionante. O caderno de campo não bastava para o que estava a ser contado:

> Foi muito difícil, a luta, né? Porque antigamente era do patrão e os pais da gente trabalhava três dias para o patrão e dois dias para a gente, né? Ninguém podia plantar um pé de coqueiro, nem um pé de cajueiro, porque não era permitido, porque a terra não era nossa. Ele não permitia que a gente plantasse essas coisas. Só se fosse assim feijão, milho, de roça, que era pouquinho. Não podia ir granjear terra, que o patrão não permitia. Aí, a gente vivia, e os meus pais eram pescadores de tarrafa, no rio. Eram gente muito pobre, havia muita pobreza. A gente era muito pobre. A gente morava em casa que era de palha, era assim de taipa, e em cima era assim de palha de carnaubeira. A gente ia tirar nas carnaubeiras, e punha assim. Muito perigoso para se queimar, né? A gente tinha muito medo, e aí um

> dia a casa do meu pai virou fogo. Graças a Deus que não morreu ninguém, mas queimou tudo. Aí, a gente foi ficar debaixo dos cajueiros, e isso foi muito difícil. Meu Deus. (Francisca Louvado, 74 anos, Assentamento de Lagoa do Mineiro, Ceará, outubro de 2017)

Embora não estivesse preparada com gravador, o celular serviu para começar a gravar uma narração que haveria de determinar o meu retorno a este assentamento, que se localiza no município de Itarema, 200 quilômetros a norte de Fortaleza, com o desenho de um projeto, de que esta é a primeira fase. De que falou esta mulher de voz serena? Do momento em que o novo herdeiro dos terrenos em que viviam os avisou, durante uma missa, de que teriam de abandonar a terra. "E vamos para onde?", perguntaram. "Para o inferno", palavras de maior dureza por serem enunciadas por um padre católico. Que fazer?

> Ali no caminho, que era só cajueiros, uma vereda, uma mata, aí, quando chegamos nos cajueiros já tinha muita gente esperando. Foram chegando, e todo o mundo ficando aí pertinho uns dos outros, esperando: 'Gente, o que é que nós vamos fazer? Porque aí a coisa agora está preta. Agora nós vamos fazer o quê?' Nós, a olhar uns para os outros. 'Eu não sei'. Aí, eu disse 'Gente, a gente cai na água, com a água funda, a gente não tem que aprender a nadar, até morrer? Se nadou, nadou. Afundar, não. Pois é do mesmo jeito que nós estamos hoje, e nós temos de lutar. A luta é forte, vai ser muito forte, mas nós vamos de passeio, com os índios. Eles lutaram, já têm alguns advogados com eles, e nós vamos fazer a mesma coisa. Vamos se reunir, vamos fazer reunião'. Todo o mundo se foi embora, sabendo que ia ter reunião para todo mundo se ajuntar e ir atrás dos nossos direitos. Aí, fomos ter com os índios, conversamos com eles, e fomos na CPT (Comissão Pastoral da terra) na diocese de Itapipoca, para ver se nós encontra solução para nós também. Foi tudo, uns dez, escolhemos as equipes, e a gente foi. (Francisca Louvado, 74 anos, Assentamento de Lagoa do Mineiro, Ceará, outubro de 2017)

Dona Chiquinha Louvado refere-se a um tempo de aprender com quem já havia encetado o caminho da luta pela terra. Os indígenas de uma comunidade próxima haviam sido os primeiros a fazê-lo. Tiveram de procurar apoios, de constituir um grupo sólido para enfrentar o que havia pela frente. Estava-se nos anos 1980, as mulheres não tinham a visibilidade que haveriam de conquistar em tempos mais recentes, mas Chiquinha Louvado não hesitou:

> Nessa época, nenhuma mulher queria... Achavam que não era assim conversa de mulher. As mulheres eram para estar na cozinha, fazendo café, arrumando a casa. Elas achavam que não eram para andar assim para a luta, querendo terra. Aí, eu digo: 'Não, eu vou. Eu vou lutar, eu vou dizer...'. Os homens não sabem dizer as coisas, têm até medo de falar. Eu não tenho

medo de morrer, não tenho medo de falar. Aí fiquei na equipe com eles, lá para a diocese. As mulheres têm de ter coragem para lutar pelos nossos direitos. (Francisca Louvado, 74 anos, Assentamento de Lagoa do Mineiro, Ceará, outubro de 2017)

A terra já estava vedada. O arame farpado, dispositivo de contenção e controle que constitui uma "sangrenta reconfiguração da ecologia humana" (κοινωνία, 2017), é também a evidência de que "a dor em grande escala foi utilizada para prevenir a livre circulação dos corpos e de como, em consequência disso, tem sido utilizada para aumentar a exploração econômica e o despotismo político" (κοινωνία, 2017). Porém, Chiquinha Louvado encara o problema já com uma solução, e responde ao advogado, que a alerta para a existência da vedação, com a mesma energia serena que usará com o marido:

‘Eu queria dar uma palavrinha aqui. Nós vamos derrubar a cerca’. Aí, o povo fica comigo, mas havia gente que tinha medo, ‘Ai meu Deus’. ‘Gente, nós vamos derrubar a cerca. Se tiver mais quem... Se todos combinarmos, nós vamos derrubar a cerca’. (Francisca Louvado, 74 anos, Assentamento de Lagoa do Mineiro, Ceará, outubro de 2017)

Aí quando essa gente saiu, [o marido disse:] ‘Mulher, tu não tiveste medo de dizer aquelas palavras, não?’ ‘Não, não tive não. Porque se nós estamos dentro de um rio fundo, nós tem que nadar. E a pessoa tem que tirar o medo, o medo de morrer. Se nós sairmos daqui, vamos para onde? Aí, ficamos todo o mundo’. (Francisca Louvado, 74 anos, Assentamento de Lagoa do Mineiro, Ceará, outubro de 2017)

Embora os homens as tenham considerado menos capazes da ação de força que levaria a tomar a terra, o relato de Chiquinha Louvado é elucidativo acerca da participação das mulheres – do *mulherzal*, como diz, numa espécie de novo substantivo coletivo, tão fixado à terra como às árvores. Não é uma catacrese, a figura de retórica que nomeia o que não tem nome, é mesmo um neologismo, criado por esta mulher de voz tranquilizadora. Reporta-se a um conjunto de mulheres que tem de secar as lágrimas e fazer o que se torna imprescindível, que se transmuta de *coletivo em si* para *coletivo para si*:

Quando foi nesse dia, foi a amanhecer, se reuniu todo mundo. A 1 hora da madrugada, era para juntar todo o mundo ali no ponto, para a gente começar o trabalho. ‘E as mulheres?’. ‘Mulher fica em casa, que as mulheres não sabem cortar. Deixe estar só os homens, (...) e sai com a merenda’. Aí, o meu filho, quando o dia foi amanhecendo, ‘Mamãe, tanto trator que vem cheio de soldados’. Eu, com a porta fechada, vi três tratores, que passavam: ‘Meu filho, vai por este lado, o outro pelo outro, vá chamar esse mulherzal todo’. Chegou esse mulherzal todo, chorando, 'Nós vamos morrer com os nossos maridos'. 'A gente não chora não, vamos ter fé em Deus, quem tiver a sua Bíblia leva, quem tiver o seu livro de cânticos... O que quiser e puder cantar, cante. Se mantenha com as crianças a acompanhar'. Era só veredas, a gente subiu essas veredas, e aí chegou a um altinho bem grande, que o chão fazia assim um baixio. De lá, a gente avistava a cerca. Quando a gente chegou lá em cima nesse alto, a gente enxerga, e era polícias esperando os homens. Eles não sabiam se iam da banda de cá ou da banda de lá, e a gente também não sabia. Nós vimos este povo, e nós dissemos: 'Por amor de Deus, nós não vamos chorar à frente deles, não vamos chorar não. Agora, nós vamos pedir, pelo amor de Deus, mas ninguém vai chorar, porque se a gente chorar, não pode nem falar. Vamos cantar'. Aí peguei meu livro e saímos cantando. De lá, eles viram nós. Quando nós descemos no baixio, ninguém via mais ninguém. Todo o mundo cantando, canto da igreja. Era muito cântico, de um livro da igreja. Quando os homens viram nós: 'Oh, meu Deus, vocês vieram!'. 'Nós viemos, porque ali há polícia, está ali'. Eles não sabiam que tinha. 'Está ali cheio de polícias, vieram umas três daquelas camionetas que eram de antigamente, aquelas que têm muita tração. Vieram três, e três tratores ou quatro, cheio de polícia. (...) Aí, nós ficámos fazendo parede. Eles aqui, e nós aqui rezando, rezando... Era cânticos, era Pai-Nosso, era Ave Maria, era Salve-Rainha, era o 'Creio em Deus Pai', era tudo... Quando terminava num, entrava noutro. Aí, quando chegaram, os homens derrubaram a cerca. Rezamos um Pai-Nosso de agradecimento, e quando terminamos de rezar o Pai-Nosso, fomos embora para casa, dando graças a Deus porque não houve nada. (Francisca Louvado, 74 anos, Assentamento de Lagoa do Mineiro, Ceará, outubro de 2017)

O padre, proprietário do terreno onde viviam, haveria de arrepender-se de quanto fizera sofrer aos que trabalhavam aquela terra, mas só à beira da morte. Movidos pela compaixão, o senhor Gilson e Dona Zélia, que haviam visto morrer um irmão e cunhado sob os tiros dos pistoleiros a soldo, deslocaram-se ao leito de morte do padre, e perdoaram-no, apesar de deixar como rasto nesta comunidade quatro mortos, e muita inquietação.

O mar é de toda a gente e a terra também poderia ser, disseram-me neste assentamento. Contudo, esta terra que hoje cultivam, e a partir da qual lançam as redes no mar, esteve pejada de mercenários, ao serviço desse proprietário. Houve gente marcada para morrer, e que viria a ser assassinada. Chiquinha Louvado, usando de astúcia, uma arma sem gume nem bala, conseguiu escapar:

Tinha uma latada muito grande lá em casa, que era para a gente se reunir, era missa, era celebração, era reunião da comunidade. Nesse dia, o meu menino estava varrendo e eu assim debulhando feijão maduro. O meu menino pequeno estava assim perto de mim, e um boi mesmo aí comendo as cascas. Eu não sabia que estes homens tinham passado para cá. Quando dei fé, os dois homens entraram, cada qual com o seu revólver, assim na latada. Entraram na latada, um cavalo daqui e outro dali, e eu no meio. Fiz um jeito de rir com eles, 'Bom dia'. 'Bom dia'. 'Aqui é que mora o senhor Raimundo? Cadê ele?' 'Eu não sei onde ele anda. Eu cheguei aqui de manhã, que a esposa dele estava muito doente, e aí ela é muito minha amiga, mandou-me chamar para eu fazer um chá para ela. Eu sou muito mezinheira, e aí eu vim fazer um chá para ela. Inclusive, eu dei o chá, e ela estava muito doente, mas eu não perguntei para onde ia'. 'E você não é a esposa dele, não?' 'Não, sou amiga'. 'Pois nós viemos aqui para ajustar uma conta com seu Raimundo e a esposa dele. Não dá para chamar ela não?' 'Não, nunca dá, que ela está com muita febre'. 'Ai, menino, chama a tua mãe. Diga que está aqui quem queira falar com ela. De onde são os senhores?' 'Somos de Jaguaré'. 'Ai, menino, chama a sua mãe'. Aí o menino entrou, custou, passou um pedaço lá para dentro 'Ela não vem não, que ela diz que está suando a febre'. A outra menina Jacinta lhe disse: 'Diz a eles que a mamãe está suando a febre.' Eles não entraram, não. 'Vem outro dia, prestar contas com eles'. 'É, noutro dia eu venho'. 'Eu quero beber água, a senhora vai dar água para eu beber?' 'Vai, menino, vai buscar água'. Quando ele chega, enterraram as águas pelas cabeças dos cavalos. Foram embora, e isso é que foi chorar. (...) Botaram os cavalos, e aí eles balearam dois homens, mataram dois homens da comunidade. (Francisca Louvado, 74 anos, Assentamento de Lagoa do Mineiro, Ceará, outubro de 2017)

Ouvir Chiquinha Louvado, e ler os relatos que se seguem, recorda-nos que há coisas que não vemos porque estão longe, outras porque vão sendo obscurecidas, outras ainda que não percebemos porque as imagens da realidade parecem ser demasiado rápidas. Numa intervenção pública recente, em Lisboa, o realizador brasileiro Walter Salles aludia à necessidade de alargar a unidade de tempo, para que o cinema ganhe um lugar além do que é rápido. Não será só para o cinema, mas também para a percepção do real, impedindo-o de ser deglutido por um presentismo devorador, exasperante, desmobilizador, que impede de ligar o que se conquistou e o mundo do que existe para ser ganho. Quando a palavra 'colapso" se torna verbo, como uma condenação, ler estas histórias de vida torna-nos evidente que não devemos descer do futuro em andamento. A história não acabou, clamava uma pintura mural na Universidade, e há quem abra portas estreitas para um possível intempestivo. Como nos recorda Ailton Krenak "adiar o fim do mundo é sempre poder contar mais uma história". (Krenak, 2019, p. 27)

VEREDAS: PELA MÃO DE MULHERES SEM-TERRA

> E se somos Severinos
> iguais a tudo na vida
> morremos de morte igual:
> mesma morte severina.
> Que é a morte de que se morre
> de velhice antes dos trinta
> de emboscada antes dos vinte
> de fome um pouco por dia
> (De fraqueza e de doença
> é que a morte severina
> ataca em qualquer idade
> e até gente não nascida).
> João Cabral de Melo Neto

Não é de derrotas que aqui se parte, mas do sabor de vitórias, que podem ser relativas, contingentes, como todas, mas que mudam as vidas. Vidas severinas, mortes severinas, como na escrita de João Cabral de Melo Neto, com um clarão de luz que passou pela terra que queriam – e conseguiram – ver dividida. Os triunfos nem sempre são retumbantes. Porém, mesmo quando limitados, no tempo ou no espaço, inauguram caminhos. As subalternas, que aqui contam suas histórias, cortam correntes e arame farpado, inauguram rumos, e demostram que o impossível pode estar no campo das possibilidades. O desespero é vivido a solo, mas a indignação junta quem está isolado, dilatando a expectativa. Esta é a primeira fase de uma pesquisa centrada nessas mulheres subalternas do MST, que partiram à procura de futuro, por caminhos que ainda não conheciam, com roupas e panelas sobre a cabeça, e os filhos ao colo e pela mão.

O livro resulta de múltiplas vontades e coincidências. Por iniciativa do meu editor em Portugal, num dia muito quente de junho de 2017, em Lisboa, conheci Adelaide Gonçalves, professora da Pós-Gradução em História da Universidade Federal do Ceará. Adelaide havia lido o meu livro que acabara de ser publicado, *O futuro é para sempre – Experiência, expectativa e práticas possíveis*, e ofereceu-me um outro, *À sombra das castanheiras – Luta camponesa: cultura, memória e história*, que coordenara, através do Plebeu Gabinete de Leitura, em Fortaleza. Foi uma tarde em que, entre água fresca, inauguramos uma amizade e uma cumplicidade, que serve para demonstrar que o oceano pode ser uma mentira. No âmbito de duas conferências que fiz em outubro de 2017, na Universidade Federal do Ceará, em Fortaleza, e na Universidade Estadual, em Quixadá, visitei várias Escolas do Campo, um conjunto de assentamentos, um acampamento e uma ocupação do Incra. Conheci então alguém decisivo neste projeto, que se centra de modo amplo nos discursos e nas práticas de mulheres do Movimento dos Trabalhadores Rurais Sem Terra (MST): Lourdes Vicente. Sem ela, a sua entrega e generosidade, a sua inteligência e militância, este livro não poderia existir. Nessa primeira aproximação ao terreno do Ceará realizei algumas entrevistas, circulei pelo Assentamento Zé Lourenço, no município de Chorozinho e visitei a Escola do Campo Francisca Pinto, acabada de inaugurar, no Assentamento Antônio Conselheiro, no município de Ocara. Viajei pela primeira vez ao Assentamento de Lagoa do Mineiro, em Itarema, onde visitei a Escola do Campo Francisco de Araújo Barros, decisivos no desenho do projeto de que resulta este livro. A caminho de Quixadá, estive no Acampamento Mariano Xavier, no município de Ibaretama, e desloquei-me igualmente a uma ocupação da sede do Incra, em Fortaleza, onde fui recebida carinhosamente. Além dos saberes recolhidos, foi preciso convocar ânimos múltiplos. A parte substancial do trabalho de campo resulta de uma recolha de terreno intensiva, levada a cabo entre o dia 24 de março e o dia 6 de abril de 2019. Entre as águas de março e um abril de águas mil, que este ano foi abundante, circulei pela casa de vários militantes do MST na Cidade Jardim, uma comuna urbana, na periferia de Fortaleza. Ali, o MST juntou-se com outras plataformas para exigir habitação condigna, destinada aos habitantes que viviam em bairros degradados. Guardo na memória as casas que visitei, com exíguos jardins em frente dos prédios de quatro andares, ou pequenas hortas muito cuidadas, os livros, as bandeiras, as almofadas com Frida Kahlo ou Che Guevara, os sucos deliciosos, o café aromático para que me convidavam. Desloquei-me a diversos municípios do sertão e do litoral cearenses, e entrevistei duas mulheres no Centro de Formação, Capacitação e Pesquisa Frei Humberto, uma do Cariri e outra do Crato. Uma entrevista seria feita via *skype*, em agosto de 2019, já no retorno.

Com Lourdes Vicente e com Adelaide Gonçalves, ao longo de ano e meio, preparei à distância o trabalho de campo extensivo, que requereu uma cartografia dos assentamentos do MST no Ceará, a escolha de vários deles, geograficamente dispersos, e contatos prévios com algumas mulheres que nos acolheram, a cargo de Lourdes Vicente. A logística da deslocação e da estadia contou com o apoio imprescindível dos militantes do MST, em cada assentamento e em esfera estadual. O período de chuvas que abençoou o Ceará, em 2019, tornou impossível usar um carro alugado para cumprir o percurso delineado. A carrinha em que viajamos foi cedida pelo MST, e o experiente motorista Valzemir Monte Ferreira, que nos acompanhou num percurso difícil devido à chuva e ao estado das estradas, é também do Movimento: conhecia de cor as vias e os incertos trilhos do sertão e do litoral, porque há 20 anos transporta gente e produtos entre assentamentos, e para as cidades. Juntou-se-nos Lucas Assis, um jovem doutorando da Universidade Federal do Ceará, que se encarregou de grande parte das filmagens e de algumas fotos. Dormimos e, frequentemente, comemos nas casas de militantes e apoiantes do MST, o que permitiu conhecer a intimidade das famílias, com uma divisão de papéis em função do que é necessário, que se vai distanciando dos modos subalternizantes de repartição por gênero.[3]

As entrevistas foram realizadas nos lugares escolhidos pelas mulheres: no interior das suas casas, nos alpendres frescos, ou sob árvores gigantescas que nos asseguravam a sombra. Duas delas foram realizadas no Centro de Formação, Capacitação e Pesquisa Frei Humberto, em Fortaleza, aproveitando a deslocação de duas mulheres do sul do Ceará, uma do Cariri e outra do Crato. Em todos os casos, atendendo a que várias das mulheres têm escasso ou nulo domínio da leitura e da escrita, foi pedido verbalmente o consentimento para filmar, gravar e, posteriormente, utilizar as transcrições em textos ou numa montagem de imagens. Como a experiência das mulheres nas comunas urbanas merecia ser também abordada, a última conversa foi feita via *skype*, a partir de Lisboa, com Lourdes Vicente. Essa última conversa permitiu também compreender com detalhe os modos de procederem várias ocupações de terra e conhecer a evolução da posição das mulheres dentro do próprio MST. O guião de que partia era sumariamente apresentado a todas. Pretendia-se que falassem da sua vida, da infância, dos pais e irmãos, dos filhos e companheiros, de que situação e de onde partiram, como

---

[3]   Foi muito comum que os homens cozinhassem, lavassem, limpassem e cuidassem dos mais velhos, dos mais novos e dos incapazes. Eram filhos e esposos das mulheres que entrevistamos. Num dos dias de entrevista, chegamos muito cansados à casa de Cosma e Giliarde, numa das comunidades de Lagoa do Mineiro. Ela estava em viagem, e ele assegurava os trabalhos da terra e os cuidados com os filhos. Já nos havia preparado peixe com pirão, sucos deliciosos, macaxeira cozida, e estava a dar banho aos pequenos. Na manhã seguinte, a mesa era impressionante para o café matinal, com sucos, tapioca com queijo de coalho e cuscuz. O jantar que desfrutamos em Madalena, no sertão cearense, foi cozinhado por Antônio Leandro, um professor militante do MST. Em Santa Helena, Canindé, foi Isael, filho de Dona Isaltina, que preparou o almoço, e no Assentamento 25 de Maio foi Jocélio, o filho de dona Maria Lima, que se encarregou das várias refeições e de grande parte da logística da casa. Também em Aquiraz, na Lagoa Encantada, o almoço foi cozinhado e servido por Preá, um dos filhos da Cacique Pequena.

se tornaram acampadas e depois assentadas, como decorreu o processo que lhes permitiu aceder à terra, como é hoje a sua vida e a dos seus, que mudanças se registaram, o que cultivavam... Nem todas falaram de tudo, não foram enfáticas nos mesmos temas, alguns que não previra surgiram como decisivos e, num caso, entre a entrevista em 2017 e a de 2019, as urgências do presente tinham-se sobreposto, com uma descrição menos densa do passado mais remoto e um relevo dado a problemas mais recentes, e aos modos de os resolver. A conversa fluiu como entenderam, só reencaminhando o assunto quando havia um silêncio, ou no final.

As entrevistas feitas às mulheres em 2019 foram transcritas por Lourdes Vicente, que também é responsável por grande parte das notas de rodapé. As conversas de 2017 e as entrevistas feitas a várias pessoas no Assentamento Santana foram transcritas por mim. A partir dos brutos das transcrições, foram compostas as histórias de vida, retirando algumas repetições próprias da oralidade, e reenquadrando algumas partes (como sucedeu quando, no final de uma entrevista, me pediram que inserisse os nomes completos de pais, filhos, netos e irmãos, para que viessem a constar no texto final, por exemplo).

Trata-se da primeira fase de uma pesquisa mais lata, que pretende fazer chegar ao público desde já estas narrações, num formato que constitui uma fonte para outros trabalhos e outros pesquisadores. No momento atual do Brasil, achegamo-nos aqui a histórias reais, de carne, osso e coragem, que trazem dentro as vidas de mulheres valentes, que demonstram que se pode reverter processos longos, e que a pobreza não tem de ser uma condenação. Neste tempo, em que somos conduzidos a uma aporofobia política, que persegue os pobres, sobretudo racializados, e os criminaliza, parecerá a alguns que esta ênfase nas mulheres do MST, na sua intrepidez, e no seu projeto, é um assunto fora de moda e fora de prazo. Insistir na esperança é realçar estes itinerários coletivos repletos de ânimo e criatividade, usando as armas dos fracos e a ação coletiva, em busca de uma vida melhor. As mulheres falam dos trilhos que percorreram em comum, à procura de um tempo mais justo, em que demonstraram ser capazes 'do salto para o assalto',[4] seja a cortar as correntes e a penetrar na propriedade privada como quem entra na terra prometida, seja a matar um boi para calar a fome generalizada da vizinhança, ou a lutar por condições higiénicas e sa-

---

[4] Melo Neto, João Cabral de. "Uma ouriça", in: *A educação pela pedra*. Rio de Janeiro: Editora do Autor, 1966.

nitárias, quando novas crianças saltam para dentro da vida (em paráfrase de João Cabral de Melo Neto), seja a distribuir apitos para se interprotegerem contra a violência patriarcal – em suma, a inventar soluções para os problemas que vão surgindo.

Estes relatos ensinam-nos também um modo diferenciado de organizar a produção, a distribuição da riqueza, a sociedade e o mundo. Ao individualismo respondem com formatos associativos e comunitários, à concorrência opõem a cooperação, à acumulação preferem a igualdade, ao agronegócio contrapõem a agroecologia. Como nota Howard Zinn,

> O que decidamos enfatizar nesta história complexa determinará as nossas vidas. Se só vemos o pior, o que vemos destrói a nossa capacidade de fazer algo. Se recordamos os momentos e lugares – e há tantos... – em que as pessoas se comportaram magnificamente, isso dar-nos-á energia para atuar, e pelo menos a possibilidade de empurrar este mundo, que gira como um pião, noutra direção. (Zinn, 2001, p. 34, tradução minha)

Os discursos que relatam as práticas destas mulheres trazem sementes, que são o princípio de muito do que necessitamos, por todo o lado.

ENTRE A TERRA E A TERRA

> Vou lhe falar. Lhe falo do sertão. Do que não sei.
> Um grande sertão! Não sei. Ninguém ainda não sabe.
> Só umas raríssimas pessoas – e só essas poucas veredas, veredazinhas.
> O que muito lhe agradeço é a sua fineza de atenção.
> Guimarães Rosa

> (...)
> Lutai altivo, corajoso e esperto
> Pois só verás o teu país liberto
> Se conseguires a reforma agrária.
> Patativa do Assaré

O verão temperado do Norte viu entrar pelas notícias as linhas de fogo da Amazônia, que ardia, em 2019. A partir da Europa, a tragédia do mundo era vivida com a distância que a mídia interrompia, através de uma notícia por outra, como aquela que dizia que o governo do Brasil autorizara mais de 500 ações de desmatamento, horas depois de ter assinado um compromisso pela preservação.[5] Num dos dias de agosto de 2019, a

---

[5] Disponível em: https://g1.globo.com/to/tocantins/noticia/2019/08/03/governo-autoriza-mais-de-500-pedidos-de-desmatamento-horas-apos-assinar-compromisso-pela-preservacao.ghtml. Acesso em: 22 ago. 2019.

cidade de São Paulo veria chegar a noite às três da tarde, com uma espessa nuvem, embora as queimadas ocorressem a mais de 2.700 quilômetros. Os indígenas da Amazônia mostravam o seu desespero pela destruição de uma terra, que é a sua, e que nos dá vida. As imagens que saíam das nossas telas traziam-nos animais mortos, ou a tentarem escapar do fogo, já cegos. As manobras mais brutais deixam-nos sem voz, recorda-nos Eric Vuillard (2017, p. 36). Como se ajudássemos a deixar comer o nosso próprio braço, lemos que Jair Bolsonaro culpava as ONGs da Amazônia de atearem os fogos, sem apresentar provas. Frequentemente, quando se trata de saber quem fala verdade, basta abrir a janela, ainda que possa entrar fumo. O *Diário Oficial da União* publicara no dia 2 de agosto as autorizações de 557 desmatamentos, umas para menos de 10 hectares, outras para mais de 900 – e um hectare é um campo de futebol. Anestesiados por dias de notícias devastadoras e horripilantes, parecemos paralisados. Na verdade, as maiores catástrofes aproximam-se devagar, mas no Brasil os passos pequenos já tinham sido dados, desde 2016.

Numa reflexão sobre a América Latina, o teórico peruano José Carlos Mariátegui (1894-1930) escrevia: "Não nos contentamos em reivindicar o direito do índio à educação, à cultura, ao progresso, ao amor e ao céu. Começamos por reivindicar, categoricamente, o seu direito à terra" (Mariátegui, 1976, p. 35). No princípio de toda a desigualdade, a distribuição da terra tem raízes coloniais. No caso do Brasil, assentou numa estrutura fundiária com a utilização de mão de obra escrava, que evidenciou a dupla concentração da terra e da riqueza. Com a colonização portuguesa, os primeiros donatários de capitanias, e os senhores de engenhos e fazendas, organizaram-se em latifúndio, com terra herdada, que conferia poder político e social (Pinto, 1966, p. 2). Mesmo com a abolição da escravatura, em 1888, embora passasse a existir pagamento de salário, prevaleceu o formato da grande propriedade, como sinal de uma estrutura agrária e social defeituosa, profundamente desigual. No sertão brasileiro, a sua centralidade na escala hierárquica, com a violência de classe como modo de gerir os domínios e de perpetuar o lugar social, evidencia-se, por exemplo, no universo de inspiração do poeta popular Patativa do Assaré. José Saramago, no seu contributo para uma obra coletiva, em que participaram também Chico Buarque e o fotógrafo Sebastião Salgado, traça um retrato do que se impõe ter presente:

> A superfície do Brasil, incluindo lagos, rios e montanhas, é de 850 milhões de hectares. Mais ou menos metade desta superfície, uns 400

> milhões de hectares, é geralmente considerada apropriada ao uso e ao desenvolvimento agrícolas. Ora, atualmente, apenas 60 milhões destes hectares estão a ser utilizados na cultura regular de grãos. O restante, salvo as áreas que têm vindo a ser ocupadas por explorações de pecuária extensiva (que, ao contrário do que um primeiro e apressado exame possa levar a pensar, significam, na realidade, um aproveitamento insuficiente da terra) encontra-se em estado de improdutividade, de abandono, sem fruto.
>
> Povoando dramaticamente esta paisagem e esta realidade social e econômica, vagando entre o sonho e o desespero, existem 4,8 milhões de famílias de rurais sem-terra. A terra está ali, diante dos olhos e dos braços, uma imensa metade de um país imenso, mas aquela gente (quantas pessoas ao todo? 15 milhões? mais ainda?) não pode lá entrar para trabalhar, para viver, com a dignidade simples que só o trabalho pode conferir, porque os voracíssimos descendentes daqueles homens que primeiro haviam dito: 'Esta terra é minha', e encontraram semelhantes seus ingênuos para acreditar que era suficiente tê-lo dito, esses rodearam a terra de leis que os protegem, de polícias que os guardam, de governos que os representam e defendem, de pistoleiros pagos para matar. Os 19 mortos de Eldorado dos Carajás e os 10 de Corumbiara foram apenas a última gota de sangue no longo calvário que tem sido a perseguição sofrida pelos trabalhadores do campo, uma perseguição contínua, sistemática, desapiedada, que, só entre 1964 e 1995, causou 1.635 vítimas mortais, cobrindo de luto a miséria dos camponeses de todos os estados do Brasil, com mais evidência para Bahia, Maranhão, Mato Grosso, Pará e Pernambuco, que contam, só eles, mais de mil assassinados. (José Saramago, *apud* Salgado, 1997, p. 12)

Nos 22 anos que nos separam deste balanço, em conjunturas pautadas pelo governo neoliberal de Fernando Henrique Cardoso, os de esquerda de Lula da Silva e Dilma Rousseff, e os que se seguiram ao golpe de 2016, cresceu o número de assentados e de terra cultivada por famílias. Frequentemente, tiveram de passar pelo inferno de acampamentos insalubres sob plástico preto, antes de lograrem a terra para cultivarem. É um processo com sofrimento e com mortos, porque a autoridade do Estado e dos proprietários pode sobrepor-se. Segundo o Incra, no final de 2017 havia no Brasil uma área de 87.978.041,18 hectares com 972.289 famílias assentadas, em 9.374 assentamentos. No Ceará, aponta-se 21.587 famílias assentadas, que ocupavam 916.172,98 hectares, integrando 457 assentamentos.[6] No processo de reforma agrária, o Movimento dos Trabalhadores Rurais Sem Terra (MST) enquadrou as populações rurais mais pobres e excluídas, política e economicamente, que reivindicaram o direito a mobilizar-se e a organizar-se, pela terra e por um novo modo de vida, frequentemente

---

[6] Fonte: http://painel.incra.gov.br/sistemas/index.php. Acesso em: 21 ago. 2019.

contra o Estado e em defesa da reforma agrária. As vozes das mulheres que aqui se leem permitem olhar para as lutas do passado e do presente, e trazem dentro vitórias, com uma melhoria acentuada de condições de vida, em menos de 30 anos.

Num meio em que a exploração permite acumular riqueza, ao mesmo tempo que condena à pobreza, esta última intensifica-se nas situações de seca. No semiárido, os camponeses enquadraram as legiões de retirantes, durante as longas secas, que impediam o cultivo e a criação de animais. Alguns, ficariam em campos de concentração insalubres, no limiar das cidades. Desde os quadros literários de Jorge Amado, em *Seara Vermelha*, de Rachel de Queiroz, em *O quinze*, da poesia de João Cabral de Melo Neto, ou dos épicos de Patativa do Assaré, cantados por Luiz Gonzaga, esse ecótipo nordestino do semiárido, explica o êxodo dos campos e o inchaço das periferias das cidades, em condições degradantes. Pauta-se por uma longa estação quente e seca, e umas "águas de março" incertas, que se aliam a um modo de produção com classes sociais bem demarcadas. Nos discursos recolhidos para este livro, a imagética religiosa assente na Bíblia é fulcral, mas a Terra Prometida não estaria nesses subúrbios insalubres e indigentes das urbes. Para os camponeses que perdem as terras, ou que se retiram – devido a condições de exploração intoleráveis e flagelados pela seca, que traz a fome no rasto –, o lugar onde corre o leite e o mel é aquele em que se cultiva e produz.

Este Nordeste tem uma história que pode medir-se pelas secas, com as multidões de retirantes que as acompanham – 1877, 1915, 1932, foram anos marcantes. Os períodos dos anos 1960 e 1980 são dolorosamente referidos nas entrevistas. No belo uso da língua no Ceará, ser mãe é "ganhar neném", conquanto a mortalidade infantil traga dentro a mágoa da perda, nos tempos anteriores ao assentamento e à conquista da terra. Várias das mulheres que falam associam a má nutrição à perda de vários dos seus filhos. O clamor por reforma agrária alimentou as Ligas Camponesas, que se disseminaram por parte significativa do Nordeste, a partir da década de 1950. O trabalho obrigatório sem pagamento, os despejos sem indenização, os aumentos do foro e a violência crescente requeriam a construção de uma consciência de classe por parte dos camponeses, que permitisse a organização para a conquista de direitos. Após o golpe de 1964, os líderes das Ligas Camponesas que não se exilaram foram perseguidos e mortos. Porém, ainda que fossem eliminados os cabecilhas, as razões das lutas não desaparecem.

No final da década de 1970, emergiram modelos de desenvolvimentismo capitalista, e, paralelamente, movimentos rurais com inusitada força. O MST surgirá de confluências variadas, sob a bandeira da reforma agrária, num contexto a que se juntarão reivindicações de mulheres, de agricultores ameaçados pelas obras públicas, sobretudo barragens e hidroelétricas, de pequenos camponeses que pretendem aceder a políticas setoriais do Estado, de populações expulsas para as periferias das cidades e que procuram teto e terra, de indígenas e quilombolas, cujas terras ficam sob ameaça. Nos campos, crescem então as disparidades, com a mercantilização de atividades que fizeram crescer a diferenciação social e a especialização. É no Rio Grande do Sul que se inicia o movimento, com base nessas alterações e em setores progressistas da Igreja Católica, eivados pelo discurso da Teologia da Libertação. As Comunidades Eclesiais de Base juntaram populações sem-terra desde os anos 1970, sob o incentivo da Teologia da Libertação. Viria a ser crucial um organismo da Igreja Católica, a Comissão Pastoral da Terra, que integrou mediadores provindos da agricultura familiar, em apoio do MST e da Via Campesina. Esta última, surgida nos anos 1990, federa internacionalmente associações e movimentos de camponeses.[7]

Sob a consigna "Terra para quem nela trabalha",[8] o MST passou por vários episódios de enfrentamento, com pistoleiros a soldo dos grandes proprietários e com a polícia. Nos anos do governo Collor de Mello, em 1991-1992, resistiu com o recurso a longas marchas, que lhe permitiram expandir os seus objetivos.[9] Devido à sua força crescente, os governos, so-

---

[7] Se a agricultura capitalista de grande escala, assente na monocultura e nos agrotóxicos, parece triunfante, as modalidades de produção em pequena escala, com recurso a modos de cooperação, continuam a congregar seres humanos. Foi, de resto, uma das possibilidades de construir um outro mundo, como demonstra uma obra recente de Josep Fontana (2019).

[8] Os primeiros grupos foram organizados no Rio Grande do Sul e em Santa Catarina. O primeiro congresso, de constituição do movimento, ocorreu em 1984 em Cascavel, no Paraná, onde se juntaram 80 representantes dos trabalhadores Rurais Sem Terra (Carvalho, 2003, p. 199), e o primeiro congresso nacional teve lugar em Curitiba, em janeiro de 1985. A Igreja Católica, através dos seus setores progressistas, teve um papel fulcral.

[9] 1.330 pessoas partiram de S. Paulo, Minas Gerais e Mato Grosso e caminharam mil quilômetros até Brasília, onde chegaram em 17 de abril de 1997, três meses depois de terem partido: "As marchas foram transformadas não apenas numa ação política mas, também, educativa quando os caminhantes, passando pelas cidades, localizavam as lideranças populares locais, faziam reuniões nas escolas, paróquias, ofertavam alimentos provenientes dos assentamentos etc. (...) A ação política e pedagógica das marchas evidenciou que um movimento social de massas poderia realizar uma atividade de mobilização de grande porte e prolongada sem depender dos organismos governamentais, partidários e sindicais" (Carvalho, 2003, p. 213).

bretudo à esquerda, tiveram de passar a tê-lo em conta.[10] A pressão cresceu com massacres como os de Corumbiara, em Rondônia, em agosto de 1995, e o de Eldorado dos Carajás, no sul do Pará, em abril de 1996, referidos acima por José Saramago: dez e 19 trabalhadores rurais foram assassinados pela polícia, em Corumbiara e Eldorado do Carajás, respetivamente.

Na conjuntura atual, apontado pelo presidente Jair Bolsonaro como "grupo terrorista", o MST enfrenta inimigos internos poderosos, devido à aliança das classes dominantes no Brasil, expressa politicamente nos *três bês* da bancada direitista – "boi, Bíblia e bala", a síntese certeira da deputada federal Erika Kokay –, que dão expressão ao capital agrário, industrial, comercial, bancário, ao conservadorismo ideológico, e ao acentuar da repressão. Por outro lado, há uma oposição externa, do grande capital e suas agências internacionais (Banco Mundial, FMI), que ficam inquietos com a reforma agrária, com o combate ao agronegócio, ao uso de agrotóxicos, à eucaliptização intensiva, e com a defesa da agroecologia, que integram as práticas do movimento.

PARTILHAR O SENSÍVEL: A CONSTRUÇÃO DE UM OBJETO PELOS SUJEITOS

> *Não quero mais saber do lirismo que não é libertação.*
> Manuel Bandeira

A caminho de Quixadá, em outubro de 2017, pedi ao colega que conduzia que parasse num acampamento, que se estendia à beira da estrada. Sob plásticos pretos e sol inclemente, falei um pouco com quem ali se encontrava. Em condições dificílimas, quer de segurança, quer higiênico-sanitárias, aguardavam uma terra para cultivar, há vários anos. Tinha

---

[10] Horacio Martins de Carvalho salienta que o IV Congresso Nacional do Movimento dos Trabalhadores Rurais Sem Terra (7-11 de agosto de 2000) reuniu 11 mil delegados, vindos de 24 estados e do Distrito Federal. Terá sido o maior encontro formal de trabalhadores rurais da América latina, "uma demonstração da pujança, firmeza e renovação de um movimento social de massa que vem obrigando politicamente, há 16 anos, as classes dominantes a colocarem a reforma agrária como tema da agenda política nacional" (Carvalho, 2003, p. 199). Segundo o autor, o MST requereu que se repensasse o papel das classes subalternas no campo a partir da correlação das forças políticas e ideológicas no Brasil. O autor salienta que durante os congressos do MST se reproduzem as condições dos acampamentos, e se pernoita sob a lona preta, repartidos em coletivos: cozinhas comunitárias, postos de saúde, creches, círculos de estudo, lazer, segurança, disciplina, cultura. Procura, assim, constituir-se uma espécie de cidade efêmera, autogovernada.

nascido um bebê, poucos dias antes. Duas meninas, que cantaram para nós, também me levaram a ver como se cultiva e aduba o que cresce "para cima", como os feijoeiros, e o que cresce "para baixo", como as macaxeiras – e, insistiam, nunca com o "veneno", ou seja, com agrotóxicos. Estes acampados, como muitos outros, ainda aguardavam que lhes fosse conferido o direito a cultivar a terra, aquela que outras mulheres contam nas páginas seguintes que é prometida, numa invocação bíblica constante. Na área em torno do acampamento, a crescerem para baixo ou para cima, foram lançadas sementes, porque a vida não para, e não se anda pelo mundo a ensaiar. Quando se aguarda por uma terra, neste caso, ou por um cais, depois de cruzar o Mediterrâneo numa barcaça que se afundou, ou quando um muro ou uma corrente nos trava o caminho, numa fronteira ou a caminho do chão onde corre o leite e o mel, a vida não se suspende. Aqueles dias não serão descontados no tempo que nos cabe para viver. A esperança é também a garra para criar o que faz falta, e tem em mira uma ideia para o porvir.

As mulheres sem-terra, entre as lutas que venceram, os territórios que granjearam, a vida que conquistaram, refletem aqui sobre batalhas que nunca acabam, e têm ideias sobre o mundo e a vida, a sua, a da sua família, e a da sociedade. Algumas, ressentem-se da penetração dos movimentos evangélicos nos assentamentos, que ocasionaram rupturas nas próprias famílias. Outras, falam das novas ameaças, como os *resorts* turísticos, que lhes disputam as terras, tão duramente obtidas, ou os parques eólicos, apresentados como um paradigma de energia limpa, a marginarem os assentamentos e a deteriorar-lhes a qualidade de vida. Outras ainda falam das limitações do processo, porque a terra existe em quantidades finitas, e nem sempre consegue absorver (ou mesmo atrair) as novas gerações. Num dos assentamentos, mobilizaram-se para adquirir mais terra, de modo a fixar as novas gerações que queiram continuar a dedicar-se à agricultura, e para os quais não é suficiente a redistribuição de terras, após a morte da geração anterior. Também há novas funções para quem se foi instruir fora, e que deseje voltar: filhos e netos de assentados tornaram-se professores nas Escolas do Campo, motoristas, mecânicos, cabeleireiros, manicures, orientadoras de treinos e professoras numa academia de educação física, cozinheiros, pasteleiras, contabilistas etc.

As Escolas do Campo, com um modelo educativo de acordo com o sistema nacional brasileiro, a que acresce uma formação sobre agroecologia e o debate sobre uma sociedade em que a igualdade seja o caminho, são uma conquista de alguns assentamentos. À sombra das "árvores do saber", que são as de maior porte das redondezas, os jovens e os professores ganham o tempo do silêncio, da fruição e da reflexão sobre o mundo, congratulam-se com o que correm bem, e falam de fracassos e fragilidades, que há que superar. Numa das escolas visitadas, uma nova árvore do saber juntou-se à primeira, por insistência dos alunos, o que não significa que as mesmas escolas, assentamentos e estudantes não tenham igualmente páginas de *facebook* e de *instagram* – são gente deste tempo, e o mundo é uma casa com muitos quartos. A inovação que ali vai sendo experimentada passa por modalidades de ensino que incluem tentativas bem sucedidas de fabricar o biogás necessário para as cozinhas escolares, o uso de produtos da horta e dos animais criados pelos próprios estudantes, a experimentação de novas técnicas de recuperação de solos e de cultivo, a criação de bancos de sementes. Mostram com orgulho os produtos da terra, as técnicas que utilizam e as ervas medicinais que catalogam, ouvindo as mulheres mais velhas. Num dos assentamentos, o problema da água salina, que era inadequada para o consumo humano, contou com o apoio de professores e pesquisadores da universidade para criar filtros a partir de materiais locais, que resolveram essa dificuldade com escassos custos. Alguns jovens saem para estudar na universidade, e retornam. O Assentamento Santana, no município de Monsenhor Tabosa, demonstra-o no próprio espaço, com uma zona em que se construíram as casas das novas gerações, que não acederam à terra. Conseguiram ocupações no assentamento que lhes permitem continuar a viver perto dos seus pais e avós.

Mesmo quando se logra o assentamento, as histórias de vida destas mulheres demonstram que os conflitos principais não estão resolvidos para sempre, porque o cerco das pequenas economias e comunidades por parte dos interesses capitalistas globais é avassalador, e porque o patriarcado está há muito instalado. Quando uma dificuldade se detecta, as possibilidades de a resolver podem vir a caminho, como sucedeu a partir da "Comuna 17 de Abril", que fica no sítio São Jorge, no Bairro José Walter, na periferia da cidade de Fortaleza. Aqui, como em muitos outros locais, porque o machismo é ecumênico, a violência de gênero era um problema, entre outros, como o álcool e as drogas, que a comuna entendia ter de resolver internamente, sem recorrer à polícia. A partir do princípio de que os seres humanos podem melhorar, Jacinta Sousa, militante do MST a cuja memória se dedica este livro, confrontada com a brutalidade do patriarcado sobre as mulheres e as crianças da comuna, distribuiu-lhes apitos.

Quando a violência eclode numa família, quem se apercebe primeiro usa o seu apito. Alerta assim as que vivem perto, e cada mulher faz o mesmo. Dirigem-se em grupo à residência a que é preciso acudir, numa amplificação do raio de socorro. Separam o agressor, discutem com ele, dão-lhe hipótese de se redimir, mas não têm dúvidas em expulsá-lo, se reincidir.

Nem sempre as soluções são tão simples como os apitos de Jacinta Sousa, que convocam as mulheres, que assim se interprotegem. Há antagonismos que assentaram em contradições essenciais, como a que divide os que têm milhares de hectares de terra improdutiva, e os de *vida severina*, que não a possuem. Hoje, podem ser replicados através dos que intentam fragmentar as comunidades de assentados, ou mesmo reapropriar-se do seu território. Além das tentativas de privatização das terras dos assentamentos por parte de promotores imobiliários, destinando-as a fins turísticos, também o crescimento das carciniculturas e dos parques eólicos põe em causa o que se conseguiu. Por outro lado, resolvido o problema comum, emergiram contradições secundárias, entre vizinhos, com alguns a serem aliciados pelas condições oferecidas pelos agentes do capital, nomeadamente a oferta de empregos para os filhos de assentados nos *resorts* para turistas, nas carciniculturas, nos parques eólicos, ou em locais na cidade. Em suma, o leque de situações é vasto: se há acampamentos pelo Ceará em que não se conseguiu ainda a terra para cultivar, em alguns assentamentos há uma ofensiva contra o que se alcançou. Pode haver uma rotura geracional, porque há filhos que não querem o trabalho da terra, que não desejam ser mariscadores, que preferem não alimentar uma identificação quilombola. Resta saber se a vontade de manter os filhos por perto é também partilhada por estes, e se a reforma agrária continuará a ser um assunto entendido como abarcante, que une a cidade e o campo. Nas cidades, os mercados de produtos provenientes dos assentamentos do MST garantem a qualidade dos alimentos, sem agrotóxicos.[11]

Nas sociedades que vivem da agricultura, os exemplos de continuidade são constantes: não se pode parar de produzir, porque não se consegue parar de consumir. Nos assentamentos visitados, os vizinhos organizam-se para produzir em conjunto, frequentemente durante três dias por semana, dedicando os outros dois à terra que lhes foi distribuída, em particular. O

---

[11] Um conhecido comediante brasileiro, Gregório Duvivier, lembrava recentemente estas caraterísticas da produção dos assentados do MST: https://www.youtube.com/watch?v=kSyOcbMAzko

sábado e o domingo são dias para o descanso e para a festa, que o corpo merece um forró e modos diversos de repouso e ócio, ao gosto de cada pessoa e comunidade. Assistir a uma farinhada, como sucedeu quando ia a caminho de Amontada, é ter a percepção da organização técnica da produção, num formato comunitário, entre um conjunto de vizinhos, numa casa da farinha. A partir da mandioca, até chegar à goma, ao beiju, ao lenço e à borra, são as mãos de mulheres e homens que tornam o trabalho mais célere e, ao mesmo tempo, menos penoso, enquanto alguém se encarrega de distribuir café, e se interrompe para refeições prazenteiras.

As alterações drásticas dos modelos de vida atuais, no Brasil como em grande parte do globo, podem ser lidas por comparação com outros momentos, quer de empolgamento, quer de asfixia coletiva. Permitem refletir acerca da forma como as pessoas reagiram, como projetaram o futuro, como continuaram a pensar e a agir para a frente, mesclando o sonho e a prática na ação coletiva, como se entregaram às lutas imediatas que garantem a sobrevivência (Narotzky e Smith, 2006), ou procuraram zonas de refúgio (Scott, 2009), abrigadas de convulsões e conflitos. Podemos pensá-las à procura de caminhos, a partir de mutirões congregadores.

É conhecido o texto de Walter Benjamim acerca do anjo da história, que olha para o passado e é empurrado inexoravelmente para o futuro. No Brasil de 2019, o ruído das notícias com perdas constantes e derrotas avassaladoras faz assemelhar a vida de cada pessoa ao trajeto de um funâmbulo entre dois edifícios, o segundo dos quais vai ficando em ruínas. A penetração acelerada do grande capital internacional e a desarticulação de modos de vida construídos parecem tornar o futuro num país estranho, numa paráfrase de Josep Fontana (2013). Contudo,

> no país da delicadeza perdida, (...) a história é o único recurso de que o Brasil dispõe para dar um futuro ao seu passado, e, por essa razão, nossa história termina aqui, com as autoras desconfiadas de que está incompleta. Mas termina, também, com as autoras desconfiadas de outra coisa: no Brasil, quem sabe, a democracia pode não ter um fim, e o futuro ser bom. (Schwarcz e Starling, 2015, p. 506)

Como canta Chico Buarque, quanto ao que é conjuntural, "Vai passar". Pela força das histórias de vida destas mulheres, podemos suspeitar de que o porvir é não só recuperável, como promissor.

Fortaleza, Santiago de Compostela e Lisboa, abril-agosto de 2019

"Essencial é a travessia", como em Guimarães Rosa

Adelaide Gonçalves e Lourdes Vicente[1]

> *Essa espécie de pacto com satanás, de que nos fala Guimarães Rosa, que disso soube como capanga de Manuelzão para aprender as coisas do sertão, como a que se esconde na ambição de dinheiro e de poder, é coisa de gente que não enxerga o que faz. Disso, ouvi muito nos sertões do Brasil central, caboclos me demonstrando, tim-tim por tim-tim, cumaé que o coisa ruim, o pactário de encruzilhadas e cemitérios, ensina o muito do poder de ganhar em troca da alma do vivente, o prejuízo do finalmente.*
>
> José de Souza Martins, 2019

Em uma noite de bandeiras vermelhas e simbólicos cravos de um abril rubro, poderíamos enxergar um quanto do epílogo destas narrativas de Mulheres Sem Terra. Naquela noite, em abril de 2019, um auditório apinhado de estudantes, professores e militantes sociais na Universidade Federal do Ceará, em Fortaleza, acolhia comovido a presença das Matriarcas da luta por terra e direitos no Ceará, partilhando um verbo em comum, e em coro, uma prosseguia de onde a outra parava e tudo sob a regência amorosa de Lourdes Vicente.

Todas elas estão aqui neste livro bonito, graças à escuta generosa de Paula Godinho, nos trazendo cartografias e etnografias do sertão, da serra e do litoral, do campo e da cidade contadas no feminino da luta campone-

---

[1] Nota das autoras: sobre as referências bibliográficas, adotamos as notas ao pé da página, e algumas bastante extensas, com duplo e articulado propósito: dar a conhecer ao leitor e leitora e possíveis pesquisadores/as, além dos clássicos e conhecidos estudos acadêmicos, um repertório dos estudos realizados sobre a luta camponesa no Ceará e seus temas correlatos, visando divulgar as pesquisas feitas pelos/as militantes do MST-Ceará, em seus cursos universitários de graduação, especialização, mestrado e doutorado. Tentamos, quando possível, agrupar as referências em eixos temáticos e certamente não conseguimos esgotar o repertório disponível. Mas já é um começo!

sa[2] por Maria Isaltina, Maria Lima, Maria Genoveva, Francisca Alexandrina, Maria do Socorro, Virgínia, Chiquinha Louvado, Chaguinha, Maria Bia, Maria de Jesus, Maria Branca, Maria das Graças, Cacique Pequena, Cleomar, Maria Ana, Lourdes Vicente. Muitas histórias restariam ainda por contar ou, como dito por Maria Bia, "se eu fosse contar minha história dava não sei quantos livros".[3]

E lembramos ali de outra noite, em 20 de janeiro de 2015, quando dom Pedro Casaldáliga se dirigia ao MST: "Vocês fazem memória que é um

---

[2] Carballo Lopez, Maria. Vem, teçamos a nossa liberdade: Mujeres lideres em el Movimiento Sin Tierra Ceará – Brasil. Tese de Doutorado en Antropología Social y Cultural. Universitat Autònoma de Barcelona, Bellaterra, 2011. A pesquisa etnográfica de Maria Carballo, realizada no Ceará, nos anos de 2000, 2003 e 2004, traz de seu trabalho de campo 21 entrevistas com mulheres do MST do Ceará, além de entrevistas em outros estados do Brasil, com outras mulheres e homens do Movimento; membros de Pastorais da Igreja Católica, entre outros. Sua investigação também se deu junto aos Encontros Bianuais dos Comitês de Amigos e Amigas do MST na Europa e sua participação no V Congresso do MST, em Brasília, em 2007, entre outros momentos. Nos Anexos à tese, encontram-se os roteiros de entrevistas e descrições sumárias, além de outros materiais frutos da recolha em seu trabalho de campo: mapas, entre outros. Ver também da autora: *Mulheres com coragem*. Mujeres Lideres en el MST de Brasil. Bellaterra, Universitat Autonoma de Barcelona. Mestrado, 2002.

[3] Esmeraldo, G. G. S. L. *Construção Identitária da Mulher Sem Terra:* 'ditos e 'não ditos' no *Jornal Sem Terra*. Estudos Universitários (UFPE), v. 30, p. 61-77, 2012. Holanda, Lígia Rodrigues. Dos fios da memória à teia das palavras: papéis femininos a partir da luta pela terra no Assentamento Maceió em Itapipoca, CE. (1972-1985). Dissertação (Mestrado em História e Letras). Universidade Estadual do Ceará. Quixadá, 2018; Juvencio, Sara Maria Spinosa. Cartografando os Espaços das Mulheres em Nova Canaã – Quixeramobim, CE. Monografia. (Especialização em Agricultura Familiar Camponesa e Educação do Campo) Centro de Ciências Agrárias. Universidade Federal do Ceará, 2007; Lacerda, Francisca Antônia Silva. A ação política das mulheres e a construção do feminismo camponês e popular: experiência do MST-CE. Monografia (Licenciatura em História). Universidade Federal da Paraíba, 2018; Nascimento. Maria Sheila Rodrigues do. Rádio 25 de Maio: A participação da mulher na experiência de comunicação do assentamento. Monografia. (Comunicação Social). Universidade Federal do Ceará, 2013; Pageú, Ohana de Alencar. "Parar um minuto, olhar para trás e seguir adiante": organização de mulheres do MST no Assentamento 10 de Abril. Dissertação. (Mestrado em Geografia). Universidade Federal do Ceará, 2017; Santos, Maria Aparecida dos. "Lutadoras do Povo": as condições de inserção e trabalho político de lideranças femininas no MST. Dissertação (Mestrado em Sociologia). Universidade Federal do Ceará. Fortaleza, 2005. Silva, Maria Lourdes Vicente da. Gritos, silêncios e sementes: as repercussões do processo de des-re-territorialização empreendido pela modernização agrícola sobre o ambiente, o trabalho e a saúde de mulheres camponesas na Chapada do Apodi/CE. Dissertação (Mestrado em Desenvolvimento e Meio Ambiente). Universidade Federal do Ceará, 2014; Silva, Francisca Maria Ferriera da. A participação das mães militantes da Via Campesina no Ceará. Monografia. (Licenciatura em Pedagogia). Universidade Federal do Ceará, 2009; Silva, Maria de Lourdes Vicente da. A construção da identidade de gênero das crianças sem-terra. Monografia (Licenciatura Plena em Pedagogia). Universidade Federal do Pará, 2005.

gesto indispensável para caminhar na história". E isto se dá a conhecer pela convocação da memória por estas mulheres que se decidiram por não mais andar de cabeça baixa, olhando de esguelha ou, como aprendemos em José de Souza Martins: "sem consciência do futuro, o atual é pressa tola". Por vezes, parece que vamos escutar suas vozes declamando um Castro Alves: "Senhor Deus dos desgraçados!/Dizei-me vós, Senhor Deus!/Se é loucura... se é verdade/Tanto horror perante os céus..." E é também perante os céus e as florestas em labaredas no Brasil em 2019 que outros leitores hão de perceber bem o conteúdo e a natureza deste livro.

O livro dado à estampa certamente há de se encontrar com leitores e leitoras de feitio variado, em ambientes de leitura acadêmica ou não, dando a conhecer um roteiro de variadas geografias e modos de luta social pelo menos nos últimos 30 anos no Ceará. Uma outra geografia se pode avistar pois os nomes dos lugares por vezes não estarão nos mapas oficiais e sim nos da memória afetiva, dos costumes em comum, uma toponímia invulgar nomeando os lugares: Santa Helena, Lajinhas, Alegre, Salitre, São Joaquim, Logradouro, Pau de Leite, Oiticica, Palestina, Tiracanga, Ipueira da Vaca, Palmatória, Juatama, Currais Novos, Paus Brancos, Caiçarinha, Quieto, Nova Vida, Canafístula, São Nicolau, São Luiz do Choró, Cacimba Nova, Nova Esperança do Quieto, Cabaceira, Saramanta, Santana, Viração, Saco do Belém, Lagoinha, Cacimba do Meio, Melancias, Moitas, Lagoa do Mineiro, Porto dos Barcos, Córrego das Moças, Barbosa, Morro dos Patos, Pauleira, Patos, Corrente, Mineiro Velho, Miranda, Palmeiras, Salgado Comprido, Apiques, Canaã, Maceió, Bom Jesus, Grotião do Saco do Marisco, Rongó, Riacho, Lagoa Encantada, Lambada, Trairuçu, Sucurujuba, Tapuio, Morro do Urubu, Quilombo do Cumbe, Caldeirão, Lagoa do Cedro, Lagoa do Martins, Zumbi dos Palmares, Ocara, Barra das Moitas.[4]

---

[4] Os lugares referidos constantes das narrativas neste livro formam áreas de conflitos, ocupações de terra, acampamentos, assentamentos, entre outros. Julgamos de acerto indicar aqui um rol de pesquisas sobre estes e outros territórios da reforma agrária e da luta camponesa no Ceará: Andrade, Francisco Gomes de. Trajetórias e condições do camponês: as relações sociais nos assentamentos do Ceará. Tese (Doutorado em Sociologia). Universidade Federal do Ceará, 2009; Araújo, Liana Brito de Castro. Sociabilidade no Assentamento Rural de Santana-CE: terra e trabalho na construção do ser social. 2006. Tese (Doutorado em Educação). Universidade Federal do Ceará, 2006; Brito, Francisca Joicemeire Ramos de. A Comunidade de Caldeirão e a luta social camponesa no Ceará. Monografia (Licenciatura em História). Universidade Federal da Paraíba, 2008; Cassunde, José Ricardo de Oliveira. A precariedade da reforma agrária e suas implicações no território de resistencia e esperança Comunidade Bernardo Marin II.

As narradoras conferem significado coletivo a muitas passagens de suas vidas e vamos aqui encontrar o desfiar de fatos sociais que convergem na formação do Movimento dos Trabalhadores Sem Terra, o MST, no Ceará, decorridos 30 anos, desde o tempo da luta dos anos de 1980, tempo de mutirão grande para cortar as cercas de arame, como indica a memória de Chaguinha. Ou na era de 1980 na marcação do tempo "do cala a boca" ao tempo do "vamos falar" , por Cacique Pequena:[5]

> Nós tivemos que calar a boca e não dizer nada. Na era de 1980 pra cá, foi que todo mundo começou a levantar voz, a dizer: ' Nós somos esse povo, e esse povo vai lutar pelos seus direitos. Já que nós tivemos que calar a boca: quer quisesse, quer não, de 500 anos até na era de 1980, mas daqui pra frente nós vamos falar'.

Contar suas histórias, cavoucar o poço da memória é apreciado por Virgínia como um exercício de prazer e alegria, para dizer dessa "caminhada de vida, de história. Eu tenho muito para contar: a realidade e a verdade, que é a vida que vivemos e onde chegamos". Virgínia recebe com

---

Monografia (Licenciatura Plena em Geografia). Universidade Estadual do Ceará, 2013; Castro, Maria Elizabeth de. *Os Assentados* – lavradores do século XXI: Assentamento Tiracanga Logradouro em Canindé, Ceará, Brasil (2007-2008) Dissertação (Mestrado em Geografia). Universidade Estadual do Ceará, 2009; Costa, Nejme Nogueira. "Reforma Agrária" no Ceará: acertos e (des)acertos na relação entre os saberes de assentados e técnicos: o caso Santa Bárbara. Dissertação (Mestrado em Educação). Universidade Federal do Ceará, 2002; Feitosa, Maria das Dôres Ayres. Participação: ainda uma trilha na reforma agrária do Ceará: estudo de caso no Assentamento Santa Bárbara. Dissertação (Mestrado em Educação). Universidade Federal do Ceará, 2002; Lopes, Gerson Girão. A (re)construção do território e da dignidade camponesa no Assentamento Cachoeira do Fogo – Independência/CE. Dissertação (Mestrado em Desenvolvimento e Meio Ambiente). Universidade Federal do Ceará, 2008; Oliveira Neto, Pedro Ferreira de; Bezerra, Antônia Maria. História da luta por reforma agrária no Assentamento Palmares – Documentário Radiofônico. Trabalho de Conclusão de Curso (Comunicação social). Universidade Federal do Ceará, 2013; Oliveira, Antonia Aline Costa. A história de luta e resistência da Comunidade de Boqueirão. Vídeo Documentário. Trabalho de Conclusão de Curso (Comunicação social). Universidade Federal do Ceará, 2013; Pinheiro, Joaquim Antonildo Pinho. Encontros e desencontros na luta pela terra: saberes e práticas do MST na construção de cidadania coletiva. Dissertação (Mestrado em Educação). Universidade Federal do Ceará, 2002; Santos, José Filho Araújo. "Terra que produz a vida": O Assentamento Rural de Santana/CE e as mediações de seu processo de reprodução social. Dissertação. (Mestrado em Serviço Social). Universidade Federal do Ceará, 2019; Silva, Judson Jorge da. Caldeirão e Assentamento 10 de abril – passado e presente na luta por terra no Cariri Cearense. Dissertação (Mestrado em Geografia). Universidade Federal do Ceará, 2010. Sousa, Francisco Erivando Barbosa de. Cercas que cercam as terras de Canindé: um estudo da estrutura fundiária – 1986/2005. Monografia (Licenciatura em História). Universidade Federal da Paraíba, 2008.

[5] Saraiva, Kleber. Identidade, cultura e interesses: a territorialidade dos índios Jenipapo–Kanindé. 2001. Dissertação (Mestrado em Sociologia). UFC, 2001.

alegria a pesquisadora "para anotar nossa história" e avalia que "a nossa vida precisa ser contada. Porque na frente tem os jovens, tem a criançada que precisa saber dessa caminhada, o que nós passamos através do poder, do massacre, da ruindade que o poder fazia". E Virgínia diz de sua disposição de "contar com sinceridade", se anima a cantar a alegria pela vitória e comemora seu calendário da luta social: "Foi em 1987, no dia 31 de maio. Vai fazer até o aniversário". Reivindicando também os fios da memória como elogio da luta, Maria do Socorro reconhece que viveu para ver grandes lutas, gostou do vivido mas não concede: "Até eu acho que do tanto que nós lutamos, nós ainda não temos o que nós merecemos, não".

O merecimento da história é, como exemplo, a consciência do patrimônio da luta social e, neste ponto, Maria do Socorro indaga com ênfase: "fechar a nossa Escola Antônio Conselheiro?! Pelo amor de Deus! Ela é um patrimônio nosso, que nós conquistamos"; insiste nos termos da conquista – "foi uma grande luta, eu, lutei, lutei pela Escola do Campo", e lembra comovida do ato inaugural da Escola: "foi a coisa mais linda!" quando suas filhas e o grupo de jovens educandos "fizeram uma apresentação tão bonita...".

Já a narrativa de Cleomar parece vir direto dos *Encantados,* tal é a força poética que atribui ao sentido da memória. Ao dizer "sou do Quilombo do Cumbe, Aracati. Sou quilombola, pescadora do mangue", ela nos pega amorosamente pela mão e diz que a luta foi feita pelo afeto à terra, ao território reconhecido desde a infância pois o que "da infância que eu trago até hoje, é a memória de tudo isso. E, assim, o que mais me motiva hoje na luta é realmente essa memória". E acrescenta:

> Eu digo que a memória tem gosto, tem cor, porque a gente recorda como se estamos sentindo o gosto, como se estamos sentindo a cor, o colorido da infância. Então, eu digo que é tão viva a memória que motiva nós hoje a estarmos nessa luta: a luta pela liberdade que eu sentia.

Cleomar nos fala da memória como seiva e raiz: "E, assim, a motivação de eu estar nessa luta é a memória que eu trago das nascentes, da vivência que eu tinha, que isso está sendo tirado, isso está sendo privatizado".

Temos às vistas uma história narrada com palavras fortes – perseguição, sindicatos pelegos, patrões desumanos, pistoleiros de tocaia, fome, seca, crianças morrendo de doenças da pobreza, moradias precárias, trabalho alugado, léguas de distância do mundo, sem escolas – entretanto, sem autocomiseração e com muito desejo de contar o vivido como prova e testemunho de uma vida de luta por direitos. Ao desvelar da palavra e sua transformação em gestos e ações escutamos a alegria da descoberta, do drible na fome, como na história de Isaltina e Genoveva, quando matar uma vaca se torna uma resposta concreta ao buscar ali perto de onde vivem, no pasto, a solução para a fome de sua família e de sua comunidade. Ou como se conta a preparação e os "segredos internos" do com quantos paus e pequenos cacetes se faz uma ocupação de terra, quando se saía em grupos maiores ou pequenos no breu da meia-noite quase madrugada "e sonhando que se ia para uma terra de leite e mel, terra boa, tem água, tem açude", como conta Isaltina; e já aprendendo a erguer rápido as barracas de lona preta, e aprendendo a fazer a segurança do acampamento, a fazer a fogueira do lado de fora para clarear a noite. Em Chiquinha Louvado:

> Botamos os arames abaixo, até que ficamos libertos, ficamos libertos. Morreu três pessoas, quatro com a minha sobrinha. Mas a gente ficou liberto e ficou trabalhando na terra, não é? Que eu agradeço muito a Deus, porque antigamente a gente só fazia os quintaizinhos. Não podia fazer mais do que um quintal e nem plantava um pé de cajueiro, não plantava um pé de nada, que fosse assim de coqueiro. E hoje não, nós plantamos coqueiro, planta o cajueiro...

> *Muitas delas se organizaram no Movimento dos Sem--Terra./Desde os acampamentos, improvisados às margens das rodovias,/jorra um rio de gente que avança em silêncio, durante a noite, para ocupar os latifúndios vazios./ Rebentam o cadeado,/abrem a porteira e entram/Às vezes, são recebidos à bala por pistoleiros e/soldados,/os únicos que trabalham nessas terras não trabalhadas.*
> Eduardo Galeano

A ocupação, numa escuridão medonha de uma madrugada as 12 famílias, com meninos e um cachorro (parecida com a cadela Baleia do Graciliano Ramos?) eram alumiadas por um candeeiro (que no sertão chamamos de lamparina) levado por Chico Biá, uma figuração do Moisés da terra prometida. Nem bem acabara de completar seus 18 anos, Lourdes aprendia a cortar o arame da cerca e entrar num latifúndio, não sem antes pedir a benção de Nossa Senhora das Graças e benzer o chão com a medalha milagrosa, pois ela já intuía que contra a ruindade do latifúndio a luta não dispensava a reza, ou seja, já ingressava no MST, bem sabida no que era a "mística". Foram dois anos de acampamento, fome, precisão e despejo seguindo para um novo acampamento, onde fazia às vezes de professora. Era a escola da resistência, como nos conta Lourdes Vicente.

Talvez a narrativa mais bonita seja esta de Maria Lima sobre uma ocupação, quando seu discurso parece fundir o que não se separa: os elementos da natureza e a gente em luta convergindo para um mesmo fim, e tudo contado como um ato de muita beleza. Vamos ler uma ocupação por Maria Lima:

> ATO 1 – A ocupação: – Eram assim como umas abelhas, umas abelhas assanhadas. Zoada medonha dentro dessa mata. – Eu: 'Ah, nós cheguemos foi no céu, aqui é o céu, meu povo! Aqui é nossa terra prometida, chegamos!' Era tudo gritando. A coisa mais linda do mundo: a chegada nossa nessa mata! Conquistamos a maior beleza do mundo.
>
> ATO 2 – Nasce o acampamento: – Aí, já foram armando as redes, já foram fazendo fogo, começou a clarear. Pouco mais, a gente já ouviu o grito: 'O café já está feito'. Aí, uns iam tomar o café, outro gritava: 'Aqui também já tem'. Era assim. E a mata foi clareando de fogo, aqui e acolá tinha um foguinho, aqui e acolá tinha uma rede armada. Oh! Coisa mais linda do mundo!
>
> ATO 3 – A bandeira vermelha: – E outros cavando buraco para hastear a bandeira, isso era uma zoada tão grande nessa mata, (...). Mas foi linda a nossa chegada ali. Foram fazer uma mesa que era um Jirau, fizeram uma mesa, e a bandeira ali no pé.
>
> ATO 4 – Desenhando o lugar das assembleias: – Antes do dia amanhecer, a gente já estava trabalhando também no campinho para fazer os bancos, a bancada para a gente se reunir para tomar a direção do trabalho, escolher.
>
> ATO 5 – O zelo e o cuidado: – Mais afastados, botaram os vigias, tudo nas embocaduras, ensinaram como era pra fazer um ror de cacetinhos desse tamanho, que era para as crianças e para nós também, pra quando viesse algum alarme, alguma coisa, e nós irmos ao encontro, e atender, receber lá essas visitas, que a gente não sabe que jeito eram.
>
> ATO 6 – A solidariedade: – Quando foi no outro dia, era chegando só alimento, gente vindo deixar alimento para nós.
>
> ATO 7 – Os gritos de ordem: – Era todo mundo carregando, pareciam assim umas formiguinhas, tudo animado, gritando, 'A terra é nossa ou não é?, Nós ocupa ou não ocupa?' Era a coisa mais bela do mundo. Nós dizíamos: 'Ocupa!'

O estudo formal, o letramento, a vontade de saber é tópica de relevo nestas histórias de mulheres muito sinceras. A narrativa não casa com as conclusões de estudos convencionais e estatísticas do Estado que à maneira de condenação dizem da massa camponesa um enorme ajuntamento de analfabetos e, para eles, portanto, parvos. Ora, a vida destas mulheres e o que contam de si e dos seus, mais próximos ou mais distantes, é outra conversa. São muitas e diversas as chaves de seu entendimento sobre a negação do direito ao estudo, à escola, às primeiras letras e outras mais. Em alguns casos reagem com indisfarçável e justificado orgulho: "Não tinha, não, não tenho muito estudo, mas eu tinha um trabalho com o povo, não é?" E confirmamos outra vez: as de poucas letras não são inarticuladas políticas,[6] tem na experiência a matéria do conhecimento de si e do mundo. Como evoca Virgínia sobre a função dos leitores da Bíblia na Comunidade da Viração, em Tamboril:

> Aí, foi o primeiro escolhido na Viração para ser animador do conhecimento da palavra de Deus pelo padre Heleno, de Tamboril, e dom Fragoso, e pelas comunidades. Foi meu pai, meu padrinho e seu Chico Francisco que começaram a ler a Bíblia, e começou a comunidade. Aí foi que saiu o conhecimento, que era para lutar pela terra.

O relato de Maria de Jesus nos impõe alargar o molde onde encaixamos os modos de escrever e ler. Ela aprendeu a ler e nos conta que na catequese aprendeu a *fazer a mística* e nos diz: "Eu escrevo, mas eu não leio". O ato da leitura que ela chama sabiamente de *explicação* é feito pelas mais jovens. E nos conta como aprendia a escrever também por meio da encenação ritual da mística, como num Primeiro de Maio, sobre o qual nos diz:

> eu fiz uma mística, e muitos se admiraram, muito bonita, pra apresentar no nosso trabalho: o que era que a nossa terra produzia pra nós. Eu levei ata, levei coco verde, levei mamão, levei laranja, levei banana, tudo pra apresentar, não é? Pra mostrar o que era a produção que a nossa mãe terra dava para nós.

Escrever com os gestos e com os frutos do trabalho, eis o texto de Maria de Jesus, tão bem *explicado* e admirado pelo elogio à mãe terra.

Ainda que seja dramática a narrativa sobre a fome como tela de fundo da história de tantas gerações, estas mulheres comemoram suas vitórias coletivas e individuais contra a espoliação, a expropriação da terra, da água, da vida, com uma história do cultivo nas roças, nas vazantes e nos quintais, de mesa farta, de partilha. O que fica evidente é a cesura entre os tempos da fome, da sujeição do trabalho alugado e os da fartura, no assentamento. É com um brilho no olho que convidam os de fora

---

[6]   Thompson, E. P. *A formação da classe operária inglesa*. 4ª ed. Rio de Janeiro: Paz & Terra, 2004, v. 3, em específico ver capítulo 4: "A cultura radical"; Thompson, E. P. *Os Românticos*. Rio de Janeiro: Civilização Brasileira, 2002, em especial o capítulo: "Educação e Experiência". Ver também Gonçalves, Adelaide & Assis, Lucas. "O protesto sobrevive!", *in*: E. P. Thompson. *Panfletário antifascista*. Fortaleza: Plebeu Gabinete de Leitura, 2019.

a conhecer o quintal e a roça ali perto: "Eu tenho milho, feijão, tenho cajá, cajá umbu, tenho seriguela, tenho acerola, tenho maxixe no meu quintal.... tenho cabaça...", como narra Francisca Alexandrino. Ou como lembra Maria Lima de um "pedacinho de terra que tinha bananeira, tinha graviola, tinha laranjeira, tinha mangueira". Ou de modo saudoso em Maria do Socorro: "E naquele tempo era muito mais saudável a vida pra nós, era muito mais saudável a nossa vida. Nós comia as coisas, sabe o quê? Meu pai matava préa, nambu, punaré". Assim vamos escutando e sentindo os cheiros das ervas plantadas nos canteiros, vendo como cultivam as hortas e os sonhos em seus quintais, donde em vasinhos maiores e pequenos ou mesmo sobre um jirau pontificam as medicinais, as farmácias vivas para o preparo dos xaropes e lambedores trazendo de volta o tempo da sabedoria das avós e das boas rezadeiras salvíficas, com suas mezinhas e preparo de ervas que curam. E a vida hoje é contada com uma profusão de cheiros, gostos e cores, o que dá muita vontade de pedir à Maria Branca para viver por lá, ao menos por um tempo, pois ela nos diz muito faceira que mora num "pedacinho do céu, com muita fartura, peixe...". E muita fruta boa do lugar: "ata, coco, graviola, seriguela muita! para juntar e apanhar de balde. Tempo de manga, é muita manga!". É tirar do pé e comer ou pegar as bem maduras no chão. E muita "macaxeira, mandioca, e o remédio medicinal para afastar as doenças...". Tudo é muito, mas não o muito de quem acumula, mas o muito da fartura, de não lembrar mais o tempo da precisão e agora, escapando das comidas cheias de veneno que se vendem nos supermercados da cidade. Maria Branca está livre disso. Cria seus capotes que noutros lugares é a galinha d'angola, suas galinhas caipiras e diz com orgulho "nunca comprei um ovo, graças a Deus...". A mesa é farta, o pirão é bom, tudo é criado e plantado ali mesmo: "Tudo que eu tenho é de casa mesmo, natural. Tenho a minha hortinha. E muita fartura também", e tudo com a "graça de Deus". E tudo demonstrado em proverbial hospitalidade e o gosto de receber os que chegam para conhecer como se planta também ali muitos pés de esperança e em plena floração! Maria Branca em seu jeito de comemorar a fartura não esquece de dizer que também "tem a romã, tem tudo aqui" nos ensinando que a irmã gêmea da fartura é a partilha e diz à visitante: "Quando você for, se quiser levar, leve um pouquinho". Uma beleza, pois sim ela levou comovida!

Estas mulheres como outras em tantos assentamentos pelo Brasil se desafiaram a aprender as práticas da agroecologia, vão se tornando guardiãs de sementes e realizam a partilha dos grãos como forma de resistência ao monopólio de corporações que atuam na comercialização de transgênicos. Querem também partilhar estes saberes ancestrais de geração em geração, de família em família desde sua germinação.[7] Uma reportagem veiculada no *site* do MST em 31 de agosto de 2019 nos traz o relato de Inês Fátima Polidoro, uma guardiã de sementes, que nos conta como desde criança aprendeu com a mãe a nutrir a esperança da semente para o alimento saudável. Para ela, "quando falamos de fortalecer a resistência do povo, sempre encontramos uma semente, seja no quilombo, na aldeia, na comunidade tradicional, com os agricultores; o que segura o povo no campo é o amor às sementes". Para Neltume, já não se trata apenas de proteger os alimentos, mas nutrir a terra para que as flores possam florescer: "Eu vejo que nosso sentido de guardiã é a nutrição da existência".[8] Ou como nos conta Cleomar neste livro: "E quando eu vou plantar minha verdura, eu sei que eu não estou acompanhando o sistema, que ele não domina a minha vida, que eu tenho a minha própria

---

[7]   Sobre os temas e questões referidos indicamos aqui alguns estudos e pesquisas realizados no Ceará: Barquete, Paulo Roberto Fontes. Assentamentos Rurais em Áreas de Reforma Agrária no Ceará: Miséria ou Prosperidade. O caso Santana. 1995-2005. Dissertação (Mestrado em Economia Agrícola). Universidade Federal do Ceará, 2005; Carneiro, Ana Joeline. Qualidade de Vida nos Assentamentos em Santa Quitéria–Ceará. 2002. Dissertação (Mestrado em Desenvolvimento e Meio Ambiente). Universidade Federal do Ceará, 2002; Castro Júnior, José Lima. Assentamentos coletivos, resistência e flagelamento no semiárido cearense: o caso da Fazenda Vitória. Dissertação (Mestrado em Economia). Universidade Federal da Paraíba, 1994; Coutinho, Elane Maria de Castro. Reforma Agrária, Sustentabilidade e Território: há territorialidade no Assentamento Grossos no Ceará. Dissertação (Mestrado em Economia Agrícola). Universidade Federal do Ceará, 2004; Damasceno, Cosma dos Santos. Formas de recuperação de solos degradados: O Caso do Assentamento Santa*na*. Monografia. (Ciências Agrárias). Universidade Federal da Paraíba, 2009; Fernandes, Ivana Leila Carvalho. O papel da mulher na segurança alimentar das famílias do Assentamento Novo Horizonte Tururu-CE. Monografia. (Especialização em Agricultura Familiar-Camponesa e Educação do Campo). Centro de Ciências Agrárias. Universidade Federal do Ceará, 2007; Lima, Anna Erika Ferreira. Tocando em frente: cultura camponesa e apropriação dos recursos no Assentamento Ingá/Facundo-Parambu-Ceará. Dissertação (Mestrado em Desenvolvimento e Meio Ambiente). Universidade Federal do Ceará, 2008; Monte, Viviane Gomes. Análise da sustentabilidade ecológica em assentamento de reforma agrária: o caso de São Joaquim. Dissertação (Mestrado em Economia Agrícola). Universidade Federal do Ceará, 2000; Monte, Aristides Braga. Análise-diagnóstico de sistema de produção agrícolas: o caso do Assentamento Lagoa do Mineiro – Itarema – Ceará – *Brasil*. Dissertação (Mestrado em Economia Rural). Universidade Federal do Ceará, 2002; Pereira, Simone Silva. Soberania alimentar e o assentamento mulungu no semiárido cearense. Dissertação (Mestrado em Desenvolvimento Territorial da América Latina e Caribe). Unesp, 2015.

[8]   Disponível em: www.mst.org.br. Acesso em: 31 ago. 2019.

vida, minha própria existência". Em guardiãs as mulheres vão se fazendo. São agricultoras, camponesas, indígenas, quilombolas, ribeirinhas, pescadoras a experimentarem, no Brasil, práticas que expressam saberes ancestrais sobre a conservação das sementes, os alimentos saudáveis, as plantas medicinais. Aqui, o exemplo de Josefa Ataídes, do interior do Tocantins, cultivando suas ervas medicinais e plantando flores, porque trazem beleza e chamam para perto de seu quintal as abelhas e os passarinhos.

Um dos tópicos mais comoventes destas histórias sobre o tempo de ontem é o da infância, a delas, a de seus filhos e das de seu tempo. Por um lado, escutamos histórias de grande sofrimento por não ter o que dar de comer aos filhos ou mesmo da frugalidade de sua mesa quando crianças. Escutemos o que nos diz Maria das Graças sobre a necessidade muita e o drama da mortalidade infantil: "Eu tive 14 [irmãos], e criaram-se sete. Os outros morreram tudinho, criancinha pequena. Era diarreia, malária, sarampo. Morreu tudo pequenininho. Aí nós não tínhamos médico, não tinha acesso, não tinha nenhuma comunicação". Na seca, então, aumentava o desespero, pois a fome atacava duramente e trazia junto as doenças, como conta Maria Lima: "Filho era só o que nós tínhamos muito! Todos os anos era um filho, aí a casa se enchia. Eu tive dezoito. Agora no tempo da mortandade, no tempo da mortandade, que não tinha posto de saúde, ninguém tinha direito a médico, a nada". Ela também alude a um dos fatos mais dramáticos na vida destas famílias pobres: "Gente dando os filhos e ficando em cima de uma cama prostrado, doente de pneumonia". Ainda bem que neste caso a mãe se recupera da doença da fome e traz os filhos de volta ao convívio familiar: "Essa mulher se levantou, que a doença dela era fome, recebeu os filhos de volta e foi ser dona da casa dela. Mas a fome, a gente viu: isso ali não era outra coisa, era a fome". Decerto a fome abatia de modo mais dramático as crianças que tinham tão pouco para o alimento diário e uma dieta que não lhes dava "sustança", como se diz no sertão da seca. Maria Lima nos conta que, em uma das fazendas em que sua família trabalhou, viam os carros da empresa de laticínios seguir a Fortaleza com o carregamento de leite

> e essas crianças não tinham direito, os moradores não tinham direito a leite para as crianças. As crianças viviam de angu, de uma massa, de uma coisa... de fubá. Fazia aquele fubá que era mais forte, milho torrado e pisado. Quando morreu uma criança, o outro já estava doentinho também, caído, e tudo era fome. Morreu um no começo da semana e o outro no fim, os filhos da Maria da Fátima.

A fome e as doenças[9] arrasavam a vida das famílias camponesas e Maria Lima, na altura iniciando seu labor na Pastoral da Infância, descobria por viver os conteúdos da solidariedade e a recusa às injustiças sociais configuradas numa vida *ao deus-dará*. Maria Lima narra:

> Nós fizemos as pastorais. Começamos com a pastoral da criança, indo para visitar tudo, conhecer. A coisa mais linda do mundo! Quem tinha um pouquinho levava. E nós somos pastores dessas ovelhas que tão morrendo, essas crianças, o quê que nós vamos fazer? E nós, vamos ficar do lado de quem? Do opressor ou dos pobres?. Pronto, eu botei isso na cabeça, não me esqueço daquela vida..

No que lembra como "nossas caminhadas da base", Maria Lima descobria que "tinha gente morrendo, mas depois das caminhadas, da reunião de base, nós vimos que tinha gente sofrendo muito mais que nós". Nestas caminhadas se deparou, numa fazenda, dentro de uma casa de trabalhadores, com a morte de duas crianças e o que diz o gerente frente à visita da Pastoral?

> Ele [o gerente] dizia que dava mais valor a um bezerro, de que a um morador e filhos de morador; não iam para posto, não iam para nada, não tinha nada, era 'ao deus dará' mesmo. Foi nessa época que foi um arrocho grande! Na Pastoral da Criança, nós fomos ajudando uns aos outros, fazendo celebração, levando ajuda na hora do ofertório.

Os jovens da comunidade começavam também a atinar para os conteúdos da luta social e alguns se organizam junto à Pastoral da Juventude do Meio Popular e auxiliam na coleta e distribuição de alimentos com as famílias em situação de penúria. E como aliviar a fome nos tempos de seca quando apertava mais? Nos cinco anos de seca, o tempo pior, ali pelos fins dos anos de 1970 e meados de 1980, a fome se alastrou, era uma fome medonha, a cara da fome é medonha – mas a luta também foi medonha e se torna pública e multidudinária, na rua, na praça central da cidade de Quixadá, para onde convergiam as levas de trabalhadores em busca de trabalho e alimento. O relato de Maria Lima impressiona também pela força das imagens que seguem vivas sobre os fatos do período, quando famílias inteiras de trabalhadores rurais, de gente sem-terra e

---

[9] Sobre o tema da saúde referimos aqui estudos recentes realizados por militantes do MST que participam da Rede de Médicos de Saúde Popular. Mendes, Antonia Kelha Lima. A política de saúde na reforma agrária: Assentamento Grossos, Canindé. Monografia (Serviço Social). Universidade Estadual do Ceará, 2018; Souza, Maria da Paz Feitosa de. Reencontrar, produzir, viver: trajetórias, trabalho e saúde de famílias do Assentamento de Reforma Agrária Bernardo Marin II, Russas – Ceará. Monografia. (Especialização em Medicina de Família e Comunidade). Universidade Federal do Ceará, 2010.

sem trabalho, se tornam alvo da (falta de) compaixão, sentadas ao relento e a gente do lugar dando uma esmolinha de vez em quando. São trabalhadoras e suas famílias impelidas pela fome recebendo dos agentes públicos o coturno da polícia.

> Fomos atrás lá do 'tiro de guerra' que era um prédio que estava cheio de alimento. E nós queríamos alimento, queríamos alimento. Quando eles não nos atendiam, a polícia começou a nos empurrar. Nós íamos para a prefeitura, sentávamos na calçada, eles chegavam com aquele sapatão deles, nos empurrando. Nós saíamos de um canto, íamos para outro. Aí, já foi uma luta medonha! Semanas e semanas lá. Iam uns cansando e voltando para trás, alguns davam uma esmolinha, umas coisinhas da rua mesmo. Eles davam, e iam deixar em casa, vinha outra turma. Nós dormíamos na calçada, catávamos papelão na rua, ali de frente aos mercantis, para nós se sentar na calçada, dormir lá. Quando era no outro dia, estava cheio de novo, vindo tudo.

Uma trabalhadora do Assentamento Serra do Meio, em Parambu, no Ceará, Leonor Alves, cujo relato é recolhido em outra pesquisa é aqui avivado sobre suas memórias da seca: "No meu município, a seca foi arrasadora e passamos fome. Uma parte do povo escapou comendo pão mucunã e cabeça de croatá. (...) Alguns animais escaparam comendo mandacaru sapecado. Alguns pais de família foram presos por saquearem armazéns à procura de alimentos para seus filhos".[10] Talvez Maria Lima e Leonor não tenham lido algum dos muitos escritos de Josué Castro, sobre as grandes fomes no Nordeste do Brasil, quando se comiam a mucunã e outras raízes brabas do sertão, mas ao escutar seus relatos sabemos que elas fazem parte da galeria de personagens crismados pela escrita social de Josué de Castro em seu *Documentário do Nordeste*.[11]

---

[10] Diogo, Ana Paula S.; Holanda, Maria Iolanda M & Costa Filho, Valdir A. da (orgs,). *Semeando letras no campo*. Fortaleza: UFC/Pronera, 2008.

[11] Castro, Josué de. *Documentário do Nordeste*. São Paulo: Brasiliense, 1957; *Geografia da Fome. A Fome no Brasil*. Rio de Janeiro: Empresa Gráfica "O Cruzeiro", 1948; *Geopolítica da Fome*. Rio de Janeiro: Livraria Editora Casa do Estudante do Brasil, 1952; *Semeador de Ideias*. Cadernos do Iterra. Ano II, n. 7, setembro de 2003. Sobre a obra de Josué de Castro ver: Silva, Tania Elias Magno da. *Josué de Castro*. Rio de Janeiro: Fundação Miguel de Cervantes, 2012. Ver também Davis, Mike. *Holocaustos Coloniais: clima, fome, imperialismo e a formação do Terceiro Mundo*. São Paulo: Companhia das Letras, 2002. E, em especial o denso capítulo sobre a *Seca no Ceará*; Neves, Frederico de Castro. *A multidão e a história: saques e outras ações de massas no Ceará*. Rio de Janeiro: Relume Dumará, 2000. Schwarz, Roberto (org.) *Os pobres na literatura brasileira*. São Paulo: Brasiliense, 1983; Varikas, Eleni. *A escória do mundo. Figuras do pária*. São Paulo: ed. Unesp, 2014.

Mas, bem-haja, um outro lado da história da infância[12] nos é narrada com alegria e sentida saudade. Francisca Alexandrino nos conta sobre as brincadeiras de quando era criança: cantigas de roda, os jogos inventados, as brincadeiras com as bonecas de sabugo de milho, quando transformar o sabugo em boneca já era uma grande brincadeira e, sim!, meninos e meninas "nós brincávamos tudo junto! Meus irmãos, nós brincando, nós dividia: um ia fazer uma coisa, outro ia fazer outra, uns iam brincar de gado, outros iam brincar de boneca de pano, tudo misturado". Brincar de gado... uma das brincadeiras mais comuns na infância camponesa e sensivelmente retratada por Sebastião Salgado em suas andanças pelos sertões do Ceará, nos Inhamuns, em 1993. Do que trata a brincadeira? Naqueles dias muito raros em que se comia carne de boi ou de ovelha, dos ossos sobrantes e descarnados depois do cozimento saltavam imaginárias boiadas e rebanhos tangidos nos chãos de terra batida da casa de taipa da meninice! Ou como anotado pela lente de Sebastião Salgado:

> Cada osso tem um nome e uma função nas brincadeiras que representam a vida dos rebanhos do lugar. Assim, os ossos menores alinhados são de carneiros e materializam os carneiros, que se deslocam sempre em conjunto; os outros ossos pertencem a cavalos, jumentos e bois, que, por sua vez, tomaram forma e vida no imaginário lúdico dos meninos sertanejos.[13]

Já as lembranças de Cleomar trazem os pais e os avós atestando que são sim nativos, do território quilombola e agora lembra da meninice o gosto e o cheiro, os usos e os modos de

> comer no mato: 'Eu lembro que meu pai, na minha infância, a gente tem uns costumes, umas práticas da gente comer no território, comer no mato. E comer no mato o que é? A gente ia para as lagoas, ia para o rio, para debaixo de árvore e a gente levava só a farinha e lá pescava. E meu pai fazia isso muito frequente. Então, assim, às vezes nós íamos de carroça... Quando nós éramos todos pequenininhos, ele levava a gente tudo dentro dos caçuás'.

> *Para algumas pessoas, a ideia de sonhar é abdicar da realidade, é renunciar ao sentido prático da vida. Porém podemos encontrar quem não veria sentido na vida se não fosse informado por*

---

[12] Barros, Monyse Ravenna de Sousa. Os Sem Terrinha: uma história da luta social no Brasil (1981-2012). Dissertação de Mestrado. Universidade Federal do Ceará, 2013. Castro, Carla Andreia Lobo. Um Estudo sobre a sociabilidade dos Sem Terrinha na Ciranda Infantil do MST-CE. (Licenciatura em Pedagogia). Universidade Federal do Ceará, 2009.

[13] Salgado, Sebastião. *Terra*. São Paulo: Cia das Letras, 1997.

> *sonhos, nos quais pode buscar os cantos, a cura, a inspiração e mesmo a resolução de questões práticas que não consegue discernir, cujas escolhas não consegue fazer fora do sonho, mas que ali estão abertas como possibilidades.*
> Ailton Krenak, 2019

As lembranças do tempo da meninice em Maria do Socorro sabem também ao peixe pescado pelo pai e cozido com pirão, à plantação de batatas, à moradia perto do açude do Choró. Uma "infância muito boa" é sua lembrança para a comida na mesa, o plantio, a água de beber e de rega, e um banho de açude, quando acompanhavam as meninas maiores carregando a lata d'água na cabeça ou lavando a roupa da semana, com o sabão feito em casa: "Era bom demais! Ai, como eu achava bom!". Esta volta no tempo tem gosto e cheiro de saudade e ela confessa: "Eu ainda sonho com aquelas veredas por dentro das capoeiras... às vezes eu sonho, porque era bom demais!". Aqui elas abrem para nós uma reflexão sobre o sonho. Estariam nos propondo o desejo de chegar num lugar onde são possíveis as visões e os sonhos? Vejamos em Ailton Krenak, e suas *"Ideias para adiar o fim do mundo"*, como pensarmos o lugar do sonho.

> Um outro lugar que a gente pode habitar além dessa terra dura: o lugar do sonho (...) uma experiência transcendente na qual o casulo do humano implode, se abrindo para outras visões da vida não limitada. (...) O sonho como experiências de pessoas iniciadas numa tradição para sonhar. (...) como exercício disciplinado para buscar no Sonho as orientações para nossas escolhas do dia a dia. (...) Não como uma experiência onírica, mas como uma disciplina relacionada à formação, à cosmovisão, à tradição de diferentes povos que têm no sonho um caminho de aprendizado, de autoconhecimento sobre a vida, e a aplicação desse conhecimento na sua interação com o mundo e com as outras pessoas.[14]

E as tintas em retrospecto, do sonho e da saudade, enxergam infância boa naquela vida simples, quando a roupa costurada em casa para o dia da missa domingueira na igreja de São Sebastião é uma coisa para não esquecer "aquele Choró". Venciam a pé "14 quilômetros do São Luiz pro Choró e nem ninguém dava fé, porque ia todo mundo conversando e rindo". Entretanto, estas distâncias tão grandes são também lembradas sem saudade, pois certas vezes se achavam léguas de distância do mundo e era muito dura a labuta cotidiana de ida ao rio ou ao açude carregando "aquela

---

[14] Krenak, Ailton. *Ideias para adiar o fim do mundo.* São Paulo: Cia das Letras, 2019.

[lata] d'água na cabeça, seis quilômetros, subindo a ladeira, descendo a ladeira, três vezes ao dia. Como a gente achava ruim!", como conta Virgínia. Já Maria do Socorro lembra também de um tempo medido em léguas de dificuldades a vencer a pé... "Eram três quilômetros quase, não eram completos, mas eram quase três quilômetros que nós íamos a pé" de Cabaceiras onde moravam até chegar à escola da Tia Mocinha, em Saramanta, vencendo a pé uma boa meia légua e "morrendo de medo porque tinha um gado valente na capoeira". De todo modo restou uma memória de gosto pela escola e apreço à professora, com quem ela e os irmãos tiveram os estudos de primeiras letras.[15]

Pouco estudo, poucas letras, frequentar a escola era tão difícil, mas o danado do sonho move o desejo dos pais que outra vez driblam as dificuldades

---

[15] No sentido de dar a conhecer as pesquisas em torno dos processos educativos no MST ver: Castro, Carla Andreia Lobo. Educação do Campo e Escola: uma análise do projeto político pedagógico da Escola João Sem Terra – Madalena, CE. (Especialização em Arte e Educação). Universidade Federal do Cariri, 2014; Castro Júnior, José Lima. Educação Popular, educação do campo e multiterritorialidade do Movimento dos Trabalhadores Rurais Sem Terra: estudo do Assentamento Unidos de Santa Bárbara, Sítios Novos, Caucaia – Ceará. Tese (Doutorado em Educação). Universidade Federal do Ceará, 2005; Damasceno, Cosma dos Santos. Contribuições e desafios da Escola do Campo Francisco Araújo Barros para a construção do projeto de agricultura camponesa do MST-CEARÁ. Dissertação (Mestrado em Agroecossistema). Universidade Federal de Santa Catarina, 2016; Gomes, Maria de Jesus dos Santos. O trabalho de base na Alfabetização/Educação de Jovens e Adultos/as. A experiência do MST na Comunidade Bernardo Marin II – Russas – CE. Monografia (Especialização em Educação do Campo). Universidade Nacional de Brasília, 2005; Holanda, Maria Iolanda Maia. A construção da identidade coletiva dos sem-terra: um estudo a partir do cotidiano dos alunos do Pronera. Dissertação (Mestrado em Educação). Universidade Federal do Ceará, 2000; Lopes, Irineuda Monte. O caminho se faz ao caminhar: aprendendo e ensinando nas veredas da vida. (Licenciatura em Educação do Campo). Fafidam-Universidade Estadual do Ceará, 2018; Mariano, Vera Lúcia. *Educação no MST*: a experiência do curso pedagogia da terra no Ceará. Monografia. (Licenciatura em Pedagogia). Universidade Federal do Ceará, 2009; Pereira, Francisco Antônio. Assentamento Nova Canaã: da conquista da terra às contradições e desafios da educação do campo. Monografia (Licenciatura em Pedagogia). Universidade Federal do Ceará, 2009; Silva, Paulo Roberto de Sousa. Outros campos: os movimentos sociais da zona costeira do ceará como sujeitos da educação do campo. Monografia (Especialização em Educação do Campo). Universidade Nacional de Brasília, 2005; Silva, Paulo Roberto de Sousa. Trabalho e Educação do Campo: o MST e as escolas de ensino médio dos assentamentos de reforma agrária do Ceará. Dissertação. (Mestrado em Educação). Universidade Federal do Ceará, 2016. Silva, Rosalho da Costa. Os cursos formais como experiência de formação militante: O caso da Pedagogia da Terra no MST-CE. Monografia (Especialização em Estudos Latinos Americanos). Universidade Federal de Juiz de Fora, 2008; Souza, Sandro Soares de. Eventos de letramento e portadores textuais: a educação de jovens e adultos sem-terra no Assentamento 'Che Guevara' do MST (Ocara/CE). Dissertação (Mestrado em Educação). Universidade Federal do Ceará, 2002.

de sempre, na esperança de os filhos melhorarem de vida com o acesso às letras, muitas vezes tirando à parte de seu pouco ganho o pagamento de quem ajudasse aos filhos a decifrar os segredos da Carta do ABC e as Trapaças da Tabuada; como nos conta Maria das Graças, sobre a labuta de sua mãe, lavando roupa para os patrões em troca das aulas de alfabetização:

> Os pais pagavam às pessoas para nos alfabetizar. A filha mais velha da mãe, a mãe lavava roupa para o patrão e a filha do patrão alfabetizou a minha irmã mais velha. Ela hoje mora na comunidade Bom Jesus, aqui uma comunidade próxima. A mãe disse que ia alfabetizar ela, para que os filhos dela não fossem criados como ela, que nem sabia nem do 'o' nem do 'a'. E aí, pagou com lavagem de roupa, pra essa filha aprender.

O tema da vida incerta, da errância, da migração forçada, das formas nada sutis de sujeição ao trabalho é tópico de relevo nestas histórias. Algumas delas contam os sobressaltos de viver mudando de lugar, eram sem-terra e sem-teto: "Morava um mês, nós não aguentava, era demais! Eles trabalhavam demais: meus filhos começaram a trabalhar com sete anos já dentro do plantio de tomate". Atormentados pelo "patrão muito ruim, e o gerente" que não lhes concedia folga sequer "para dormir um cochilo ao meio dia", e muito agoniados com o veneno aplicado nas plantações de tomate, rememora Maria Lima: "Era assim, era muito ruim, esse gerente! Aí foi sofrimento para nós, demais! Aí nós passávamos pouco tempo. Nós não contamos os cantos que nós moramos". Viver com a "casa na cabeça" e os poucos utensílios do viver simples nos caçuás ia ficando cada vez mais difícil quando chegavam os filhos, muitos filhos! Naqueles anos de 1980, em meio aos debates da Constituinte, do pipocar de conflitos de terra nas diferentes regiões do Brasil e da organização do MST principalmente no sul do país, a questão da reforma agrária retorna à agenda política.[16] Também no Ceará os conflitos no campo se sucedem,[17] como vemos em

---

[16] Um bom repertório de estudos sobre o tema e correlatos encontra-se em Stedile, João Pedro. Bibliografia Básica sobre a Questão Agrária no Brasil. Fortaleza: Nudoc/Museu do Ceará, 2005.

[17] Barros, Francisco Blaudes Sousa. *Japuara:* Um relato das entranhas do conflito. Brasília: Ministério do Desenvolvimento Agrário, 2013; Carneiro, Ana Joeline. Qualidade de vida nos assentamentos em Santa Quitéria – Ceará. 2002. Dissertação (Mestrado em Desenvolvimento e Meio Ambiente). Universidade Federal do Ceará, 2002; Cioccari, Marta. *Retrato da repressão no campo – Brasil 1962-1985:* Camponeses torturados, mortos e desaparecidos. Brasil: MDA, 2011; Ferreira, Stephanie Lorena Mariano. Conflitos fundiários entre especulação imobiliária e os assentamentos de reforma agrária: experiências de resistência no Assentamento Maceió em Itapipoca. Monografia (Serviço Social). Universidade Estadual do Ceará, 2018; Silva, Antonia Ivoneide Melo. Terra, conflitos e disputas: significados da titulação em assentamentos

vários estudos e pesquisas aqui referenciados,[18] assim como as lutas dos Sindicatos de Trabalhadores Rurais, o trabalho da Comissão Pastoral da Terra (CPT) e o início das ações do MST no Ceará.[19] Tal quadro é avivado aqui, observando o recrudescimento da violência no campo, afetando as relações de trabalho, a permanência dos trabalhadores e suas famílias nas propriedades e principalmente a burla quanto ao estado efetivo da terra para fins de reforma agrária; o que explica a derrubada das casas e das benfeitorias dos trabalhadores, o desmatamento, a destruição da cobertura vegetal nativa. Maria Lima nos conta:

> Foi quando se ouvia falar muito da reforma agrária e os patrões arruinaram cada vez mais. Quem tinha direito, quem estava morando, os que não queriam sair, eles botavam trator pra derrubar as casas. Eram as casinhas de taipa, esburacadas. E o povo se retirava pra outro canto. Eles começaram a destruir as matas, porque disseram que se a reforma agrária chegasse e achasse a mata, desapropriava. Pra não ser desapropriada, eles tomavam, botavam trator nos campos, viu?

Era um tempo de muita luta e a participação das mulheres camponesas no novo modo de ser Igreja dos Pobres em várias dioceses do Ceará tem aqui seu testemunho. A organização do trabalho das Pastorais Sociais – da Terra, da Infância, da Juventude, do Migrante – encarnam o modo de viver

---

rurais no Ceará. Monografia (Serviço Social). Universidade Estadual do Ceará, 2018; Silva, José Ricardo Basílio da. História e memória de uma trajetória de lutas do MST/Ceará – 1989 a 1993. Monografia. (Especialização em Trabalho, Educação e Movimentos Sociais). Fiocruz, 2015; Silva, José Ricardo Basílio da. No leito e nas margens: histórias, conflitos e resistências no Rio Jaguaribe (1990-2010). Monografia (Licenciatura em História). Universidade Federal da Paraíba, 2011.

[18] Alencar, Francisco Amaro Gomes de. Uma geografia das políticas fundiárias no Estado do Ceará. Tese (Doutorado em Sociologia). Universidade Federal do Ceará, 2004; Barreira, César. *Trilhas e atalhos do poder:* conflitos sociais no sertão. Rio de Janeiro: Rio Fundo Ed., 1992. Diniz, Aldiva Sales. Poder e resistência: a oligarquia agrária cearense e os espaços recriados pelos camponeses. Tese (Doutorado em Geografia Humana). Universidade de São Paulo, 2009; Martins, Monica Dias. Reforma Agrária: sonho, sonhei, sonhamos – luta de classes e assentamentos em terras do Ceará. 1990. Dissertação (Mestrado em Sociologia). Universidade Federal do Ceará, 1991. Oliveira, Alexandra Maria de. A contrarreforma agrária do Banco Mundial e os camponeses no Ceará – Brasil. Tese (Doutorado em Geografia Humana). Universidade de São Paulo, São Paulo, 2005. Sampaio, Amanda; Oliveira, Lucas A. de. Bastos, Romário (org.). *À sombra das castanheiras:* luta camponesa, cultura, memória e história. Fortaleza: Plebeu Gabinete de Leitura Editorial, 2017.

[19] Ver: "Variações em torno da história de uma teimosia" na brochura: No caminho da utopia. Solidariedade ao MST. Fortaleza, 2009, publicada pelo Plebeu Gabinete de Leitura, por Adelaide Gonçalves e Débora Dias.

a palavra da teologia da libertação.[20] A formação de círculos bíblicos e de grupos de catequese popular tem aqui seus personagens, como na palavra de Isaltina que encontra na leitura dialogada da Bíblia, na leitura em mutirão as respostas às agruras da vida camponesa: "até que nós, lendo a Bíblia, a gente viu que a terra que Deus deixou era para todo mundo". Era aquela terra prometida da leitura da Bíblia, lembra Isaltina. O modo singular de ler/viver o evangelho tem a mediação ativa de alguns bispos, padres, freiras e agentes pastorais leigos, como a memória destas mulheres gravou tão bem.

Uma das narrativas mais densas neste livro sobre esta matéria é a de Lourdes Vicente. Metade negra e metade índia, a negritude prevalecendo em sua visão de mundo, Lourdes é uma rebelde em projeto desde os nove anos quando fugia escondida para estudar, ou quando inventou uma greve de fome para as freiras do colégio cheio de controle tomarem tento e aprenderem que as meninas não queriam só comida, queriam conhecer mais das artes da vida, como na canção. No colégio de freiras, a iniciação algo missionária no "grupo mariano" leva-a a viver em compaixão com os pobres e a repartir no mundo da favela. Daí foi um pulo para escalar outro degrau do sonho e virar uma leiga consagrada, num plano de radicalidade como no projeto pastoral da Teologia da Libertação; lendo o profeta Isaías saltaria o nome do grupo: Rebento. Já no Ceará, em 1993, na comunidade de Lagoa do Cedro, em Chorozinho, se encontra com alguns militantes do MST e, em preparo de uma ocupação, vai se fazendo Lourdes sem-terra e logo se engajando na CPT.

Uma das linhas pastorais de grande repercussão nas nascentes Comunidades Eclesiais de Base seria a Comissão Pastoral da Terra, cuja voz, presença ativa e ação concreta de padre Maurizio Cremaschi e outros mais, na diocese de Crateús, são aqui destacadas.[21] Os começos de realização da Romaria da Terra são rememorados e, em destaque, a sabedoria nutrida pelas raízes de um catolicismo de inspiração popular, ecoando em Juazeiro do Norte, ou Juazeiro de meu padim Ciço, os novos conteúdos de uma mística da libertação dos pobres sem-terra, como canta Virgínia: "Terra livre bus-

---

[20] Gutiérrez, Gustavo. *Teologia da Libertação*. Petrópolis, Vozes, 1985. Gutierrez, Gustavo & Muller, Gerhard Ludwig. *Ao lado dos pobres. Teologia da Libertação*. São Paulo: Ed. Paulinas, 2014; Silva, Sandro Ramon Ferreira da. O tempo das utopias: religião e romantismos revolucionários no imaginário da teologia da libertação dos anos 1960 aos 1990. Tese de doutorado. Rio de Janeiro: UFF, 2013.

[21] Silva, Danielle Rodrigues da. Comissão Pastoral da Terra Ceará: Uma geo-história tecida pelos gritos dos povos oprimidos do campo. Tese. Universidade Federal do Ceará. Fortaleza, 2016.

caremos noite e dia sem parar. Em cima do caminhão, caminhoneiro meu irmão, olha lá o raiar do dia, acorda amigo romeiro, olha lá em Juazeiro a terra da romaria. Terra livre, buscaremos, noite e dia sem parar". Um fato a ressaltar é que vem de longe, muito longe no tempo a criminalização aos que se dedicam a lutar contra as injustiças sociais. Maria Lima nos conta que "Os missionários que trabalhavam com a gente saíram cedo, foram perseguidos." E para que não restassem dúvidas quanto à interdição, numa placa grande se lia na porteira: "Proibido estrangeiro entrar na fazenda". Os estrangeiros indesejáveis ao latifúndio eram os padres Maurizio Cremaschi, José Pedandola, Alfredo Kunz, João Benèvent, Gabriel Paillard, Bernardo Holmes que naquele mundão vasto das paróquias de Tamboril, Monsenhor Tabosa, Tauá, Parambu, Nova Russas e outras mais participaram de um rico período de luta popular, nucleadas pela diocese de Crateús e encontrando em seu bispo-profeta dom Antonio Fragoso[22] a palavra e o gesto destemidos (eram ainda os tempos da ditadura civil-militar desde 1964) em favor de uma Igreja dos Pobres, como nos conta Virgínia, na altura, uma das animadoras das comunidades:

> E daí criou a Comunidade de Base. A comunidade de base, porque o povo não entendia, não conhecia. Pensava que o mundo era só dos ricos. Mas aí, através das comunidades, da Bíblia sagrada, a gente entendeu: o projeto é dos pobres! Deus nasceu para os pobres, por todos!

As leituras nos círculos bíblicos promovendo a reflexão coletiva criam um repertório de novas palavras que se escrevem e cantam: luta, esperança, mutirão, coletivo, partilha, conquista, vitória, direitos. Outras são fruto de uma prática que se encaminha a alargar a cultura da vizinhança, da reciprocidade, do mutirão:[23] a roça comunitária, os viveiros de mudas das plantas medicinais, os quintais comunitários,[24] a associação, a cooperativa, a comunidade; palavras que indiciam o verbo que se praticava naqueles anos de

---

[22] Fragoso, Antônio Batista. *O Rosto de uma Igreja*. São Paulo: Edições Loyola, 1982. Diocese de Crateús. Coleção Fazendo Nossa História, caderno 4, 1989.

[23] Candido, Antonio. *Os parceiros do Rio Bonito*. Rio de Janeiro: José Olympio, 1964. Esmeraldo, G. G. S. L.; Camurca, A. M.; Viana, L. A.; Abrantes, K. K. J. "Mulheres camponesas e quintais: anúncio de esperança e (re)existência para a vida planetária", *in:* Molina, Mônica Castagna; Michelotti, Fernando; Villas Boas, Rafael Litvin; Fagundes, Rita (orgs.). *Práticas contra-hegemônicas na formação dos profissionais das Ciências Agrárias:* reflexões sobre o Programa Residência Agrária. 2ª ed. Brasília: Universidade de Brasília, 2017, v. 2, p. 312-331. Sousa, Francisca Clarice Rodrigues de. Quintais produtivos no Assentamento Palmares: um resgate de saberes, sabores e belezas. Dissertação. (Mestrado em Saúde Pública), Fiocruz, 2016.

[24] Esmeraldo, G. G. S. L.; Camurca, A. M.; Viana, L. A.; Abrantes, K. K. J. *op. cit.*, p. 312-331.

1980 por dentro da experiência sociorreligiosa[25] das CEBs[26] e nas origens do MST. A evocação de Maria das Graças recupera os termos de então para enfatizar que "nossa luta é uma luta sagrada"! Aqui os laços da memória homenageiam também o trabalho missionário de Maria Alice Mccabe ajudando o povo a contar a história de suas lutas no Assentamento Maceió.[27] Para ela,

> Lutar pela terra foi uma necessidade! Uma necessidade porque a opressão era muito grande. Que a terra não tinha ficado só pra uns, e outros não. Deus tinha feito essa terra, esse paraíso, para todo mundo. Não era só para meia dúzia de pessoas, e outros ficarem sem nada. Então, nós começamos a despertar pela Bíblia.

E Nossa Senhora da Libertação é a santa de um destes lugares onde a conquista da terra cobrou um tributo de sangue, tal a violência do latifúndio.

Um aprendizado peculiar é o que se observa no fazer-se das Comunidades Eclesiais e nos processos desencadeados a partir dessa aposta na organização e participação desde abaixo. Esse lugar aglutinador encontra nas mulheres uma de suas principais forças mobilizadoras como se observa nos testemunhos aqui apresentados. O método de reflexão vigente tem nos modos de leitura e dramatização popular da Bíblia um de seus argumentos. A lembrança de Maria Lima nos confronta inclusive com o recurso à Bíblia – o livro e o texto – como afronta à interdição às reuniões no interior das fazendas e já repercutindo a palavra de ordem de então, "terra de Deus, terra de todos":

> Quando ele entrou, eu já estava com a leitura escolhida. 'Ato dos Apóstolos': 'E Jesus agradece ao Pai, por Ele ter escondido a sabedoria dos imprudentes e revelado aos pequeninos'. Aí, eu fui ler, ele avançou na minha Bíblia, tomou da minha mão, eu avancei na mão dele para o meio e a filha dele do lado. Sei que nós vencemos.

---

[25] Lowy, Michael. *Romantismo e Messianismo*: ensaios sobre Lukács e Benjamin. São Paulo: Perspectiva / Edusp, 1990; *Marxismo e Teologia da Libertação*. São Paulo: Cortez, 1991; *A Guerra dos Deuses: religião e política na América Latina*. Petrópolis: Vozes, 2000; *O que é cristianismo da libertação? Religião e política na América Latina*. São Paulo: Expressão Popular, 2008. Aqui ver em específico, seu ensaio sobre: "As raízes sociorreligiosas do MST e utopias". Lisboa: Ler Devagar/Edições Unipop, 2016 e neste, ver "Marxismo e Romantismo em Mariátegui e Marxismo e religião: ópio do povo?"

[26] Associadas à Teologia da Libertação, as Comunidades Eclesiais de Bases se desenvolveram nas décadas de 1970 e 1980, sobretudo. Têm uma base territorial e popular, agrupando e organizando as pessoas em torno de uma igreja, e articulando as leituras bíblicas com a discussão e a ação, centradas na vida dos subalternos, nos seus problemas, no trabalho, na família, na comunidade.

[27] McCabe, Mary Alice. *"A nossa luta foi uma luta sagrada"*: o povo do Assentamento Maceió conta a história de sua luta pela terra. Fortaleza: Instituto Terramar, 2015.

As leituras em voz alta e em círculo serviam também como antídoto ao medo ante à violência e perseguição de que eram alvo permanentes e então se seguia a conversa sobre o fazer-se das lutas: "Quando ele saía, nós se reunia tudo, falando sobre a luta que nós íamos ter. Que nós tínhamos que ser fortes. Não era para ninguém ter medo, porque só tinha dois caminhos pra nós, ali. Era na morte, na pobreza e na miséria, e o caminho da vida, com terra, aonde corre leite e mel", na evocação de Maria Lima. Impressiona do relato a força da palavra escrita e lida em mutirão: a citação de cor do nome dos livros da Bíblia, dos profetas da estima; versículos e parágrafos inteiros parecem anotados à margem. O costume da leitura escutada, da leitura cantada, dos versos de cordel e das pelejas das cantorias terá ajudado e muito a reter na memória a leitura de certas passagens da Bíblia e inclusive fazer da leitura o mote das novas cantigas para entoar nos dias alegres da classe ou nos dias de ocupação e resistência, quando o espírito precisava de ânimo e firmeza.

A mão que pega no lápis/
E desenha o pensamento
É a mesma mão que semeia
Um novo assentamento
Unindo os filhos da terra
Na terra em movimento.
Terra em Movimento, Gilvan Santos

Em nossos estudos na tópica da história da leitura[28] na luta camponesa compreendemos um desdobramento de larga repercussão no que se convencionou nomear como mística no MST: a matéria das leituras impulsionando vigorosamente as sensibilidades de muitas mulheres e homens se tornando poetas, versejadores, cantadeiras e cantadores, animando as reuniões das comunidades, as assembleias no acampamento, as romarias e, logo mais, as marchas por terra, pão e trabalho digno e as ocupações em Fortaleza. Uma nova liturgia se praticava e novos versos nasciam no calor da luta como se vê nos mais conhecidos Brasil adentro: Adão Pretto, Zé Pinto e, no Ceará, Lourival do Tamboril, Zé Vicente, Nazaré Flor e outras mais. Como nesta evocação de Maria Lima que numa das ocupações à

---

[28] Gonçalves, Adelaide. Prefácio. "Uma história de um tempo quando os pobres da terra aprendem que deus não deixou escritura", *in*: Bezerra, Viviane Prado. *"Porque se nóis não agir o pudê não sabe se nóis isiste nu mundo"*: O MEB e o Dia do Senhor em Sobral (1960-1980). Sobral: Edições Ecoa, 2014. Ver também outros escritos em Gonçalves, Adelaide, *Entre livros*. Fortaleza: Plebeu Gabinete de Leitura, 2019.

sede do Incra em Fortaleza chama de banda sua amiga Socorro para inventarem juntas "um cântico, com as questões de Deus"; um cântico que juntasse as palavras do vivido, do sofrido e da esperança. Boa aprendiz do modo de entoar os cânticos da Igreja nas comunidades, Maria Lima bem sabia que o forte era o refrão, quando a voz crescia em coro e era mais seguro de aprender ligeiro; ela fazia às vezes de regente pedindo que era bonito não esquecer a marcação e o ritmo da batida das palmas: "O refrão é assim, vocês respondem o refrão: 'Nós queremos é lutar por terra e pão, nós queremos é nossa libertação!'". E nessa batida Maria Lima, com a ajuda de Socorro e provavelmente de outros já conhecidos por transformar a luta em música e o pandeiro e a zabumba em chamadas sonoras para alevantar o ânimo, cantou para Paula Godinho a canção inteira, como um pedacinho da história do Acampamento 25 de Maio, em Madalena, no sertão do Ceará, acentuando no último verso um recado de animada camaradagem, pois "Eles faziam uma festa tão grande desse canto", e cantou: "Para os nossos companheiros/ vai a nossa saudação/ vai um abraço bem forte/ vai um aperto de mão./ Nós estamos aqui no Incra/ esperando a libertação/ pra chegar aí cantando/ com a vitória na mão!"

> *Ninguém caminha sem aprender a caminhar,*
> *sem aprender a fazer o caminho caminhando, sem*
> *aprender a refazer, a retomar o sonho por causa do*
> *qual se pôs a caminhar.*
> Paulo Freire

Os versos, o refrão bem entoado, animam as lutas e cumprem função destacada nas marchas (as andarilhagens históricas de que nos falava o educador Paulo Freire). As narradoras neste livro confirmam à larga que a conquista do território se deu também cantando e mostrando coragem, e destacam ainda a função aglutinadora e pedagógica das caminhadas. Uma vez, contam aqui, caminharam nove dias de Madalena a Fortaleza, o que significava preparar a comida para o caminho, marcar os lugares de parada, armar as barracas, conversar com os aliados, não deixar ninguém para trás, animar uns aos outros, escolher quem seria destacado para, no caminho, ao entrar nas cidades, visitar as escolas, sindicatos para contar a história da luta e pedir apoio, quando diziam: "a reforma agrária é uma luta do campo e da cidade" ou "se o campo não planta, a cidade não janta" e assim iam pelo caminho nas marchas quando se encarnava uma história social da teimosia e da sensibilidade.

A sensibilidade dá o tom à narrativa de Maria Ivanize, em apoio à mãe, Chiquinha Louvado, naquele dia do encontro com Paula Godinho. Ivanize alarga um quanto do que vimos dizendo até aqui e nos pede para prestar atenção ao Canto de Resistência como uma forma de escrever e contar as histórias em comum. Para ela, "a música sempre foi a forma que nós tivemos para expressar a nossa história, para divulgar o contexto histórico que nós vivemos". E esse impulso criativo, do escrever para cantar, tem como uma das inspirações perenes Nazaré Flor, com quem muitas mulheres aprenderam a se "organizar e escreviam as músicas e os poemas". Lembram com o coração o destemor e a energia de Nazaré Flor, outra poeta da luta, educadora e versejadora no meio do povo.

> Solidariedade é compromisso/ compromisso e missão/ símbolo de humildade/ sinal de bom coração/ No mistério da partilha/ forma-se grande família. / E é assim que se faz/ um mundo com mais verdade/ tornando o povo livre/ Usando a sinceridade/ E, assim meu verso diz/ A gente vai viver feliz/ na grande Comunidade.[29]

E em Nazaré se inspiram para fazer seus versos. A música e a festa como expressão da conquista da terra impulsionam Chiquinha Louvado: "Na festa da inauguração, de receber o nosso Assentamento, eu tenho uma música pra cantar. Eu já fiz uma música e tenho ela pra cantar". Assim, em sua dedicação ao registro da memória da luta se destaca a escrita da história em verso de cordel, como nos conta Ivanize: "além da música, a mamãe sempre ela tem feito literatura de cordel, ela tem uma literatura de cordel sobre a história do assentamento, sobre as conquistas, sobre o que é possível na nossa vida".

> (...) De encanto e felicidade, sopro de brisa serena
> Galo canta, gente acena, sapo a coaxar
> As crianças na escola deitam e rolam de alegria
> Esta é a vida neste meu belo lugar. (Nazaré Flor)

Algumas expressões bonitas decerto foram ouvidas de algum verso de cordel guardado de memória; como "uma terra por onde corre leite e mel",[30] a imaginação corria solta sonhando com a terra das maravilhas de São Saruê. O que é certo é que estas mulheres aguerridas aprenderam muito cedo a tecer, fiar, fazer as redes de dormir para toda a família, trançar os

---

[29] Verso de Nazaré Flor, constante do Catálogo da Exposição: *Uma terra onde corre leite e mel.* Fortaleza: Incra-Nead, 2008.

[30] *Idem.* Fotos de Leonardo Melgarejo, Brasília: Nead, 2007.

bordados e transformar as chitas e os panos em roupa domingueira, pois a casa e a vida sempre precisarão de um enfeite! Tecendo, fiando, plantando, seguiam aprendendo a fazer versos, compor os cânticos, e cantam e dançam para saudar o dia da chegada a bom porto! Maria Bia pega de seu caderno e com orgulho nos conta que já fez umas 30 músicas; e o mote de sua poesia é a celebração da conquista da terra, do aniversário de 25 anos da conquista do assentamento, o que rendeu também uma boa história em versos de cordel.

Mas era preciso mesmo cantar e aprender a ser poeta porque a violência era um sem-fim de ardis e a vida seguia pedindo coragem quando se escuta Chiquinha Louvado e se volta no tempo para contar os mortos. Mataram Francisco Barros, mataram Geíza, uma menina de 18 anos; sua morte foi um dia de juízo, nos diz Chiquinha, ela também marcada para morrer. "A minha cabeça custava... Quem levasse minha cabeça pra firma, custava era muito dinheiro. Agora é que eu não me lembro o valor do dinheiro desse tempo, não é? Mas custava". Era um tempo de tocaia, armadilha, perseguição, pistoleiros em arruaça; "a gente não podia nem tomar banho por causa deles, desses pistoleiros, porque eles andavam todo dia caçando o povo". Uma vida da porta de casa para dentro: "A gente só vivia de porta fechada". E só se saía de casa quando chegava a escuridão da meia-noite e se podia chegar nas "cacimbas e pegar água pra beber, pra comer e tomar banho dentro de casa". Era assim e assim se passava "Para não morrer". Um tempo de "sofrimento, muito sofrimento!". Em sua poesia diante do vivido, Chiquinha arrisca um dito que daria um mote para um de seus livrinhos de cordel: "A dor é grande, mas depois da dor vem o aliviado, não é?".

Das narrativas de Lourdes Vicente, a que nos pede máxima atenção é sua abordagem sobre o como a violência atinge os pobres de tantos jeitos. A primeira história que nos conta sobre Delmira é tão terrível que a leitura dói: seu parto cheio de dores, o bebê morto, depositado numa caixinha e enterrado no acampamento. Onde andará Delmira de tanto sofrimento? A história seguinte que nos pede atenção é do assassinato do Denir, um jovem militante sem-terra, executado por oito pistoleiros armados a mando de uma fazendeira, uma mulher de 86 anos mal vividos, e muito encarapitada no alto de seus podres poderes, como no verso de Caetano Veloso... Denir executado com um tiro na nuca, gente baleada, ferida e muito medo. Fora do roteiro da impunidade de sempre, a coragem das mulheres, conta Lourdes Vicente, fez com que a fazendeira pegasse ao menos uma semana de cadeia! A regra é a impunidade frente ao "Matei, mandei matar e mando de novo!" A terceira história mescla violência, medo e grande astúcia, em Barra das Moitas, quando as mulheres e as crianças enfrentaram a polícia de um jeito tal que sua coragem e o que se seguiu mudaria a história dos julgamentos em questões de conflitos de terra no Ceará: mais de cem pessoas assumiram o tiro (bem) dado no sargento reformado!

Já a quarta história contada por Lourdes é talvez a que circula com mais força no MST do Ceará: o Acampamento na Bezerra de Menezes, uma avenida grande em Fortaleza, e o mais violento cerco imposto pela polícia do Estado quando o governador-grande-moderno-empresário exercia no limite sua vocação de chefe de polícia, pois "sem-terra é na bala!". Foram 17 dias de horror: gente presa, perna quebrada, feridos e o dia do cerco: 1.800 policiais armados até os dentes para despejar os 1.500 sem-terra. A imagem mais macabra das cenas de terror que vararam a noite: os carros do IML, o rabecão, no jargão policial, de prontidão para levar os mortos! A cena mais bonita dentro do terror: sitiados os sem-terra, homem, mulher, menino, emendam pontas de pano e fazem um lençol branco grande com que conseguiam pegar as garrafas d'água e os alimentos. Solidariedade em estado puro.

A pesquisadora Regina Bruno, no bem traçado texto *A grande propriedade da terra*, indaga "Por que tanta intolerância das classes e grupos dominantes no Brasil quando está em questão a garantia da propriedade e da concentração fundiária?". Recorrendo aos estudos clássicos de José de Souza Martins, Octavio Ianni, Moacir Palmeira, Guilherme Delgado, entre muitos outros, Regina Bruno, que já havia examinado tais questões em seu *O ovo da serpente*, nos leva a compreender o significado da existência, no Brasil,

> de um trabalhador sem-terra, historicamente insubmisso, que questiona a duras penas o monopólio e a concentração fundiária. Que luta por direitos e consegue importantes vitórias políticas sociais e simbólicas. E, se muitas vezes não consegue perceber as artimanhas do poder, o peso da propriedade da terra, a força simbólica da lógica patronal, é porque vive uma luta desigual, desonesta e cruel. E quase sempre está sozinho nessa caminhada.[31]

---

[31] Brasil. *Reforma Agrária Quando? CPI mostra as causas da luta pela terra no Brasil.* Prefácio de Fábio Konder Comparato. Posfácio de Regina Bruno. Brasília: Senado Federal, 2006. O livro é parte da vasta documentação reunida na CPI da Terra. Relatório Final da Comissão Parlamentar de Inquérito da Reforma Agrária e Urbana, Brasília, novembro de 2005. Ver também: Bruno, Regina. *O ovo da serpente:* monopólio da terra e violência na Nova República. Campinas, Tese de Doutoramento. Unicamp (IFCH), 2002; Bruno, Regina. *Senhores da Terra. Senhores da Guerra.* A nova face política das elites agroindustriais no Brasil. Rio de Janeiro: Forense Universitária/Edur, 1997.

> *... quando os tempos exigem máscaras*
> *espessas e performances dissimuladas.*
> Paula Godinho

No dizer arguto de Maria Branca e Maria das Graças, havia muita perversidade e vigorava quase sempre a aplicação da lei conforme a proteção da propriedade, impedindo que os trabalhadores construíssem suas casas ou usassem a terra para o plantio de raiz. Isso a sabedoria do povo entendeu bem: só podia ser a lei do cão! E aqui, em meio a conjunturas tão ásperas, e do como estas mulheres se dispuseram ao exercício da possibilidade do sonho, nos lembramos outra vez das palavras ditas por Ailton Krenak: "É uma espécie de tai chi chuan. Quando você sentir que o céu está ficando muito baixo, é só empurrá-lo e respirar". É o como da história social, expresso por estas mulheres.

> A gente era muito escravo, sem direitos. Se caísse um coco, tinha que guardar escondido. No tempo dos nossos avós tinham mais medo, aí nem comia coco com medo, porque dizia que se comesse, pagava o coco. Coqueiro e cajueiro ninguém plantava, porque o patrão não deixava a gente plantar. O patrão também não deixava a gente fazer uma casa de alvenaria, era tudo casinha de barro. Tinha que trabalhar pra eles três dias por semana, e pra família só dois dias. Se fizesse um roçado, a forragem, que a forragem é o resto que fica no plantio que a gente faz, era tudo deles. Para os animais deles. Plantava só milho, feijão e roça. Porque planta este ano e no fim do ano colhe. Bem de raiz, que é coqueiro, essas coisas que dura muito, eles não aceitavam.

E em recusa, por vezes silenciosa, às interdições ditadas pelo dono da terra se socorrem em apoio mútuo, e agenciam seu que-fazer em mutirão: "E aí, proibiram a gente de trabalhar, mas a gente trabalhava de mutirão. Ia o mutirão dos homens para a broca dos roçados e ficava o mutirão das mulheres para, se viesse alguma coisa, a gente mandar os meninos avisar os trabalhadores, nossos pais", é como nos contam estas duas Marias, a Branca e a Das Graças. Ouvindo as duas narrativas, nossa atenção se volta aos estudos de James Scott[32] e Paula Godinho, e esta, ao modo de "lição", nos convida a pensar em perspectiva histórica sobre como

> os grupos sociais subalternos aprenderam a articular essa resistência, tornando-a ativa, visível, exposta e reivindicativa em momentos escassos, embora de memória densa e persistente, ou disfarçada, camaleônica,

---

[32] Scott, James C. *A dominação e a arte da resistência: discursos ocultos*. Lisboa: Letra Livre, 2013; _____. "Exploração normal, resistência normal". *Rev. Bras. Ciência Política*, n. 5, Brasília, jan./jul 2011.

encenada, quando os tempos exigem máscaras espessas e performances dissimuladas. O meu argumento assenta em práticas possíveis, numa abordagem dos momentos luminosos e eufóricos, das ocasiões reativas que permitem a sobrevivência em condições duras, e/ou do escapismo e da evasão – numa assunção de que a resolução de uma crise é a procura de um estádio com alguma estabilidade, embora provisório e precário. Convoca a força material das ideias, como em Marx, entre o lugar da experiência, a capacidade para a expectativa e o entendimento do desenho dos futuros, através de uma teoria das práticas possíveis.[33]

> *Para mudar a sociedade do jeito que a gente quer*
> *participando sem medo de ser mulher.*
> Refrão de uma canção de luta das Mulheres do MST

Para melhor situar as narrativas das mulheres sem-terra, neste livro, julgamos pertinente sublinhar o alargarmento da participação das mulheres, pois desde o primeiro Congresso do MST em 1984, as mulheres ensaiaram os passos de sua auto-organização, realizando a 1ª Assembleia das Mulheres do MST, afirmando a "necessidade de construir coletivos de mulheres nas bases para debater seu papel na construção deste movimento", como rememora Lucineia Freitas, do Setor de Gênero, para ampliar seu que-fazer para além das construções da Ciranda Infantil, da Saúde, entre outras. Nasciam desde aí os grupos de estudo, buscando as leituras seminais de um repertório internacional das lutas das mulheres, para afirmar "Sem feminismo não há socialismo!"[34]

E nestes tempos a memória da luta recupera os sentidos inscritos na ação do 8 de março de 2006, "Rompendo o Silêncio", quando 2 mil mulheres se organizaram para a luta das mulheres sem-terra contra o capital, ocupando a Aracruz Celulose, no Rio Grande do Sul, contra a monocultura do eucalipto. A ação de destruição das milhares de mudas plantadas em

---

[33] Godinho, Paula. *O futuro é para sempre* – experiência, expectativa e práticas possíveis. Lisboa e Santiago de Compostela: Letra Livre e Através Editora, 2017.

[34] Cruz, Elizabeth Ferreira da. Ação política, transformação social e reconstrução de identidades. Um olhar a partir do feminismo para a militância das mulheres rurais nos movimentos sociais. 2008. Dissertação (Mestrado em Educação). Universidade Federal do Ceará, 2008; Duarte, Ana Maria Timbó. Mulheres na reforma agrária e políticas de crédito: avaliação do Pronaf Mulher em assentamentos de Monsenhor Tabosa-CE. Dissertação (Mestrado em Avaliação de Políticas Públicas). Universidade Federal do Ceará, 2010; Farias, Maria Dolores Mota. "Sem medo de ser mulher": a experiência e a construção das mulheres trabalhadoras rurais como categoria política. Tese (Doutorado em Sociologia) Universidade Federal do Ceará, 2001; MST. *Mulher Sem-terra*. Setor Nacional de Gênero. São Paulo, 2000.

estufas, organizada naquele 8 de março, marca uma trajetória de enfrentamento ao capital como alvo estratégico.[35] Neste tópico, o testemunho de Lourdes Vicente é um referente incontornável e aqui tão bem colhido nesta conversa com Paula Godinho. Lourdes nos conta que, desde aquele 1993, ter formado parte em umas 40 ocupações, não apenas no Ceará, e participado de vários setores do Movimento em diferentes regiões e sempre com a mente aguçada para as questões de gênero, setor onde se internacionalizou a militância nas articulações com a Coordenadoria Latino-Americana de Organizaçãoes do Campo (Cloc) e com a Via Campesina Internacional, quando cresce também a luta contra as corporações gigantes do veneno. O que explica também sua intensa militância no plano das lutas ambientais e a experiência exigida no novo ciclo de ocupações urbanas pelo MST, as comunas. Talvez tenhamos neste livro um dos relatos do pormenor, das singularidades e dos desafios sobre o fazer-se da Comuna 17 de Abril, em Fortaleza. De tão preci(o)so o relato, é por si um livro. Lourdes hoje vive lá. A ação contra o deserto verde da Aracruz é um ponto de inflexão na história do 8 de março em escala internacional – é nossa avaliação. Àquela ação de 37 mulheres, nos anos seguintes decorreriam muitas outras e de forte conteúdo anticapitalista, como se pode escutar aqui da narrativa de Lourdes, ela sendo uma das mais vigorosas presenças nesses momentos quando se tem certeza de que se está plantando sementes de esperança.

O estudo de Peter Rosset também situa o alcance daquela ação anticapitalista e massiva das mulheres do MST na Via Campesina:

> Com essa ação, as mulheres desencadearam um dos primeiros grandes protestos contra os custos humanos e ecológicos de plantações agroindustriais e de apropriação de terras. Dessa forma, estabeleceu-se firmemente a liderança das mulheres rurais na defesa da terra e do território e foi provocado um debate sobre o significado de 'violência' e 'não violência' no contexto dos movimentos sociais.[36]

---

[35] Witcel, Rosmeri. "As mulheres sem-terra na luta do 8 de março pelo espaço e território". *Boletim Dataluta* n. 135 – Artigo do mês: março de 2019. Rosmeri Witcel, dirigente do MST, estuda aqui a luta do 8 de março a partir de 2006, realizada pelas mulheres dos movimentos sociais no Rio Grande do questionado a propriedade privada, a divisão sexual do trabalho e o patriarcado, ensaiando um Feminismo Camponês e Popular Sul, e evidenciando a luta feminista das Mulheres Sem Terra. Para ela, nas lutas do 8 de março, se têm pautado a luta antissistêmica. De destaque no estudo, as narrativas recolhidas sobre as lutas do 8 de março.

[36] Rosset, Peter. *História das ideias de um movimento camponês transnacional*: tensões mundiais. Fortaleza, v. 14, n. 27, p. 191-226, 2018. Ver também Ere, C. D.; León, M. *Empowering women: land and property rights in Latin America*. Pittsburgh: University of

No 8 de março de 2019, a Via Campesina publicou uma carta internacional em defesa da luta das mulheres em todo o mundo e em apoio fraternal ao manifesto "Para além do 8 de março: rumo a uma Internacional Feminista", segundo o qual o

> movimento feminista está nos dando esperança e uma visão para um futuro melhor em um mundo em desmoronamento. O novo movimento feminista transnacional é moldado pelo sul, não só no sentido geográfico, mas também no sentido político, e é nutrido por cada região em conflito. Essa é a razão de ele ser anticolonial, antirracista e anticapitalista.[37]

Observando a vigência das bandeiras de luta que deram origem ao Dia Internacional das Mulheres Trabalhadoras, como um impulso à resistência organizada contra o capitalismo e o patriarcado, as mulheres da Via Campesina afirmam a soberania alimentar construída com agroecologia como vetor de seu protagonismo, porquanto "isto supõe uma mudança nas políticas territoriais para o meio rural com a perspectiva de um feminismo camponês popular, que promova e garanta os direitos de participação das mulheres nas decisões políticas" e conclui proclamando: "seguimos firmes em nossa missão de germinar a esperança e a libertação das mulheres do campo e da cidade em todo o mundo".[38]

As lutas das mulheres do MST no março de 2019 transbordaram do dia 8 e cumpriram um forte roteiro de resistência, como numa

> manhã de uma semana forte, dolorida e especial de março, quando o sol despontava com força, iluminando o cenário que seria alvo de uma luta fundamental para as mulheres de resistência. Entre nós, mulheres Sem-terra e de solidariedade a todas às trabalhadoras desta sociedade que sofrem ou já sofreram alguma violência. Esse foi o sentimento ao ocuparmos a fazenda Agropastoril Dom Inácio, em Anápolis, que pertence ao conhecido João de Deus.

Pittsburgh Press, 2011. Herrero A.; Vilella, M. (eds.). *Las mujeres alimentan al mundo: soberanía alimentaria en defensa de la vida y el planeta*. Barcelona.

[37] "Para além do 8 de março: rumo a uma Internacional Feminista", o manifesto escrito por 24 autoras militantes, se inscreve na chamada "nova onda feminista transnacional" conclamando à mobilização global no 8 de março. Em linhas gerais, o manifesto aponta as grandes pautas de mobilização e luta do movimento feminista nos últimos três anos: contra os feminicídios e toda forma de violência de gênero; pela autodeterminação de seus corpos e acesso ao aborto seguro e legal; por igualdade salarial para trabalhos iguais; pela livre sexualidade; contra os muros e fronteiras; o encarceramento em massa; o racismo, a islamofobia e o antissemitismo; a desapropriação das terras de comunidades indígenas; a destruição de ecossistemas e a mudança climática.

[38] Disponível em: http://www.mst.org.br/2019/03/08/carta-ressalta-a-importancia-da--uniao-das-mulheres-contra-a-exploracao-e-a-opressao.

No dia seguinte, as mulheres sem-terra, em Minas Gerais, pararam os trilhos da empresa mineradora Vale, denunciando: "A Vale é morte, a Vale é violência". E prosseguiam a jornada de lutas em março, em atos de denúncia do assassinato político de Marielle Franco, "companheira de sonhos e de luta. Mulher, negra, LGBTQ+, favelada e socialista". "Quem mandou matar Marielle?" e "Marielle, Presente! Agora e Sempre! Marielle Vive! Em todas nós!" foram os gritos de março de 2019 pelas Mulheres do MST em todo o Brasil.[39]

Mulheres camponesas – agricultoras, marisqueiras, quilombolas de todo o país – pegaram a estrada rumo à Brasília para a Marcha das Margaridas[40] desde os fins de julho de 2019, dando passos em coletivo e aprendendo a coordenar, animar, organizar a marcha e definir a agenda de lutas das Margaridas trabalhadoras rurais: terra, água, agroecologia, soberania alimentar, autodeterminação dos povos, trabalho e renda, previdência social, educação do campo, combate à violência contra a mulher.[41] A marcha de 2019 se intitulava "Margaridas na luta por um Brasil com soberania popular, democracia, justiça, igualdade e livre de violência". Tendo nas mãos seus cadernos de debates, bandeiras e estandartes coloridos e chapéus de palha ao vento, milhares de Margaridas ecoaram as vozes de suas comunidades rurais, seus sindicatos e organizações, anunciando muita disposição de luta pela "construção de um Brasil que respeite os direitos das mulheres do campo, da floresta e das águas".[42] As Margaridas camponesas se contaram em 100 mil e a elas se juntou a primeira Marcha das Mulheres Indígenas, reunindo mais de 300 etnias e, em sua bandeira, o lema "Território: nosso corpo, nosso espírito".

Seguindo, pois, estes passos, em setembro de 2019, centenas de mulheres do MST cuidam de organizar círculos de formação, oficinas, dias de estudo, afinando a viola para os temas em debate: o feminicídio, a violência no campo, a luta ambiental... definindo assim uma agenda de luta e organização para o 1º Encontro Nacional das Mulheres Sem Terra, programado para março de 2020, em Brasília, construído sob o lema "Mulheres em luta:

---

[39] Disponível em: http://www.mst.org.br/2019/03/15/manhas-de-13-e-14-de-marco.html.

[40] A marcha nomeia a memória de Margarida Maria Alves, trabalhadora rural e sindicalista paraibana assassinada em 1983, aos 50 anos, por um matador de aluguel a soldo de fazendeiros da região. Este ano se completam 36 anos do assassinato de Margarida e os acusados seguem impunes.

[41] *Jornal Brasil de Fato,* Recife (PE), 11 de agosto de 2019.

[42] *Jornal Brasil de Fato,* São Paulo (SP), 9 de agosto de 2019.

semeando resistência". Aliás, aqui Lourdes Vicente, com outras mulheres, cumprem aumentado papel militante indo e vindo aos centros de formação para discutir com as companheiras os melhores e mais bonitos jeitos de realizar este I Encontro, nesta conjuntura regressiva de recrudescimento da violência e cessação de direitos, quando as mulheres do MST se desafiam também "a construção da unidade do campo popular em torno da luta das mulheres". "Isso é muito importante para enfrentarmos esse momento e fazer com que nossas mulheres ocupem sempre esse protagonismo dentro de nossas organizações".[43] Essa construção do março de 2020 das mulheres do MST também se religa à militância na Via Campesina Internacional, como se observa em sua nota pública afirmando um "Não à violência do patriarcado e do capitalismo", e em que se dizem encorajadas "a lutar contra a barbárie, o fascismo e o desrespeito à vida". Definindo a urgência no tempo presente pela organização de lutas coletivas, entendem que as violências que se abatem sobre as mulheres trabalhadoras estão "arraigadas no patriarcado, na violação e coisificação das mulheres. Devido à força dos fatos, hoje é indispensável que a violência seja expurgada da sociedade, dos territórios, dos corpos e da vida das mulheres".[44]

A CANÇÃO DOS LAMPIÕES SOB A NOITE ESCURA....
Este é um dos motes de abertura de um bonito vídeo de conclamação das mulheres para o "março de luta", em 2020. No vídeo, mulheres sem-terra de várias regiões do Brasil dizem de seu jeito e em coletivo "que eu também sei amar, que eu também sei lutar, que meu nome é mulher". De seus textos recolhidos da poesia e da luta, ditos à moda de jogral e nos animando a seguir em caminhada, trazemos os seguintes:

> Canto hoje uma canção para nós, uma canção para o nascimento, para a fecundação, para a ocupação, para o chão desse nosso longo caminho. Canto hoje a cantiga da primeira semente que a mão humana guardou sob minha pele e aguou e esperou e cultivou e viu que nascia verde e que dava frutos.
>
> Canto hoje a canção cerrada, escavada, a canção cratera, areia, deserto, a canção despida, canção da primeira e maldita cerca, da primeira derru-

---

[43] Disponível em: http://www.mst.org.br/2019/08/30/.

[44] Disponível em: http://www.mst.org.br/2018/11/25/via-campesina-diz-nao-a-violencia-do-patriarcado-e-do-capitalismo-dois-males-que-afligem-a-humanidade.html. Ver também: Via Campesina. Declaración de Cochabamba, *in*: Seminario Internacional "Reforma Agraria y Gênero", 2003. Cochabamba, Bolívia. *Anais Cochabamba*, 2003; Via Campesina. *V Conferência Internacional em Maputo* (Moçambique), 2008.

bada, a morta inventada pelas invenções daqueles que se acham os novos donos da terra.

Canto porque somos irmãs na colheita e na dor. Sou mãe antiga e primeira. Mãe do que existe e do que existirá. Como também sou filha de cada uma e cada um.

Canto hoje uma canção para as mulheres sem-terra, a canção dos lampiões sob a noite escura. Mulheres: terras ocupando o chão e derrubando as cercas.

Cantemos juntas para a terra livre. Façam de mim território e morada. Sigam escolhendo as sementes sadias. Ensinem mais e mais aos que ainda não sabem, aos que virão, a conhecerem os segredos da vida coletiva e eu seguirei lhes oferecendo comida farta, comida boa. Nos cultivemos com fervor e amor até que a abundância seja a medida.

Canto hoje eu sem mim vocês sem-terra. Cantando e lutando transformem o mundo das cercas em um imenso mundo livre.

Filhas, irmãs, meninas, guerreiras sem-terra, o nosso tempo é sempre gestante. É sempre o tempo de semear.

Juntas semeando resistência contra o patriarcado, o racismo e o capitalismo. Mulheres em luta: semeando resistência.

E certamente nossas matriarcas da luta camponesa no Ceará, a quem escutamos neste livro, se preparam com seus estandartes de chita de colorido vivo, lenços no pescoço e chapéu de palha ao vento, para uma grande marcha em Brasília, nos fortalecendo a todas as meninas e mulheres que gritamos: "Ele Não!" em outubro de 2018 e continuamos neste 2019.

E continuamos em resistência ativa porque somos milhões de desempregados e outros muitos milhões sobrevivendo de muitos jeitos precários, muita gente morrendo de fome e de frio, de bala certeira ou bala perdida, garotos negros e pobres despidos e chicoteados por brutamontes a soldo das empresas de supermercados, crianças mortas de sarampo e outras doenças por falta de vacinas e assistência pública de saúde. Somos jovens de várias idades com suas bolsas escolares ou de pesquisas estancadas pelos cortes da sanha anti-intelectual; temos gente de várias idades morrendo por homofobia, por feminicídio. Vivemos numa economia afundada no pântano ultraliberal; choramos por uma floresta em labaredas (pelo sinistro dia do fogo convocado pelos latifundistas e pelo lança-chamas diário do discurso estúpido do antipresidente), as florestas onde ardem as árvores, os bichos, as comunidades indígenas, os quilombolas, os ribeirinhos, os sem-terra. Agora eles querem queimar livros! Agora eles censuram as artes e o pensamento. Agora eles aprofundam o ataque ultraliberal às universidades públicas, abrindo forte perseguição à comunidade universitária. Querem também despejar assentamentos do MST, Centros de Formação e investem contra a pedagogia do campo, uma das expressões de perene influência do pensamento de Paulo Freire. As narrativas destas mulheres e o labor em torno da realização desta pesquisa transformada em livro são nosso teste-munho e compromisso!

Fortaleza, 12 de setembro de 2019

VIDAS CONTADAS

Quem faz isso é a necessidade! É a necessidade que faz a gente

Maria Genoveva Monte Sousa, 76 anos, e Maria Isaltina Monte Lopes, 60 anos, Assentamento Santa Helena, município de Canindé

Dona Genoveva e dona Isaltina, no alpendre da casa da segunda, março de 2019. Foto de Paula Godinho

Circular é destino de quem tem pouco. Percorrer caminhos, lembrar topônimos, lugares onde se passou. Até a fixação em Santa Helena, no município de Canindé, a história destas irmãs é uma *via crucis*, em que a circulação por locais diversos se junta às doenças dentro do grupo doméstico, com as solidariedades familiares em busca da cura. Isaltina e Genoveva estiveram juntas durante a entrevista, como em muitos outros momentos que relatam. Falamos no alpendre da casa da primeira, em Santa Helena, Canindé, entre água fresca e café, enquanto Isael, filho de Isaltina, compunha uma galinha caipira e um baião de dois. Circular é destino, porque não possuíam terra para cultivar, e tinham de procurar o que era preciso para a subsistência. Dizem que a terra é um dom de Deus, mas foram necessárias ações simples e inusitadas para consegui-la, antes de passar aos gestos largos. O que detona uma revolta pode ser uma coisa pequena, porque a gota de água é só mais uma: uma mulher está de resguardo, acabou de ser mãe, e mataram-lhe um frango para um caldo. À sua volta, tudo esmorece de fome: as crianças, a família e os vizinhos. Um gato assalta o pote, e leva o frango. Quando a mulher se lastima, as que se juntam dizem que já chega. Entram pelo latifúndio, retiram uma vaca, matam-na e distribuem a carne pelos vizinhos. Hão-de ir presas, mas diziam ao carcereiro que não as podia ter lá para sempre. Assim foi. Quando podiam, estas irmãs faziam uma horta – e o latifundiário talvez demorasse a perceber, por viver longe e porque os seus domínios são imensos e por cultivar. São estas mesmas irmãs que acolhem agora, numa dependência, uma família jovem, pobre e com o marido muito doente, que encontraram pela cidade a catar papel e remexer o lixo. São também elas que criam alguns que perderam mães e pais, ou que não eram desejados, e lhes chamam seus filhos. Um dia, quando lhes disseram que iam ocupar uma terra, a mãe chamou-lhe a terra prometida, onde corria o leite e o mel. As imagens usadas, e os nomes apostos aos filhos, mergulham num imaginário religioso, com as freiras e padres católicos a terem um papel de destaque nas vidas delas. Quando se aproximava a ida para essa "terra prometida", a mãe dedicou-se a fazer blusinhas de manga comprida para as crianças, e a preparar a roupa, porque vinha a caminho tudo o que tinha desejado. Isaltina e Genoveva mostram o açude "a sangrar". Depois de anos de seca, a estação de chuvas merece uma ação de graças. Nas terras secas do semiárido, a água é sangue. Para que o sangue não coalhe, trabalham muito. *É com a luta que tudo se consegue, minha irmã!*

Isaltina: Meu nome é Isaltina Monte Lopes. Nasci foi na Maré, que é no município de Aratuba, de uma serra. Então, essa aqui é a minha irmã mais velha [aponta para Genoveva]. A Genoveva é a minha irmã mais velha, está aqui comigo. Tenho a Alcilene, Liduina, Helena, Raimunda, Cândida, Raimundo – os que estão vivos. Eram muitos, eram 15. No período que meus irmãos estavam em casa com meus pais, era na agricultura que trabalhavam. Depois de certos tempos, devido a dificuldade, um foi embora pra Fortaleza, nos levou pra lá, se espalharam: foram uns para São Paulo, outros no interior. Minha irmã Cândida morava em Logradouro (que é no interior também), mas hoje está morando em Canindé. Aí, a gente cresceu lá. Não, minto. Eu não cresci lá, meus pais moraram lá por uns tempos, meu pai trabalhava de... Como é o nome?

Genoveva: Cavouqueiro. Cavando cacimbão.

Isaltina: Cavouqueiro, que é cavando cacimbão.[1] Ele só vivia saindo para fora e minha mãe sempre ficava conosco. Aí, quando foi um dia, ele teve um acidente dentro do cacimbão. Ele ficou meio desorientado, e foi preciso meu irmão mais velho, dos mais velhos, que foi para Fortaleza, trabalhar em Fortaleza. Lá, ele estu-

---

[1] Atividade desenvolvida no sertão nordestino de escavação para ter acesso à água do subsolo. (Nota de Lourdes Vicente).

dava e trabalhava. Ele montou lá uma venda de merenda[2] para poder sobreviver e nos ajudar. Ajudar nossos pais. Quando houve o acidente, foi preciso nós ir embora para a cidade, para Fortaleza. Ele veio nos pegar. Na época eu tinha uns quatro anos, por aí assim, cinco anos, não era, Genoveva?

Genoveva: Era.

Isaltina: Pois é. Foi preciso a gente ir para Fortaleza, aí a gente foi. Minhas irmãs mais velhas, elas já trabalhavam lá em Fortaleza, que era para ajudar a família também. Que nós somos uma família humilde, não é? Aí, tudo bem, meu irmão comprou um terreno lá, mandou construir uma casinha, veio nos pegar. Veio nos buscar, e a gente foi pra lá, tudo bem! Essa minha irmã trabalhava, ajudava em casa. A gente ficou lá por uns tempos. Depois que chegou lá, ele melhorou. Aí, ele extraiu um dente, e teve hemorragia muito grande. Cuidamos dele! De Fortaleza a gente veio morar em Canindé.

Genoveva: Canindé não, Boa Viagem!

Isaltina: Boa Viagem. Foi para Boa Viagem. Aí, da Boa Viagem, a gente veio para Lajinhas, que é uma comunidade vizinha aqui. Da Lajinhas, eles voltaram, foram embora para Canindé. Eu já era grande, tinha uns 15 anos, 14 anos, por aí, assim. Eles vieram para Canindé, não foi, Genoveva?

Genoveva: Foi.

Isaltina: Ele teve problema e foi preciso morar em Canindé. Só que nessa época eu estava em Fortaleza trabalhando. Eles vieram para lá. Não, esqueça uma parte. [risos] Quando eles vieram da [Comunidade] Lajinhas para Canindé, eu já era casada, mas passei um período em Fortaleza trabalhando, quando eu era mais nova. Quando eles vieram para Canindé, eu já era casada. Eles vieram para Canindé e eu fiquei lá. Comunidade pequena, não tinha muita terra boa para trabalhar, mas assim mesmo era na faixa de umas 50 famílias que moravam lá. Aí pelos anos de seca que vinha acontecendo, [surgiram] as dificuldades, problema d'água, problema de alimentação... Quando foi em... Qual foi o ano, Genoveva que a gente ocupou?

A irmã Genoveva não lembra, e dona Isaltina pergunta ao filho 'Ei, Isael, qual foi o ano que nós ocupamos ali o Transval, tu lembras?'. Tento ajudar: Se a senhora se lembrar de quantos anos tinha... Responde: Eu estou contando a história pra trás. Eu tinha quantos anos? Eu não lembro. Lourdes Vicente adianta: 'Ou foi 1990 ou foi 1991'. Isael, o filho, responde de dentro de casa: 'Eu tinha 6 anos. Hoje eu tenho 29'.[3]

---

[2]   Pequeno comércio de produtos alimentícios para consumo. (Nota de Lourdes Vicente).
[3]   Lourdes Vicente tinha razão, terá sido em 1990.

Isaltina: Nós fomos pra Lajinhas, morar na [Comunidade] Lajinhas. Nós fomos para Canindé, aí voltamos de novo para Lajinhas. Na Lajinhas, nós ficamos um tempo. Eu casei na Lajinhas, ela se casou na Lajinhas, aí tivemos nossos filhos, na Lajinhas. E aí foi, começou. O padre Moacir tinha umas reuniões, veio fazer umas reuniões com a gente na Lajinhas. Nós, com os filhos já grandinhos, na Lajinhas. O padre vinha e fazia reunião com a gente, até que nós, lendo a Bíblia, a gente viu que a terra que Deus deixou era para todo mundo, não é? Aí foi, eles se reuniram, dez homens, dez famílias se reuniram, aí [decidiram] 'Vamos entrar na terra do Transval'. O fazendeiro, dono da fazenda lá, era meio danado. Assim mesmo eles iam, eles saíam de noite e chegavam de noite, iam trabalhar no Transval, fazendo a broca.[4] Fizeram uma broca muito grande lá. Dez homens fizeram essa broca lá. Saíam de madrugada e chegavam de noite, trabalhando lá. Quando souberam mesmo, quando o dono soube [eles disseram]: 'Vamos botar a polícia!' [A irmã pede licença para intervir, mas diz-lhe que termine]. Cada uma vai dizendo a parte que vai lembrando, não é? Como ela lembrou (e que eu não tinha lembrado), no apoio e na luta que o padre Moacir nos ajudou, o padre José Maria e as irmãs de Canadá. Nos encontrávamos em Aratuba, como ela falou. Nós éramos uma comunidadezinha, mas que se reunia e estudava a Bíblia, não é? Então, quando foi um dia, a gente ia para reunião em Aratuba com padre Moacir, o povo da paróquia. A gente pediu o apoio a ele: 'Como é que nós fazíamos para entrar no Transval, na terra?'. Porque a [Comunidade] Lajinhas não tinha mais terra para trabalhar porque era ruim. Aí, ele foi, e disse: 'Eu não tenho resposta para dar para vocês. A resposta de vocês está dentro da Bíblia. Estude a Bíblia, que vocês vão descobrir'. Tudo bem, a gente voltou, a gente começou a refletir a Bíblia. Aí, nós encontramos aquela passagem de Moisés quando entrou com seu povo na terra prometida. A gente começou a juntar as peças, a ver como era. Quando foi um dia, resolvemos nos reunir, e entrar na terra, aí na Transval. Com muito cuidado porque o homem aqui era perigoso, o dono da fazenda. Naquela época os fazendeiros mandavam era matar mesmo, era tirar do ramo mesmo as pessoas que queriam ocupar as terras deles, as fazendas. Aí, a gente se reunia, organizava as crianças. As crianças eram para dizer, se chegasse gente lá atrás [perguntando]: 'Quem foi que mandou vocês entrarem na terra? Como foi?' As crianças eram para dizer: 'Nós não sabemos. Aqui ninguém manda não, quem manda em nós é a necessidade, é a precisão da gente' [Se eles perguntassem]: 'Onde é que o seu pai está?'. [As crianças] 'Eu não sei não. Eu acordei, não estava mais em casa'. Então aí é a luta, vem essa luta (como ela parou ai no

---

4   Preparo de uma área destinada ao plantio. (Nota de Lourdes Vicente).

Transval), porque entrou na luta. A gente entrou na luta. [Se referindo a Genoveva]: Pode continuar.

Genoveva: Não, pode fazer, fale mais aí. [risos]

Isaltina: Aí sim, a gente entrou na luta lá para fazer um roçado, para trabalhar. Aí tudo bem. O primeiro ano foi tirado uma boa safra, deu muito mesmo! Milho, feijão, jerimum. O que mais o povo plantava na época era o milho, o jerimum e o feijão. Aí deu muito! A safra foi boa, mas tinha um gerente. Porque na época na fazenda, era quem gerenciava a fazenda, pastorava[5] não é? Ele quis nos amedrontar, as famílias, para sair de dentro da terra com tiro. Mandando e trazendo pistoleiro de fora, para querer nos tirar. Mas, mesmo assim, nós não esmorecemos. A gente se reunia. Quando foi um dia, houve uns tiroteios por lá, eles [os trabalhadores] correram, se esconderam. Aí, eles [o gerente e o dono da terra] foram 'dar parte'. Quando foram ver, a intimação para os trabalhadores irem presos [era] porque tinham entrado lá na fazenda, dizendo eles que era sem ordem... Porque nós estávamos estudando a Bíblia, e a terra é um dom de Deus, é para todo mundo trabalhar, não é? E viver! E a terra está parada lá, só criando gado, não é? A gente entrou lá. Chegou uma intimação para os homens, aí foram presos, ainda. Foi, não foi?

Genoveva: Foi, foi. Foram presos, eles. Teve muita perseguição da polícia. A polícia todo dia estava lá nas nossas casas. Na Lajinhas, e na terra. Nós nos escondemos em um serrote que tinha, desse tamanho aí. Entravam as mulheres todas, e as crianças, tudo para cima do serrote, de noite.

Isaltina: Para ir deixar comida para os maridos.

Genoveva: Para ir deixar comida para os homens lá de noite, no escuro, em cima do serrote. Com medo dos policiais. E os policiais passavam, e ficavam indo deixar intimação até em cima da cerca, porque ninguém recebia a intimação.

Isaltina: Espera ai, Genoveva. Ela disse que a gente tem que contar tudo que a gente se lembrar.

Genoveva: Pronto.

Isaltina: Na época, era tão difícil alimentação! A alimentação que nós fazíamos para os nossos filhos e o marido levar para o trabalho, era beiju de farinha. A gente molha a farinha, bota sal, aí a gente fazia em um caco de louça. Porque 'de primeiro' a gente trabalhava com barro, com argila. A gente fazia aqueles tachos e fazia [...] Hoje está civilizado, não é? As coisas estão mais fáceis. Mas naquele tempo era difícil! A gente fazia os beijuzinhos de farinha para eles levarem e passar o dia lá, na luta, trabalhando. Aí, foi quando eles foram presos. Veio a intimação, e eles foram. Enquanto eles estavam na cadeia, as mulheres sustentaram o roçado, pastorando

---

[5] Pastorear é uma expressão usada para cuidar, tomar conta. (Nota de Lourdes Vicente).

para ninguém invadir. E nós nos reunimos, as mulheres, umas iam pela manhã, e outras iam pela tarde com as crianças, não é? Ficavam algumas crianças em casa e a gente recomendava que não fosse falar nada, se chegasse gente estranha lá na nossa comunidade, perguntando. E assim foi feito. Nossos maridos foram presos. Na comunidade tinham algumas pessoas que não estavam na luta, mas davam o apoio a nós. Nós tínhamos ligação com a paróquia de Aratuba, nós fazíamos um trabalho pastoral.

Genoveva: E no Canindé. Frei Lucas.

Isaltina: E no Canindé. Levaram o comunicado para o padre Moacir e para o frei Lucas, na época, não é? O padre Moacir entrou em contato com o dom Aloísio, não é? Que era o...

Genoveva: Bispo de Fortaleza.

Isaltina: Bispo de Fortaleza. Aí, comunicou que tinha uns trabalhadores presos por causa da luta pela terra, comunicou frei Lucas que era aqui de Canindé. Depressa dom Aloísio mandou soltar. Mandou uma ordem para o delegado aqui nos soltar. E a história da vaca, foi antes ou foi depois?

[risos]

Genoveva: Tem tanta história! Tem tanta história! Foi antes de lutar por essa terra.

Isaltina: Ah! Foi antes mesmo. Pois é, a história da vaca foi assim... Depois nós retornamos a outra história.

Genoveva: Um dia é pouco.

Isaltina: A gente, as famílias, eram muito carentes, e o povo sofrendo, não é? Aí, quando foi um dia... Eu passei uma semana convidando as famílias para nós matarmos uma vaca. Porque no inverno o fazendeiro de Aratuba botava o gado dele em uma fazenda que ele tinha perto de onde nós morávamos. Eu vendo aquela situação [de fome] e eu também, não é? Eu dizia assim: 'Bora se reunir, bora matar uma vaca para nós comermos?' Aí, os outros: 'Não, que nós vamos presos, não vamos fazer isso, não'. Quando foi um dia mesmo, a coisa acochou. Tinha uma mulherzinha de resguardo...

Genoveva: Morrendo de fome.

Isaltina: Morrendo de fome. Aí, o que tinha? Tinha matado não era nem uma galinha, era um pintinho, um franguinho, para o almoço dela e tinha deixado um pedacinho para o outro dia. Nesse dia, o que foi que aconteceu? Veio um gato e comeu [risos], veio um gato e comeu o pedacinho de carne da mulher. Pronto. Ela ficou sem nada! [risos]. Aí, eu fui e disse: 'Pois é hoje! É hoje que nós vamos pegar a vaca para nós comermos!'. Reunimos os homens lá, e as mulheres que queriam ir: 'Vamos embora subir a serra!' O gado ficava todo malhando, em baixo de um pé de pau lá. A gente foi. Nós subimos a serra, aí era homem, era mulher lá. Quando nós chegamos, estava o gado todo malhando, assim. Nós partimos para cima das vacas. Antigamente, o povo usava espingarda para caçar preá, essas coisas do mato mesmo. Pegamos a espingardazinha e saímos. Chegamos lá, demos só um tiro na testa da vaca, ela caiu. Nós batemos em cima e acabamos de matar, tiramos o couro, entrou pela noite. Aí, era só o povo descendo a serra com pedaço de gado... Pronto. As pessoas que ficaram em casa, que não foram conosco, foram os primeiros a comer. [risos] Mas é assim mesmo, nosso mundo funciona

Dona Genoveva, no alpendre da casa de sua irmã. Março de 2019. Foto de Paula Godinho.

assim: uns trabalham pelos outros, mas tudo bem. O que foi que as famílias fizeram? Tinha um senhor lá, que na época ele tinha um comerciozinho pouco, mas tinha. O que foi que nós fazíamos? Nós trocávamos a carne pela farinha, que a gente não tinha. Fomos trocar a carne pela farinha, para comer com a carne. Minha irmã, quando foi de tardezinha, as mulheres tudo apavoradas: 'Isaltina, nós vamos presas, Ave Maria!'. [E eu]: 'Não tem nada. Quem vai preso, um dia se solta. Nós não estamos fazendo nada de errado. Nós fomos pegar esse gado de dia. Nós não estamos roubando, nós fomos buscar comida para os nossos filhos, não se preocupe!' Quando foi no outro dia, lá vem a intimação pra nós. E as mulheres com medo, que eram umas quatro mulheres ou eram cinco, não era? E quatro homens. Fomos detidas. Quando nós chegamos lá, o carcereiro, que prende, que bota lá, disse assim: 'Oh! Meu Deus! Oh, coisa triste e pena que eu tenho, de eu prender mulher. Fico constrangido!' Eu fui, e disse: 'Olha, pois você deixa as portinhas abertas aqui. Porque se quando nós sairmos daqui, nós chegarmos em casa e não tiver alimento para os nossos filhos, nós voltamos pra cá de novo, porque nós vamos matar outra vaca para dar de comer aos nossos filhos!'. [Ele]: 'Ave maria, não diz uma coisa dessas, senhora!'. [Ela]: 'Não! Quem faz isso é a necessidade! É a necessidade que faz a gente. Porque não é fácil, senhor, você ver seu filho chorando com fome e você não ter nada pra dar a ele!' Ele foi e disse: 'É, realmente! Mas eu não posso fazer nada por vocês, porque eu sou mandado.' Eu: 'Tudo bem, vamos!' Entramos lá dentro do quartinho. Eram quatro mulheres e quatro homens (se não me falha a memória), mas era um grupinho pequeno mesmo. Aí, tudo bem, entramos lá dentro do quartinho. A comunidade, o povo que ficou de fora, comunicaram ao frei Lucas, ao padre Moacir e ao dom Aloísio. Dom Aloísio vai e manda a ordem para cá, para o delegado. Foi e disse que era para soltar imediatamente os trabalhadores: 'O povo da seca que passa fome. Não é dessa forma que se reage com o povo, porque se não você vai perder a farda!' Quando nós demos fé, já estava lá para nós sairmos. As meninas saíram. As outras meninas com medo, não é? As outras mães. A última que saiu fui eu. Quando eu ia sair, o rapaz disse de novo... Aí, eu disse: 'Pois é, deixa aberto aqui, porque se nós chegarmos em casa e não tiver nada para os nossos filhos nós voltamos aqui de novo!'. Ele, desse jeito: 'Não, não vai ser preciso, não!'. Tudo bem. Quando nós saímos da delegacia, nós vamos para catequese, que é aí do Canindé. As irmãs levaram. Irmã Leonis, na época, levou nós lá para catequese, deu almoço, deu merenda. Quando a gente já vinha embora, o frei Lucas mandou comprar tudo: uma Mercedes cheia de mercadoria. Naquele ano existia uma Cruz Vermelha, que entregava alimento e roupa para as pessoas carentes, não é? Mas na [comunidade] Lajinhas não chegava nada pra nós! Quando nós fizemos esse trabalho, começou a aparecer. As meninas acharam até graça, porque eu disse: 'Apareceu cruz de todo jeito, agora!' [risos]. Houve uma Mercedes grande, de todo alimento que a gente ...

Genoveva: Necessitava, não é?

Isaltina: Tinha dentro dessa Mercedes, a gente trouxe, não é? Quando a gente chegou em casa, a gente dividiu com a comunidade todinha o alimento. Não era só pra nós, que tinha ido preso, para a luta. Porque tinha a comunidade. Porque não foi todo mundo, foi um grupo que enfrentou, mas mesmo assim nós tínhamos uma comunidade que estava dando apoio a nós. A gente dividiu a alimentação com o povo. O dono da vaca ficou dando uma cesta básica todos os meses para as famílias que estavam passando necessidade. Porque quem mandou prender nós não foi o dono da vaca, foi o gerente, o que cuidava do gado do homem da serra. Quando o dono soube, na serra, ele brigou foi com o gerente dele: 'Que não era pra ele ter feito isso'. Ficou nos dando uma alimentação, uma cesta básica, por um bom tempo, enquanto chegava o inverno, não é? E apareceu a Cruz Vermelha para nós, vinha um carro distribuir direto lá para o Alegre que é uma comunidadezinha vizinha, que não tinha como entrar pra lá, devido às estradas que era ruim. Eles paravam no Alegre e distribuíam para todo mundo aqui. Não era só pra nós, era pra região todinha. Ia para os outros cantos dentro de Canindé, aqui ao redor, só não ia aqui pra nós. Aí, depois que aconteceu que a gente fez essa manifestação, apareceu, graças a Deus!

Genoveva: Estamos contando a história.

Isaltina: É, estamos contando a história. Foi muito apoio do vigário, como eu já falei, padre Moacir, Zé Maria, dom Aloísio e frei Lucas, aqui no Canindé. Foi muito apoio! Eles nos ajudaram muito! Depois que aconteceu esse passado, foi que nós nos organizamos para entrar no Transval, na terra do Transval. Como ela já contou uma parte, não é? Que foi feito broca, o povo entrou, os trabalhadores foram trabalhar lá... Aí, vem a intimação para os homens. Os homens foram presos também! Nós, as mulheres e as crianças, ficamos pastorando o roçado para ninguém invadir. Porque tinha o gerente que ficava querendo expulsar nós da terra, mas enquanto eles estavam presos nós estávamos vigiando o roçado, cuidando do roçado. Aí, eles foram soltos, liberados, por mando do padre Moacir. Com a força do padre Moacir, do frei Lucas e do dom Aloísio, e de Deus primeiramente, eles foram liberados. Aí, tudo bem, eles vieram pra casa, a gente tirou os legumes, lá.

Genoveva: Passou quantos dias, hein?

Isaltina: Foram bem 12 dias que eles ficaram lá! Foram 12 dias, mas a luta continuou, sabe? A gente ficou lá, depois dessa luta. Hoje, é uma ocupação do Movimento, do MST que veio. Houve uma ocupação, só que depois dessa luta, eu fui embora pra Quixeramobim. A primeira ocupação que houve aqui, pelo que eu soube, nós sabemos na época.

Genoveva: Do Ceará.

Isaltina: É, do Ceará foi o São Joaquim, 25 de Maio.

Genoveva: Primeiro foi aqui do Transval, a primeira que nós fizemos e depois foi...

Isaltina: Não. Pelo MST foi lá no São Joaquim. A minha mãe morava em Canindé, eu morava aqui na Lajinha. As meninas da coordenação de Frente de Massas,[6] vieram aí em Canindé, fizeram um trabalho e vieram para casa da minha mãe, e disse: 'Olha, dona Maria, a senhora enfrenta! A senhora mora aqui com seus netinhos, aqui na cidade'. E minha mãe gostava muito do interior, de plantar.

Genoveva: Do mato. Eu tinha um grupo de mulher lá também, aí quando o Arimateia, que era o presidente do sindicato, e mandou as meninas que vieram do Pernambuco... Como é? Não. Elas vieram da Paraíba. Aí, eu tinha um grupo de 15 mulheres que a gente fazia trabalho. A gente também conseguiu fazer um trabalho de costura e de tapete, essas coisas. Quando deu fé chegou essas meninas lá em casa, mandadas pelo Arimateia para fazer a reunião conosco. Nesse dia, nós estávamos tudo lá, a mulheres fazendo tapete, tudinho. Elas aproveitaram e conversaram. Minha mãe era muito do mato, tudo dela era dos matos. Ela disse: 'Nós vamos, não é, Genoveva? Vamos convidar a Isaltina e nós vamos!'. Aí [eu]: 'Vamos'. Fizeram a reunião lá, tudo, só que elas não disseram para onde era que íamos. Ela

---

6   Coletivo do MST responsável pelas ocupações de terra. (Nota de Lourdes Vicente).

Dona Isaltina, na sua horta, março de 2019. Foto de Paula Godinho.

disse: 'É um segredo, ninguém pode dizer para onde é que vai. Quando for tal dia, meia-noite, o carro chega para pegar vocês'.

Isaltina: Ela disse assim: 'Garanto a vocês que é uma terra de leite e mel, terra boa, tem água, tem açude...'.

Genoveva: Açude, pois é. Meu menino era pequeno ainda. Minha mãe passou a semana a desmanchar vestido dela para fazer blusinha de manga comprida, calça comprida, tudinho. Passou a semana ajeitando para ir para essa terra prometida, não é? Só diziam que era a terra prometida, mas não diziam onde era. Quando foi meia-noite o carro chegou. Aí as mulheres do grupo foram quase tudo no carro e se mandaram! Eu não fui, porque a casa não podia ficar só e a Isaltina estava para ganhar neném, não é?

Isaltina: O Isael.

Genoveva: O Isael. Nessa semana que ela ia ganhar neném, ela foi lá pra casa. Ela estava lá em casa também, e não foi nesse dia. Minha mãe foi mais as outras, tudinho. Eu cochilei. Quando deu meia-noite, nós escutamos. Ela disse: 'Chegamos na terra prometida. Seiscentas famílias dentro dessa terra'. Foi um alvoroço! Vinha avião matar o povo, vinha não sei quem matar, vinha o dono da terra matar o povo! E até hoje não apareceu esse dono.

Isaltina: Porque na luta, no início da luta do Transval... Antes, nós tivemos uma luta muito grande pelo sindicato de Canindé, porque antes era nas mãos dos pelegos. Pelegos o que era? Eles eram a favor dos patrões. A gente lutou para o sindicato ser dos trabalhadores rurais! Houve uma grande luta para que o sindicato de Canindé ficasse um sindicato dos trabalhadores, ao lado do povo. A gente lutou por esse sindicato, foi uma luta muito grande também, com muita briga! Quando houve a eleição, foi preciso a gente ficar dormindo, pastorando as urnas, como se a gente tivesse pastorando.

Genoveva: 15 dias.

Isaltina: 15 dias pastorando as urnas, para não serem roubadas, porque estava em perigo de tomar de nós. Foi uma grande luta também, e a gente conseguiu ganhar o sindicato, não é? Foi no tempo da luta do sabiá, que já estava o Raimundinho Lopes, que era o presidente na época. Ele também apoiou muito a nossa luta, ajudou muito.

Genoveva: Ele também era da terra, entrou na luta.

Isaltina: Ele acompanhava as lutas, os conflitos de terra, ele era uma pessoa de luta também! Ele deu muito apoio a nós. Teve até uma luta onde seu Zé Neném morava, ah, meu Deus, qual o nome do lugar? Lá também teve uma luta muito grande pela terra. O sindicato convocou as outras comunidades que lutavam, levou as pessoas, crianças, mulher, para vigiar a terra lá, o assentamento do povo, lá. Também ficamos em vigília para dar apoio aos trabalhadores de lá, pela luta. Salitre, em Salitre, no seu Zé Neném, que eram as primeiras pessoas que entraram no sindicato na época, que saiu da mão do pelego, do Mário, e que passou para o Raimundo Lopes. Aí foi: o seu Zé Neném, o seu Zé Maria (que é conhecido por Zezito), o Raimundo Lopes que era o presidente. Eles eram da Lajinhas também, que era de onde nós morávamos. Também foi uma grande luta [essa do] sindicato que era uma entidade dos trabalhadores. Como ainda hoje tem a luta pela terra, com todo sentido voltado para a terra, a liberação das terras. Na luta do São Joaquim [ocupação do Assentamento 25 de Maio, Madalena], eu estava esperando o Isael que é esse que mora mais eu hoje. Estava bem com 8 dias que eu tinha ganhado ele. Arrumei minhas coisinhas e fomos lá para o São Joaquim. Nós tudo debaixo de barraquinho de lona, não é? Aquele plástico que a gente cobre, acho que a senhora já tem conhecimento. Trazendo [o recém-nascido], mas foi muito bom! Era muito bom, muita gente, povo de coragem!

Genoveva: Tinha tudo lá!

Isaltina: Minha irmã, lá era uma riqueza de fruta! Um sítio de três léguas, conhecido por léguas, não é? Muito bom, lá. E água. A energia lá era puxada através da força da água, do açude de lá, que é grande. Muito bom, lá! A terra que a gente entrou, foi a primeira ocupação que houve do MST, que veio, e nos convidou, aí no Canindé. Minha mãe foi para lá, a luta foi travada lá. E foi quente lá, e era gente! Os trabalhadores faziam reunião, aí na reunião nós tirávamos os seguranças, tirávamos os homens para ficar ao redor do assentamento todinho, guardecendo o assentamento. Ficavam os homens tudinhos, de noite. De dia tinha uma equipe e a noite tinha outra, para ficar vigiando quem entrava e quem saía do assentamento, porque ninguém sabia, naquela luta, quem era que vinha de bem para querer nos ajudar. Então a gente fazia essa organização, fazia uma corrente e não deixava entrar qualquer pessoa, não. Tinha que se identificar e dizer de onde era que vinha, o que queria ver. Mas era pesado. E o homem mandando pistoleiro, e avião passando por cima, foi um alvoroço doido!

Genoveva: Só pra amedrontar o povo.

Isaltina: Foi. Mas, mesmo assim, o povo resistiu e conseguiu a terra. Conseguimos a terra, não é? Eu não fiquei lá, porque a minha irmã aqui adoeceu, foi preciso ela vir às pressas, porque lá era muito distante. Não tinha muito acesso de vir para a cidade, era muito longe da cidade. E lá, no começo, nós fazia fogueira, fogo de madeiras. Madeira verde, dava muita fumaça, não é? Mas tinha que fazer. Cada barraca, as barraquinhas que tinham suas famílias, era uma fogueira do lado de fora, para clarear a noite. E ela [*Genoveva*] tem problema de asma, ela não podia pegar fumaça, adoeceu. Foi preciso ela vir, e minha mãe veio. Por final, ficou só eu lá, e foi preciso eu vir também. O que foi que eu fiz? Vim do São Joaquim, fui pra Fortaleza com meus filhos. Cheguei lá, tinha umas irmãs minhas que moravam lá. Meu esposo trabalhou mais meus filhos, começaram a trabalhar. Aí, eu comecei ...

Genoveva: A analisar as coisas.

Isaltina: A cubar as coisas, não é? Os caboclos vinham fazer o que não era pra fazer: fumar [droga?] bem pertinho da minha porta, da minha casa. Quando foi no outro dia eu disse: 'Manu – que era meu esposo –, você quer saber de uma coisa? Eu vou-me embora. Quem quiser vir comigo, que venha! Se quiserem ficar aqui que fiquem, porque aqui não é canto de eu criar meus filhos, não!' Aí vim para o Logradouro. Minha irmã morava no Logradouro. Eu vim só com a cara e a coragem, com meus filhos e as roupinhas. Vim lá para o Logradouro. A Cândida, minha irmã, morava lá na época. Eu fui, e disse: 'Cândida eu vou voltar para Lajinhas, eu vou para a Lajinhas'. E ela: 'Não, *Isaltina*, fica aqui, porque o Logradouro já foi desapropriado, pelo menos tu ganhas uma parcela. Tu ficas aqui também!' Como estava demorando muito, e eu com meus filhos nas casas, fui e disse: 'Não. Você quer saber de uma coisa, me dá um jumento, menina!' Peguei o jumento dela, botei dois caçuá,[7] botei algumas coisinhas que eu trazia de Fortaleza, só as roupas e as redes

---

[7] Cesto feito de cipó ou couro para colocar nas costas do jumento e transportar materiais. (Nota de Lourdes Vicente).

e umas panelinhas poucas... Ela me deu um pote, e vim por dentro da 'vereda do gado', como diz a história, uma veredinha que sai na Lajinhas. Quando eu chego ali, num lugarzinho chamado Pau de Leite, tinha uma comadre minha que morava lá, ela foi e disse: 'Tu vais para onde, Isaltina?' 'Vou morar lá na Lajinhas, vou lá para minha casa'. Ela me deu outro pote. Quando chego na casa da minha sogra, ela já tinha falecido, a casa estava abandonada lá, só tinha muito era maribondo e mato ao redor. Entrei mais os meninos, matamos os maribondos, limpamos e entramos para dentro. E a vida continua! Ajeitamos as coisinhas dentro de casa. Passaram- -se dois meses, três meses, e a gente cuidando do roçado. Quando foi um dia, chamaram aqui na Secretária de Saúde, chamaram uma pessoa para ser agente de saúde, para se inscrever. Eu fui: 'Você quer saber, Manu [o marido], vou me inscrever, vou atrás dessas famílias'. Saí das Lajinha, Oiticica, Santa Helena (que hoje é aqui, não é? A Santa Helena que hoje eu moro), atrás de famílias, inscrever 100 famílias, pra poder eu me inscrever de agente de saúde. Vou, de pé, andando nessas comunidades tudinho!'. Peguei as famílias tudinho, anotei. Aí, outra mulherzinha que morava lá, foi e disse: 'Nós aqui vamos nos inscrever também?'. [Eu disse:] 'Vamos, faça seu trabalho, pegue também as famílias'. Aí, ela foi pegar também as famílias, não é? Porque a gente tinha que levar um total de famílias, cada agente de saúde ia trabalhar com essas famílias. Ela fez, e foi deixar lá. Quando foi no dia da entrevista, a mulher teve medo de dar entrevista. Foi até o Canindé, quando chegou lá, na descida do ônibus, 'Isaltina, eu não vou, não. Está me dando uma coisa ruim!'. [E eu:] 'Não, mulher, vai! Tu tens mais saber do que eu, tem mais estudo, dá certo! Tu passas e eu não passo'. Ela foi, e disse: 'Não, não vou, não!' Mas só que ela teve medo, porque ela não tinha base, e eu já trabalhava com o povo, fazia reunião da catequese, trabalhava na comunidade com o povo, participava das reuniões em Aratuba. Não tinha, não, não tenho muito estudo, mas eu tinha um trabalho com o povo, não é? Ela não quis ir. Aí eu: 'Bom, você não quer...'. Fui para a entrevista e passei, fiquei trabalhando como agente de saúde, para ajudar a família em casa. Meu marido na roça, que era perto de casa, cuidava também dos meninos, enquanto eu trabalhava. Trabalhei uns oito anos. Oito a nove anos de agente de saúde. Saí de agente de saúde, e fui ser diretora do sindicato. Trabalhava no sindicato. Também passei um período bom, lá no sindicato, trabalhando. São quatro anos que a gente trabalha no sindicato. De quatro em quatro anos, havia eleição, eu saí. Saí do sindicato e vim para casa, parei uns tempos. Saiu inscrição para prefeitura de auxiliar de serviços gerais, eu fui e disse: 'Vou me inscrever!' Me inscrevi, fui na entrevista, graças a Deus passei, e até hoje. Trabalho na roça e também trabalhei nesses setores, como eu estou dizendo. Mas nunca deixei de ser agricultora, porque nos meus meses de férias, os finais de semana, eu estou no meu quintal trabalhando. Estava ajudando o meu marido. Eu sou viúva. Deus já levou, vai fazer quatro anos. Porque isso tudo é parcela da vida da gente, que precisa a gente passar, para ver se tem uma vidazinha mais... Para ver se não sofre tanto! Eu tenho milho, feijão, tenho cajá, cajá umbu, tenho seriguela, tenho acerola, tenho maxixe no meu quintal, até bem aí assim, tem... Tenho cabaça...

Genoveva: Tu plantaste?

Isaltina: Plantei. Só isso mesmo. E esses outros pés... É assim, a minha luta é essa, não é? Sim, aí até hoje. Já encaminhei meus papéis para aposentadoria. Estou de licença de três meses, mas meu trabalho... As meninas, meus amigos e meus vizinhos, dizem assim: 'Não precisa mais trabalhar, não, porque tu agora estás aposentada'. De jeito nenhum! O trabalho é saúde. A pessoa ficar parada adoece. Até essa semana eu estava falando com a minha filha, ela mora em São Paulo: 'Não, mãe, não precisa a mãe estar trabalhando muito, não'. Eu disse: 'Minha filha, se a gente parar o sangue coalha!'. [risos] Ela achou graça! Eu digo: 'É, minha filha! Quem para, fica todo doído. Fica uma pessoa sem vida! Aí, na hora que quer trabalhar, não pode mais. Está sem força! Porque vive parado, fica doente'. A gente tem que estar se movimentando para ter mais energia, para pegar energia, pegar o sol da manhã! Muito bom. Eu agradeço a Deus e a Nossa Senhora das Graças pela luta que eu tive na terra, que até hoje ainda estamos nela. O nome do meu esposo é Manoel Lopes dos Anjos, (...) do meu filho mais velho é Iranildo. Aí tem a Angélica, tem a Isabel, tem a Irineuda (que é a Neidinha, que hoje é uma grande guerreira da nossa história, da nossa luta). Eu tenho o Irineu, tenho o Francisco Itamar, tenho o Isael, que é o meu filho, o Isael, que é meu companheiro de todas as horas. Meu marido se foi, mas ele está comigo. E tenho a Neugélica que é a minha filha caçula que mora em São Paulo e tinha o Manoel que era meu neto, que vivia conosco também, e que faleceu. Tenho duas bisnetas, que é Laura, como é nome da outra menina, Isael? Sara?Ah, meu Deus, agora deu... Tenho a Maria, vou dizer que é Maria. Aí, as netas, tenho: a Sara, a Kely, Isabel, Igor e Miguel e Fernanda. É essa a minha família, as minhas raízes. Tenho cinco filhos que moram em São Paulo. Tenho um que eu não tenho notícia, ele teve uns tempos mais os irmãos dele por lá, pronto, tomou outro destino e não se comunicou mais conosco. Mas tenho quatro que todo dia eu falo com eles, graças a Deus. São donas de casa, mães de família. E tenho a Neidinha, que é a Irineuda, que hoje graças a Deus ela está levando minha história em frente, que é a luta pela terra, não é? E o Isael. Graças a minha luta, e ao povo do MST, das conquistas que nós temos, hoje eu tenho a Neidinha formada e o Isael de técnico, que é esse. Então! Mas é difícil, não é fácil, não! Às vezes as pessoas dizem: 'Ah! A filha da Isaltina vive bem, vive numa boa'. Mas só ela sabe o que passa, e eu também, porque não é fácil você deixar a sua casa e ir lá dentro dos matos, junto com os pobres que não têm nada, que está pelejando por uma garrinha de terra para trabalhar, para viver, para morar, não é? Não é todo mundo que tem essa capacidade e essa força de ir, não. De se juntar com as pessoas carentes, e ir lutar pela terra, não é todo mundo, não. Mesmo pobre, mesmo sem-terra, precisa ter...

Genoveva: Precisa coragem!

Isaltina: Coragem e conhecimento de ir lutar! Porque é assim: a gente tem que lutar pela vida, temos que lutar pela vida! A vida é um dom de Deus e a gente tem que cuidar dela e lutar por ela! Por isso é que eu digo: se a gente ficar parada é pior. O que vai acontecer à pessoa parada? Morrer. [risos] Morrer, porque vem a doença, vem a necessidade do alimento. Porque quem que vai dar se uma pessoa preguiça dentro de casa, se não tem coragem de trabalhar? Todo mundo vai xingar, 'Olha, aquela mulher mala, não cria nem um pinto. Vive dentro de casa, não cria nem uma galinha, nem um cabrito, nem um bacurim. Uma preguiça: aquela família são uns preguiças, vão morrer de fome e de necessidade'.

Genoveva: A minha luta foi quase do lado dela, não é? Porque a gente sempre lutou junto, os maridos lutaram juntos e só não trabalhei na prefeitura, mas no sindicato, sim. [Fui] agente de saúde na Palestina [Canindé], passei sete anos.

Isaltina: Ela ajudou muito o povo, as famílias carentes, distribuindo leite para o povo lá, para as famílias no Canindé.

Genoveva: Na Palestina [Canindé], também. Me arrisquei de me inscrever na saúde, não é? Eu não sei ler, mas como eu tinha conhecimento da comunidade, eu fui e me inscrevi, e passei. Trabalhei sete anos, saí porque tinha que me aposentar, tinha que vir embora. Eu fazia lá e cá, morava aqui, fui e passei, trabalhei sete anos. Vim embora, mas trabalhava no sindicato, também andando nas comunidades, organizando o povo nas comunidades, o Tiracangas, Logradouro, Santa Helena, a comunidade de Ipueira da Vaca.

Isaltina: Eram as comunidades em que a gente fazia o trabalho de mulheres, organizando as mulheres.

Genoveva: Organizando as mulheres para fazer reunião. Fazia reunião com elas, fazia o trabalho. Tinha um banco de sementes aqui, nós trabalhávamos no banco de sementes.

Isaltina: Através do Esplar.[8]

Genoveva: Além do Movimento Sem Terra, que nós conhecemos mais coisas, porque nós já tínhamos orientação dada pela Bíblia, não é? Pelo padre Moacir. A gente seguiu. Muitos assentamentos nós ocupamos, ajudamos a ocupar junto com

---

[8]   Uma ONG, Centro de Pesquisa e Assessoria Técnica, https://esplar.com.br/

o povo. O primeiro foi São Joaquim, que está na história, não é? Vem vindo, de lá para cá.

Isaltina: Ainda tem uma parte que a gente esqueceu: o trabalho de mulher que nós tivemos.

Genoveva: Tem banco de sementes, tem o trabalho de mulher, tem um bocado de coisa. A gente trabalha de barro, com barro.

Isaltina: No ano de seca, que o governador mandava aqueles trabalhos de 'frente de serviço', que chamava na época, vinha só para os homens. Mulher não tinha vez! A gente se organizou, ia para Canindé, fazia manifestação, ocupava os setores em Canindé, em Fortaleza.

Genoveva: Era prefeitura, tudo a gente enfrentava.

Isaltina: Era. Para vir nossos direitos, nós também ter o direito de trabalhar! Durante aquele período de seca, para ganhar também, para ajudar na família, alimentação da família. Assim, a gente conseguiu, a gente trabalhou. Enquanto os homens trabalhavam, a gente também estava trabalhando. Só que os homens trabalhavam, na época, fazendo barragem de pedra. Assim: tinha as grotas, os riachos, aí era para eles poderem ganhar o dinheiro do governo. Eles tinham que trabalhar, se alistar para fazer aqueles barreiros de pedra para juntar pedras para tampar as grotas.

Genoveva: Para quando o inverno chegar.

Isaltina: Nós, mulheres, trabalhávamos de acordo com o que a gente tinha capacidade. Nós trabalhávamos com o barro, com argila, fazendo louça. Mesmo sem saber fazer bem, mas nós fazíamos. Estava trabalhando, estava em conjunto trabalhando ali, para ganhar, não é? Foi trabalhando também com louça, com horta e com tapete. Na Lajinha nós trabalhávamos com louça, só com a louça mesmo, com as mulheres. Depois, a gente chegou na Santa Helena. Antes de eu vir para cá, ela já morava aqui. Ela trabalhou com um grupo de mulheres, fazendo horta.

Genoveva: 17 mulheres.

Isaltina: Fazendo horta. Tinha um açude grande ali do outro lado, que hoje nós temos 2 açudes. Ela organizou o grupo de mulheres, e trabalhava numa hortazinhas para poder ganhar.

Genoveva: Arrumando estrada.

Isaltina: Aí, depois que eu vim morar aqui, a gente começou a trabalhar de novo com o barro, com a louça, trabalhar com a louça com as mulheres. Tudo é coisa da...

Genoveva: Da luta.

Isaltina: Da luta, não é? Que a gente tem que lutar para sobreviver, porque a vida do povo do campo não é fácil, não!

Genoveva: Tinha o banco de sementes também, aqui.

Isaltina: Era um banco de sementes que a gente tinha. O Esplar vinha. Através do MST, também a gente teve muito conhecimento, a gente aprendeu muita coisa, não é? O sindicato, eles vinham fazer reunião conosco, aqui. A gente tinha um banco de sementes, eles davam os depósitos para a gente colocar semente. Quando era na colheita, cada família trazia um tanto de sementes escolhidas, como se diz, catada, para não botar misturado. A gente botava só aquela semente, a original, como se diz, não botava as finais do inverno. Botava as primeiras colheitas que a gente apanhava. O primeiro feijão, o primeiro milho, a gente colocava no banco de sementes, que era para quando fosse no outro ano, a gente ter uma semente boa e de qualidade para gente plantar. Aí essa é a nossa história. Na luta pela terra, eu levava meus filhos tudinho. No sindicato, quando eu trabalhava no Canindé, os mais pequenos eu levava para o Canindé. Eu aluguei uma casa, os mais pequenininhos eu levava comigo. Os maiores ficavam mais meu esposo, na Lajinha. Nessa época na Lajinha, eles ficavam lá e eu ficava em Canindé trabalhando. Quando era o fim de semana eu vinha para casa com eles. E foi assim.

Genoveva: E essa foi a nossa luta.

Isaltina: E sempre ocupa! Nós estamos aí, na luta ainda. Quando dá pra ir, nós vamos: para o 8 de março, dia da mulher. Quando dá pra gente ir, a gente vai.

Genoveva: Se for pra ir pra Brasília, nós vamos, não é?

Isaltina: É. (...) Essa casa é das casas antigas da fazenda. Quando eu cheguei aqui, ela era menor, era só dois quartos. Esse alpendre já tinha, só que era menorzinho. A gente recebeu uns recursos do governo federal para reforma de casa, e a gente sempre está dando uma ajeitada. Porque se a gente não ajeitar, não é? Depois que a gente está aqui, saiu uma vez o dinheiro para reforma. É uma coisinha pouca, que não dá mesmo. Se a gente fosse fazer uma reforma mesmo, não dá, não, mas é uma ajuda. Esses recursos que saem, não é porque o governo queira mandar, não. Porque nós precisamos? Não! É através de luta, minha irmã. Eu já fui presidente daqui da associação da Santa Helena. A gente vai para luta, a gente vai acampar, a gente vai para o meio da rua.

Genoveva: Vai para prefeitura.

Isaltina: Vai para prefeitura... A gente vai para em frente do Incra, a gente vai para os setores do governo para poder a gente conseguir a liberação de recursos para dentro das áreas de assentamento.

Genoveva: Tudo nós enfrentávamos, tudo! Foi luta. Para Fortaleza, quantas vezes nós fomos, não é?

Isaltina: E na luta que teve lá no Incra, na Bezerra de Menezes! Que a polícia cercou nós tudinho, lá? Que era muita gente, muito trabalhador: homem, criança e mulher. A polícia cercou, não entrava ninguém lá. Deixou o povo todo cercado. Nós, sem comida e sem água, e foi uma luta grande! Graças a Deus, nós tínhamos algumas pessoas de fora, as da igreja, pessoas, deputados, que nos apoiavam.

Genoveva: O Lula!

Isaltina: O Lula é a peça principal da nossa história.

Genoveva: Por que o Lula? Porque o Lula é o pai dos pobres. Era.

Isaltina: Quando ele entrou de presidente, ele lutou também. Como hoje, ele está preso, mas antes ele também lutou muito, para hoje nós termos essa vida que nós temos. Nós temos cisterna na nossa casa, os projetos de assentamento foram no tempo dele e da Dilma, não é? Ele foi um bom presidente. Nossos projetos, nossos recursos que vinham, não é? Antes dele, nós tínhamos que ir para a luta, sofrer, enfrentar polícia, tiro e peia. Antes dele, mas quando ele entrou a classe trabalhadora se organizou, não é? Se organizou para colocar uma pessoa lá no poder, que foi ele. Foi para que a gente tivesse uma vida mais digna, uma vida que ele nos ajudasse. E como ele ajudou! Ajudou e ele ainda vai ajudar, se Deus quiser! Vai e está ajudando, sabe por quê? Porque tem é muito Lulazinho no nosso mundo! Tem é muito Lula e Dilma que tem coragem de lutar, de dar a vida, dar seu sangue pelo povo pobre que sofre! Tem. A luta continua! Não é porque ele está preso que a luta para, não. Aí que a luta vai aumentar, está aumentando, a luta continua, viu? Pois é. Sim, pra poder chegar comida e água pra nós nessa ocupação que houve lá na Bezerra de Menezes[9] foi uma luta grande, ocupação grande. Vinha uma pessoa por cima, jogava, ficava jogando comida e água para nós, porque eles não podiam entrar lá dentro. Nós estávamos cercados de comida, e o trovejo lá dentro, não é? Mas a gente conquistou.

Genoveva: Venceu, não é?

Isaltina: Venceu e está aqui a prova: hoje nós temos assentamento com famílias morando dentro. Temos. Como eu já falei, temos cisternas, que antes a gente não tinha. A gente botava água era em jumento, carregando água na cabeça, os cabaços

---

[9] O cerco da Bezerra foi um momento histórico vivido pelo MST Ceará, numa mobilização na capital, Fortaleza, em 1997, durante o governo neoliberal de Tasso Jereissati. Cerca de 1.800 trabalhadores ocuparam por 17 dias uma das principais avenidas da cidade. Foram brutalmente reprimidos, com um cerco policial de quase dois mil soldados, que durou das 21h até 13h do dia seguinte. Todos e todas eram impedidos de entrar ou sair do acampamento, com ameaça constante de oito tipos de policiais: cavalaria, Gate, civil, militar, corpo de bombeiros, cães treinados e outros. A ordem do comando era dispersar os acampados. Os sem-terra resistiram de mãos dadas formando uma corrente. A repercussão na sociedade foi enorme e inúmeros trabalhadores da cidade se solidarizaram, e jogavam comida por cima do cerco policial, porque foram muitas horas sem acesso a nada. Alguns parlamentares, que tentaram negociar e apoiar a luta, também sofreram violência e foram pisoteados. Ao final, os sem-terra foram recebidos pelo governador, que atendeu uma boa parte da pauta de negociação, que era essencialmente terra, educação, infraestrutura e condições de trabalho nas áreas de reforma agrária. (Nota de Lourdes Vicente).

numas latas, uns potes de barro, não é? Difícil, vinha dos açudes. Hoje, graças a Deus! Nós não temos, não, mas tem assentamento que já tem água encanada.

Genoveva: Temos energia.

Isaltina: É. Nós já temos energia, enfim! Melhorou muito, graças a Deus! Mas foi através da luta e da entrada do Lula. Quando ele entrou como presidente, ele ajudou muito nós, os pobres. Ele ajudou muito também as classes ricas. Não foi só nós não, que ele soube trabalhar. Mas é porque, você sabe que o bem e o mal sempre andam juntos, não é? O bem e o mal andam junto e sempre o mal quer destruir o bem, as pessoas boas, as pessoas que têm uma visão de ajudar a pobreza, a população. Mas o mal nunca vai poder vencer o bem, não. Nunca! Ele pode, aqui e acolá, chegar perto, mas ele não vence, não! Vence não, porque o bem, ele é mais forte, ele tem coragem de ir à luta, ele não abaixa a cabeça.

Genoveva: Hoje eu estou aposentada, estou morando no Canindé. Morava aqui, mas meu marido morreu, eu não quis ficar aqui. Fui para o Canindé, aí estou por lá passando uns dias. Mas sempre nós estamos aqui, final de semana nós viemos para cá. Eu tive seis filhos, cinco homens e uma mulher. Meu marido se chamou Francisco Lopes de Sousa. Meus filhos, o primeiro é o Claudiano, Joana Darc, João Batista, são gêmeos, Isac e Jacó. Aliás, Joana Darc, o filho mais velho dela tem 20 anos, o nome dele é Wellington. Tem a Maria de 16 anos, Miriam tem 15 e o Dego, que não sei chamar o nome dele, ai eu coloquei o apelido dele de Dego. Porque eu não sei o nome dele direito, não sei chamar. Tem 13 anos. Do Jacó, tem um menino, o nome dele é Lucas. Tem Jacó, que é bíblico também. Ele só tem um filho, e a mulher dele é Lúcia.

Isaltina: Agora o Jacó não é filho dela, a bem dizer, é nosso irmão. Mas é filho dela porque ela... Minha irmã na época era parteira, pegava criança não é? Quando estava pra nascer, tinha uma mulherzinha que estava sofrendo para ganhar neném. Ela era meio, assim, desorientada. Ia jogar para os porcos comerem. Aí, correram e disseram pra minha mãe. Minha mãe foi lá, pegou as crianças, limpou ele, aí levou pra criar, que é o Jacó, que ela está contando, mas como ela era idosa, ela já tinha uns 60 anos, não era, a mamãe? Aí, ela não podia registrar como filho. Ela [*Genoveva*] morava mais a mamãe, e registrou como filho. A minha mãe faleceu, ela ficou cuidando dele. É reconhecido como filho, não é?

Genoveva: É um filho muito bom! Hoje eu vivo mais a mulher, mais a filha. Ela foi ganhar neném lá, ficou lá. O marido dela adoeceu, deu problema de úlcera nele, estourou, e ele escapou, porque Deus é bom! Está em tratamento, está lá também. Mas final de semana eu venho para cá e estamos por aqui até o dia que Deus quiser, não é? Os filhos homens são casados tudinho. Graças a Deus são bons filhos. Tem um filho que mora aqui. Tem um que mora em Itapebussu, perto de Fortaleza. Tem um que mora encostado de mim, lá no Canindé. E tem um, por enquanto, que veio de

São Paulo, está morando mais eu também, lá em Canindé, graças a Deus. Não tem nenhum formado não, mas tudo vive nas suas casas com seus filhos, não é? Educando os filhos hoje, não é? 14 netos.

Isaltina: Deixa eu contar [os netos]: dois em Fortaleza, dois da Isabel, quatro. [Mais] Três do Iranildo, quatro da nega, da Angélica. É. Com Manoel, 11. 11 netos e uma bisneta, duas bisnetas. Em Fortaleza moram dois, e os outros em São Paulo. E a bisneta minha, que é filha de um neto meu, que eu cuidei dele, que quem cria gente é Deus, que ele faleceu. Ela mora para a banda do Pará. O que faleceu, ele trabalhou de agente de saúde lá no Pará e trabalhava de metalúrgico, com energia. Ele morreu de um choque lá no Pará. Na agricultura mesmo só tem eu aqui, mais o Isael e a Neidinha que está no MST, na direção aí.

Antes de nos despedirmos, depois de termos visitado a horta de Isaltina e o açude que sangrava, de falarmos com uma família desvalida, que as duas irmãs recolheram recentemente no assentamento e nas respetivas vidas, de termos visitado outras casas, e de termos partilhado uma suculenta refeição, cozinhada por Isael, uma foto de grupo, feita por um neto de Genoveva. Estão Lourdes, Lucas, Ferreira, dona Genoveva, Paula, Isael, dona Isaltina e Jeová. Já nos dispúnhamos para a foto, quando dona Isaltina perguntou: "cadê a bandeira?" e foi buscar a do MST. Depois, o seu neto trouxe a que usou na última campanha eleitoral, em apoio a Haddad, e pôs-lha na mão. Já estávamos prontos.

Assentamento de Santa Helena, Canindé, março de 2019. Lourdes Vicente, Lucas Assis, Valzenir Monte Ferreira, Dona Genoveva, Paula Godinho, Isael, dona Isaltina e Jeová.

Foi sofrido demais, Ave Maria!

*Francisca Alexandrina Lira da Silva, 53 anos,
Assentamento de Tiracanga, município de Canindé, Ceará.*

Dona Alexandrina, na sua casa, março de 2019. Foto de Paula Godinho.

Chegamos pela tarde, depois de uma estrada de muitos quilômetros devastada pelas chuvas, que tinham caído com intensidade. Tínhamos deixado para trás a cidade de Canindé, um município de forte centralidade no sertão, com a sua estátua gigantesca de S. Francisco das Chagas. Merece grande devoção dos cearenses, celebrada em uma festa anual, entre o final de setembro e o início de outubro. Este município será também aquele que concentra mais assentamentos no Ceará, com gente proveniente da periferia de Canindé, Quixeramobim, Quixadá, Aratuba e Itatira. Na aproximação à casa de dona Alexandrina, a paisagem é de tirar a respiração, entre o vale e uma zona elevada. A casa da família foi construída num ponto mais alto, a partir do qual se abrange a beleza imensa da paisagem sertaneja, que, neste final de março de 2019, estava intensamente verde. É um assentamento de povoamento disperso, denominado Tiracanga, no município de Canindé, no semiárido cearense. Foi a segunda ocupação do MST no Ceará, em 1989, e tem 68 famílias na atualidade. Dona Alexandrina estava doente, febril, com pouca disposição para conversas. Sugeri adiar a entrevista, mas, com um neto ao colo, dispôs-se junto da porta, e falou. Depois, passeamos um pouco com o seu marido. Ficamos a saber que poderiam ter conseguido terra num outro assentamento, maior, com escola próxima e outros equipamentos, menos longe da cidade. Porém, depois do tempo sob o plástico preto do acampamento, o casal encantou-se com esta paisagem. Sem palavras, o marido encaminha-nos o olhar, a partir da horta que fica mais perto de sua casa. Compreendemos: precisamos de pão, mas também precisamos de rosas.

O meu [nome] é Francisca Alexandrina Lira da Silva. Eu nasci na Serra, na Palmatória. Sou de lá, mas só que eu nasci lá e me criei no município de Quixadá. Eu sou de lá, tenho 53 anos. Nós trabalhávamos para os patrões, onde eu morava. Lá estava os patrões, não? Onde nós morávamos. Aí, quando nós viemos para cá, é que fomos trabalhar no assentamento. Mas lá era patrão, lá onde meu pai morava. Meu pai também, minha mãe, nós tudinho trabalhávamos para os patrões, lá. Ninguém tinha emprego, não. Trabalhava só de alugado: no dia que trabalhava, ganhava comida, no dia que não trabalhava, não comia. Tenho seis irmãos, agora são [assentados], mas de primeiro não era, não. Lá também são assentamentos. Quando eu vim de lá, não era assentamento, não. Mas agora lá é assentamento de novo. Estão em outros assentamentos. Eles estão no município de Quixadá. Eles ficaram lá onde eu morava, lá foi desapropriado também. [Envolveu-se no MST] porque aqui era melhor do que onde eu estava, não é? Que é mais liberto porque lá a gente era amarrada, direto. Tudo que fazia tinha que repartir no meio para dividir. Agora no assentamento é melhor, não é? Do que de viver de [...]. Eu estou aqui desde há 7 anos, 8 anos. [O marido corrige: Uns 9 anos]. Uns 9 anos, vai completar. [Confirma que se trata de um assentamento do MST e que participou na tomada das terras] É. Na primeira vez que nós viemos pra cá, eu tinha uma menina. Essa menina tinha dois, três meses de nascida, essa menina nova. Deixei ela lá, vim, me acampei em Logradouro. Passei três meses acampada, lá. Aí, de lá é que vim para cá. Passei nove meses lá, em baixo da barraca, aí, depois eu vim para cá. (...) Embaixo da lona. Nasceu dois meninos embaixo da lona, e dois meninos nasceram na casa. O resto foi em baixo da lona. Eu tenho quatro [filhos], tudo solteiro, ainda. [Quando lhe pergunto como foi a ocupação] Foi sofrimento demais, Ave Maria! Nós vínhamos de pé. Aí viemos, aí chegou lá, o carro não veio mais. Nós passamos a noite todinha no meio da estrada esperando pelo carro. O carro não foi mais, nós passamos a noite acordada lá. Quando foi no outro dia, umas dez horas, foi que nós viemos de novo para o carro. Passamos a noite todinha viajando pelo meio do mundo. Chegamos às 11 da noite em Logradouro. Passei a noite todinha acordada na beirada do açude (que era cheio de polícia lá, ao redor). Aí, não conseguia nem dormir lá, porque podia dormir e o policial chegar. Sofremos demais, levando chuva debaixo da vara de lona. Foi grande, viu, o sofrimento lá! Sofremos até chegar aqui, agora aqui foi mais ou menos, não é? Quando chegamos aqui [...] Agora também é como um céu agora, a vista que estava, não é? Foi sofrido demais, Ave Maria! Muito sofrimento. [Por quê?] É por causa que eu deixei a menina bem novinha lá, não era? Com três meses de nascida. [Cada] 15 dias eu ia dar de mamar a ela, lá. Andava sete léguas de onde eu deixei ela para onde nós estávamos acampados. Aí, de 15 em 15 dias eu ia, todos 15 dias eu ia para lá para dar a comida dela. Deixei a bichinha bem novinha. Quando foi com nove meses, eu fui buscar ela para trazer pra cá. Sofri bastante com ela no braço de lá para cá. Que é longe! Sete léguas, não é? Nós íamos de pés, porque não tinha transporte. Vim de pés com ela no braço até aqui. Sofri demais, ave maria! Foi muito sofrimento! Ia para Canindé, nós íamos de pés, porque não tinha carro. Ia e vinha com ela nos braços, trazia as bolsas nas costas e a menina no braço, direto. E a bichinha tinha vezes que eu botava no chão, botava no braço e ela vinha, até chegar aqui. Bastante, viu? Nós sofremos foi muito para poder chegar aqui. A mais nova tem 24, os outros tem 26, 28, o outro tem 19. (...) Não trabalha em nada, não. Estão [aqui]. Só tem um que mora no Horizonte, ele se juntou, mora lá. Mas os outros moram aqui. Terminaram os estudos, todos os quatro. [E no seu caso?] Não, não terminei, não, o estudo. Eu não sabia nem assinar meu nome, vim acabar de assinar meu nome aqui. Teve as escolas dos adultos, não é? Aí, eu me matriculei e fui aprender a assinar o nome. Eu não sabia, não. [E o marido, estudou?] Também não. Mesmo jeito de mim, ele aprendeu, mal ele assina o nome dele. Eu ainda assino melhor, assim, uma coisinha. Agora os meninos estudaram, terminaram todos os quatro. Sacrificante, mas estudaram, não é? Terminou, porque nós íamos de pés, ele ia trabalhar, chegava dez horas, ele ia para escola em baixo, de pés, mas terminaram os estudos deles. Mas terminou, deu certo. Nós cultivamos milho, feijão, algodão, tudo que tem nós cultivamos. Cultivamos esse ano, também. [Comentando as chuvas desse ano, mais úmido que os anteriores] Agora está mais molhado, não é? Agora está melhor, agora. Vai [melhorar], graças a Deus, vai. [Na sua vida, fez muita diferença o estar dentro do Movimento para conseguir as coisas que conseguiu? Tem uma casa...] Tem. É melhor lutar pelo Movimento. Agora é maravilha, mas este que eu estava, não. Que não tinha casa, trabalhava para os patrões. Aqui pelo menos a gente planta, é da gente, não vai dividir para ninguém. Aqui tudo que fizer é da gente, tudo que fizer é da gente. É bom demais! [Melhor] do que onde estava, não é? Pelo menos, ainda tem uma casinha: não é boa, não, mas dá para morar, não é? Eu morava na barraca de lona, não é? Deu certo, agora, melhor do que o que estava. Passei 9 meses [na barraca de lona, acampada, até vir para a terra, mas permaneceu na barraca de lona até à construção das casas]. Dois meninos mais novos nasceram na barraca de lona, nasceu e se criou na barraca de lona. Eu fui trazer eles para cá, tinha 6 anos. Veio morar na casa mesmo, mas antes era de

Dona Alexandrina, março de 2019. Foto de Paula Godinho.

lona. (...) São os dois mais novos. Sofri mas deu certo!

[Quando era criança] Nós brincávamos de roda, brincava de bila, brincava de tanta coisa! Nós brincávamos de boneca, boneca de sabugo [de milho]. Boneca nossa era de sabugo que nós fazíamos, que nós não tinha boneca. Boneca de sabugo. Eu me lembro que brincava disso, aí. [Meninos e meninas] nós brincávamos tudo junto. Meus irmãos, nós brincando, nós dividia: um ia fazer uma coisa, outro ia fazer outra, uns iam brincar de gado, outros iam brincar de boneca de pano, tudo misturado. [Os irmãos] estão assentados lá onde eu morava. Agora lá é assentamento também, são assentados lá, também. Todos quatro. O resto dos que estão lá, tudo são assentados, em assentamento também. Mas lá, eles sofreram mais pouco que nós aqui, onde nós estávamos. Se eu tivesse ficado lá, eu tinha sofrido mais pouco, mas lá foi desapropriado. Eles já estavam morando lá, não é? Lá mesmo eles ficaram, onde eles estavam, eles ficaram na casa que eles estavam, não foram sair para canto nenhum. Eles já estavam lá, não é? Ai os outros que vinham de fora foram para lá, mas quem já estava lá, ficou lá mesmo, lá no assentamento, lá. (...) É do mesmo jeito daqui. (...) Aqui fica distante da escola para os meninos. Agora está bom, que tem o carro que passa bem aí. Mas de primeiro não tinha carro, não. Ia a pé mesmo, era longe. Os meninos só iam de pés, chegavam 12 horas em casa. Mas agora o carro passa bem aí, é mais fácil agora, para os outros, não é? Agora novatos. Mas na época dos patrões sofreram um bocadinho, viu? Sofrimento grande, viu? Mas pelo menos eles terminaram, não é? (...)

Acho que eu não vou falar porque eu estou com uma gripe grande, se esforçando, vou tossir muito. Eu estava pensando que nem vinham: 'Tomara que eles não venham não, que eu estou muito gripada'. Mas eu passei duas semanas caída, me levantei ontem. Gripe mais medonha do mundo, mas deu certo, não é?

Dona Alexandrina e o seu neto, março de 2019. Foto de Paula Godinho.

Nós já sabíamos o que era que nós queríamos: nós precisávamos da terra!

Maria Lima (Maria Paz Pereira), nascida em 13 de março de 1937, comunidade de Paus Brancos, Assentamento 25 de Maio, município de Madalena.

Dona Maria Lima, março de 2019. Foto de Paula Godinho.

Aproximamo-nos da comunidade de Paus Brancos, no Assentamento 25 de Maio, município de Madalena, quando a noite caía. As estradas estavam devastadas pelas chuvas, mas o jipe, nas mãos do Ferreira, fazia o milagre de atravessar arroios, braços de ribeiros, e de contornar os obstáculos que surgiam. O nosso contato e ponto de apoio era a nossa entrevistada, com um discurso corredio impressionante, de jorro. Nessa noite, integramos um cortejo, que antecedia as celebrações dos 30 anos deste assentamento, que é anterior à chegada do próprio MST ao Ceará. Entre a cruz, muitas bandeiras e velas, os assentados se deslocaram entre a associação local e a escola, formando então um círculo, e lembrando o momento da chegada àquela terra prometida. Em casa de dona Maria, foi Jocélio, um dos seus filhos, que cozinhou para nós, nessa noite e nos dias seguintes. No quintal dos fundos, alguns animais de pequeno porte. Na manhã seguinte, bem cedo, já dona Maria Lima estava numa horta, onde produz o que é preciso para o dia a dia: legumes, leguminosas e fruta, em abundância. Em frente da pequena televisão, à hora do telejornal, se senta com o marido, e dá a maior atenção à notícia de lutas, de catástrofes que lhe despertam compaixão, no Brasil e no mundo. Parece que escolhe o momento de cochilar, quando as notícias são desinteressantes, e reabre os olhos no momento certo, como se esse modo de ver as notícias fosse também ele educado por uma vida, que se centrou em elementos essenciais. Quando se tratou de gravar a entrevista, era claro que já pensara qual seria o melhor local: a igreja local, muito limpa e fresca. Na sua casa, são muitas as pessoas que circulam, e dona Maria Lima queria um lugar calmo e aprazível para poder falar. Resguardada a sua privacidade, nos fala de uma família de origem que teve de se dispersar, nos tempos duros de fome, e de um namorado que a cativou ao oferecer-lhe garapa, enquanto ela lavava roupa num arroio. Casará com ele, seu Hermes, de quem terá muitos filhos, e perderá alguns. Ganhará outros, que lhe entram pela residência, e pelo coração, que tem mais quartos do que a casa. É também um relato em que, além dos momentos de luta acesa e corajosa desta mulher que ousou invadir o latifúndio e construir uma vida, sobressaem as armas dos fracos, usadas em rotinas de resistência. Maria Lima leva a cruz à frente, na procissão, ou a bandeira vermelha do MST, numa mística na Universidade Federal do Ceará. Diz que é o Espírito Santo que fala por ela, e, entre a cruz e a bandeira, explica que se viveu até hoje é porque a luta precisa dela.

Meu nome completo é Maria Paz Pereira. Foi mudado, mas meu nome de Maria Lima Paz é porque [mudou] no casamento, no registro. Aí o nome certo mesmo, no documento é Maria Paz Pereira, agora conhecida por Maria Lima. [Quando se pergunta se autoriza a gravação, a filmagem e a publicação] Autorizo, porque, olhe, esse é o meu sonho! É porque essa história, ela não podia ficar assim, só entre nós. Tinha que ser gravada, para o mundo inteiro saber a grande mudança que houve nos nossos trabalhos, dos pobres que sofriam escravidão, massacre, fome. Tudo quanto nós sofríamos! Nós não tínhamos direito a nada, nós éramos que nem assim, um objeto descartável. Trabalhávamos para os ricos, e nós sofríamos demais!... Por isso que eu estou muito satisfeita com essa entrevista que eu estou dando aqui, contando a nossa história, a nossa história, porque ela não é só minha! [...] Meu pai se chamava Júlio Paz e minha mãe, Maria Gina Ferreira, índia. Minha mãe era índia! Meu pai, alvo dos olhos azuis, assim, que nem os olhinhos da senhora, coisa mais linda! [risos]. Pois sim, nós morávamos na serra do Baturité.[1] Nós éramos trabalhadores: sete mulheres, só dois irmãos, homens, e nós trabalhávamos na agricultura. Papai tinha um aviamento de fazer farinha [prensa manual]. Nós trabalhávamos, plantando mandioca para fazer farinha. Era um pedacinho de terra da minha avó, que deixou para nós. Mas, como a família foi crescendo, foi cada

---

[1] Maciço de Baturité ou Serra de Guaramiranga, localizada no centro-norte do Ceará. (Nota de Lourdes Vicente).

qual procurando um rumo. Tivemos que descer [a serra]: um vai para um lado, outro vai para outro. Vieram aqui para Quixadá. Nós saímos do nosso pedacinho de terra e fomos para a dos patrões. Nessa época, nós trabalhávamos com a meia para o patrão, na terra do patrão.[2] Aí o sofrimento foi grande! Foi grande, porque naquela época nós nos alimentávamos um pouquinho para viver, para trabalhar para os patrões. Nós dávamos a meia, aí, depois da meia era uma renda. Nós, quando botamos para a renda, eles não aceitaram. Foi quando fizeram as piores injustiças com a gente, que a gente se organizou para lutar pela vida. Bem, mas antes disso, eu quero contar a minha infância. Eu conto para os meus filhos: 'Meus filhos, nós não tivemos... Eu não tive infância'. Porque eu era a mais nova do grupo das sete. Aí, quando trabalhávamos para nós, papai era pedreiro, ia trabalhar fora para ganhar um bocado [de dinheiro] para nós, porque o pedacinho de terra era pequeno, não dava muita produção. Nós íamos para a roça, e papai apontava aonde era que nós íamos trabalhar. 5 horas da manhã, nós já acordávamos pelo batido das enxadas. Ele batendo as enxadas, ele deixava lá, nós já sabíamos. Tinha uma que ficava ajudando a mamãe, e as outras ia tudo para a roça. A nossa vida foi assim! Aí, quando crescemos, foi preciso nos casarmos, todas, dentro de um ano. Todas. Umas em junho, outras em setembro, assim, uma atrás da outra. Casamos e espalhamos. Bem, aí, fomos para os patrões, e foi quando começou o sofrimento. Na minha infância, eu ia cuidar dos filhos da minha irmã mais velha. Ela trabalhava de costura, ela não queria ficar em casa, deixava eu. Sofri muito criando os filhos dela: criei três. O papai veio para o sertão com outro povo, e eu fiquei lá, no maior sofrimento. Quando saí, voltei lá para onde o papai estava e fui viver com os patrões. Aí, foi uma coisa horrível: nós fomos obrigados a trabalhar com veneno, no tomate. Essa minha família, os bichinhos bem pequenininhos. São seis filhos e cinco mulheres, no campo dos tomates, lutando com veneno. Foi um sofrimento! Mas era muito tomate. Eles tiravam duas carradas para a Ceasa,[3] juntando com os outros trabalhadores que também plantavam. Quando era para somar o tanto de dinheiro, eles diziam para nós, quando vínhamos fazer compras: 'Olha, gastei tanto no carro, quebrou-se a mola'. Aí, tiravam todo o lucro, eles ficavam com tudo! Nós só vivíamos, só escapávamos, porque junto com o tomate, aqui e acolá, a gente plantava um milho, um feijão. A gente vivia só pra trabalhar para esse patrão. Isso nos anos 70, já. É porque eu deixei a infância, eu contei pouca coisa da infância. Depois que eu criei as filhas da minha irmã mais velha, aí foi preciso nós irmos para

---

[2]   Sistema de divisão da produção em que metade do valor se destinava ao patrão. (Nota de Lourdes Vicente).

[3]   Centro Comercial de Abastecimento do Ceará. (Nota de Lourdes Vicente).

o sertão. Mamãe espalhou nós, porque não tinha alimento. Nós fomos cuidar dos primos, para poder a gente ficar ali e se alimentar melhor. Eu não tive infância, nós não tivemos infância. Nós, mulheres, que somos sete, nós não tivemos infância. Era só nos trabalhos. Eram sete irmãs e dois irmãos, só dois. Um Deus já levou, o outro ainda está. Está tudo, minha família, está quase tudo, velhinha, mas estão aí, em Quixadá. [Os irmãos são assentados?] São não, tudo tem emprego, essas coisas. Pois é, isso foi nos anos 70. Casei em 1955. Sabe o que era que eu fazia? Essa minha irmã, que eu estava mais ela, ajudando, a roupa dela e dos meninos quem lavava era eu. Eu subia uma légua, porque lá do pedacinho de terra que nós morávamos para onde o Hermes [o marido] morava, é uma légua. Eu subia uma légua de ladeira com uma trouxa de roupa e ia lavar lá no olho d'água, onde ele trabalhava perto. Aí, quando eu dava fé, ele vinha com uma vasilha de garapa [caldo de cana--de-açúcar] do engenho, que o engenho era perto, vinha deixar. Isso, eu ainda não namorava com ele. Ele vinha deixar. Tinha as outras lavadeiras, elas achavam bom. Foram também lavar roupa lá, porque era difícil [ter] água. Nós subíamos uma légua para ir lavar roupa lá no sítio dos Barros. É uma distância. Aí, ele chegava com as coisas pra nós, para as mulheres todas! Nós nos conhecemos lá na lavagem de roupa. Ele trabalhava no engenho, trazia o mel para nós, a garapa, e nos conhecemos. Eles tinham uma venda na Aratuba, um cafezinho, lá mais as irmãs. Esse era um ponto nosso, quando nós íamos para a missa. Nós não íamos à festa, não. Não sabia nem o que era festa. Nós íamos para a missa, aí nós íamos lá para o 'Café da Dida'. Era o Hermes e a Dida, que é a irmã dele. E lá nós nos conhecemos. Eu fui com uma companheira também, que era minha amiga, a Ester, ela simpatizou ele de uma maneira!... Lá no café, e eu nem sabia!... Eu tinha uns 15 anos, era, que eu me casei com 16 anos. Aí ela ficou louca por ele, mas ele... Quando nós viemos e descíamos a ladeira, nós éramos tão pobrezinhas, meu Deus, que nós tirávamos os calçados, e levavamos nas mãos pendurado. Eu lembro tanto disso! Nós descíamos descalços para poupar os calçados. Então, a pobreza era grande. Quando ele nos acompanhou, disse: 'Eu posso ir mais vocês?' Nós dissemos: 'Pode'. E a minha amiga bem animada! Quando ele chegou perto de mim e veio procurar conversar, foi comigo. Aí deu certo, com poucos tempos, nós casamos. Papai já morava no sertão. Quando foi pra vir conhecer meus pais, ele me falou em casamento, aí nós fomos. Estavam as irmãs todas, que são mais velhas do que eu. Nenhuma falava em casar logo, não. Não tinha esse negócio, não. Nós só fizemos o contrato, quando nós estávamos trabalhando, que quando chegasse o tempo, nós íamos nos casar e íamos sair daquela vida. Não ia mais trabalhar de enxada, porque nós é que fazia os campos de mandioca. Pois, sim. Ele foi me pedir em casamento, aí os outros [noivos das irmãs] todos pediram. Nós casamos tudo dentro de um ano, as moças. Nós casamos, papai já tinha vindo para o sertão. Papai disse: 'Vocês vão ficar na casinha'. Um pedacinho de terra que tinha bananeira, tinha graviola, tinha laranjeira, tinha mangueira. Nós ficamos lá, poucos tempos. Ele descia, subia uma légua e descia de tarde. Subia e descia uma légua para ir trabalhar no mesmo sitiozinho. E eu ficava (tão esquisito) sozinha! Lá era assim, interior. Quando eu olhava que via ele descendo, lá vinha ele carregado: trazia fruta. O dono do sítio era mesmo que um pai pra ele, Zé de Paula. Trazia as coisas, trazia banana, eles traziam até jaca. E a vida dele era essa. Passamos lá um bom tempo. Aí, quando foi nos anos de 1958, nós descemos. Viemos, porque lá não dava para viver também, não. Deixamos com os herdeiros por lá, botamos um morador lá para sobreviver e ir levando, cuidando das fruteiras e da casa. E viemos para o sertão também. Terra de patrão é hoje e não é amanhã! O sofrimento foi grande: trabalhar para o patrão. Aí, tivemos que subir de novo, voltar, carregando as coisas em um jumentinho, um burrinho que a gente tomou emprestado. Levava até nos caçuá[4] meus filhos, e voltava para a serra. Foi uma vida tão sacrificada, meu Deus! Uma pobreza tão grande! [Quantos filhos tinha, então?] Nessa época [1958] eu tinha uns... Tinha o Francisco de Sá, a Lucivânia, a Célia, que é a minha filha mais velha, Rita Célia. Tinha uns três filhos.

Hoje tenho 82 anos, passei para os 83. Se eu não tiver errado nas contas, aí. Porque eu sou do dia 13 de março de 1937. Bem, aí depois disso não tivemos mais sossego. Morava um mês, nós não aguentava, era demais! Eles trabalhavam demais: meus filhos começaram a trabalhar com 7 anos e já dentro do plantio de tomate. Era assim: o patrão era muito ruim, porque era gerente. O patrão mesmo, rico, que era braço do governo aí, tem até a fazenda dele aqui perto de nós. [Os trabalhadores] faziam assim: para dormir um cochilo [ao] meio dia, ficavam pastorando. Quando ele vinha, não era para achar ninguém. Aí, um dava sinal, quando o carro velho dele apontava lá na estrada. A gente já saía: 'Levanta, levanta, lá vem ele'. Todo mundo já levando as coisas para voltar para dentro da horta, ou já estando lá. Era assim, era muito ruim, esse gerente! Aí foi sofrimento para nós, demais! Aí nós passávamos pouco tempo. Nós não contamos os cantos que nós moramos. Filho era só o que nós tínhamos muito! Graças a Deus! Todos os anos era um filho, aí a casa se enchia. Eu tive dezoito. Agora no tempo da mortandade, no tempo da mortandade, que não tinha posto de saúde, ninguém tinha direito a médico, a nada. E se tinha, a gente não podia nem sair de casa. Roupa para as crianças, para sair, para arrumar, ai meu Deus do céu, era difícil! Olha, eu vim conhecer, saber fazer consulta em posto, aqui! Aqui, porque eu não andava em posto. Nós não tí-

---

[4]   Cesto de cipó ou de couro. (Nota de Lourdes Vicente).

nhamos direito a médico, essas coisas. Se tratava com erva, meus filhos tomavam remédio do mato. Até azeite de mamona era o remédio daquele tempo.[5] [Dirigindo-se a Lourdes Vicente] Acho que a Lourdinha sabe o que é a mamona, um óleo fedorento. Era uns remédios que se dava aos filhos. [Nos partos] Nessa época era a dona Luiza Paraibano, era a comadre Luiza. Comadre Luiza, a mãezinha (nós chamava ela de mãezinha), era a velhinha, avozinha da Genoveva, da Isaltina,[6] viu?, que morava perto de nós. Era a mãezinha que nós chamava, viu? Ela era a parteira da mamãe, não era a nossa. Agora as minhas já eram outras: era a comadre Luiza Paraibano. Acho que foi isso porque a bem dizer nós moramos em muitos cantos, vixe! Porque foi em muitos cantos que nós moramos, e todo ano eu tinha um filho.

Nós íamos levando desse jeito, de sofrimento, de pobreza, de fome. A fome, quando houve cinco anos de seca, nós já estávamos aqui. Estávamos na Palmatória, foi 1970. Padre Moacir já estava fazendo as reuniões, nós demos fé. Chegou o padre em Palmatória, só ouvia falar: padre Moacir. Aí, ele chegou, foi fazer uma reunião conosco. Minha filha mais velha, já tinha minha filha mais velha, ela quem ia, mais o Hermes, para as reuniões do padre Moacir, porque eu tinha muitos filhos, não podia sair de casa. Ela foi quem deu o primeiro passo da nossa luta, já foi com o padre Moacir, porque ele chegou. Aí quem foi, foi ele [Hermes, o marido]. Vixe! Quando ele chegou, ficou tão animado, agarrou o padre Moacir, agarrou o caderno e o lápis, reunia, o Hermes com a turminha dele, dizia assim: 'o quê que nós vamos fazer?' Ele [padre Moacir] dizia: 'Peça a Deus, ao Divino Espírito Santo que ele ilumina'. Por que é que na minha caminhada todinha foi a força do Espírito Santo? Já começou assim! Aí ele saía, se arredava, e dizia: 'Ele já sabe que nós estamos é com fome, nós não temos o que comer. Já sei, vamos fazer isso: vamos pedir comida. O que é que nós vamos fazer? Vamos formar a comunidade, vamos ficar ligados, não vamos deixar o piso desse padre tão cedo!' Sei que quando foi na hora da missa, o padre explicou tudo lá sobre o sofrimento que os pobres vinham passando, e disse: 'Tal dia, vai buscar, para na hora que chegar na comunidade, dividir'. Começou assim, trazendo aquelas comidas. Tinha um bug, arroz bug, que inchava, e que não era um arroz assim como o nosso, não. Mas inchava, enchia a panela. Trouxe a massa da banana, a massa da banana era ótima, nós fazíamos o mingau e tomava! Aí, já foi aliviando, aí foi aliviando a fome. Quando passou para os anos 1975, eu acho que já foi... É porque eu esqueço, mas eu acho que foi os cinco anos de seca: nós fizemos até o cântico. Depois dos

---

[5]   O azeite de mamona, também chamado óleo de rícino, é um purgante. (Nota de Lourdes Vicente).

[6]   Genoveva e Isaltina são as duas primeiras entrevistadas. São do Assentamento de Santa Helena, no Canindé. (Nota de Lourdes Vicente).

cinco anos de seca, quando o padre foi nos ajudando, também tinha o dinheiro que ele dava no começo do inverno, quando nós plantava. Era emprestado e era tão bem dividido! Se passasse dez reais, passou da conta, nós entregava. Era uma coisa tão bem organizada, o trabalho do padre Moacir! Aí, nós vamos já chegando na parte dos trabalhadores que vinham para Quixadá. Cinco anos de seca, já foi perto dos anos 80, já estava naquele negócio daquelas eleições, como era que se dizia? Era do tempo do Tancredo. [Lourdes Vicente: As Diretas--Já!] Diretas-Já. E nós fizemos também, no tempo, lutemos pela constituinte, não foi? Já foi perto dos anos 80. Mas, entre os anos 60 até os anos 80, não foi de brincadeira, não! Foi quando se ouvia falar muito da reforma agrária e os patrões arruinaram cada vez mais. Quem tinha direito, quem estava morando, os que não queriam sair, eles botavam trator pra derrubar as casas. Eram as casinhas de tai-pa, esburacada. E o povo se retirava pra outro canto. Eles começaram a destruir as matas, porque disseram que se a reforma agrária chegasse e achasse a mata, desapropriava. Para não ser desapropriada, eles tomavam, botaram trator nos campos, viu? Meu esposo, mais meus filhos, pegaram empreita de arranca de toco.[7] Aí melhorou, nós já podia se alimentar mais. Trabalhando, fazendo campo para o gado, mas só para o gado. Nós não tínhamos direito a terra para plantar. Era fazer campo para o gado, porque tinha muita fazenda, e aí o plano deles era isso: juntar o gado, ir enchendo as fazendas, desmatando, tirando... Ai meu Deus, meu Deus do céu! Nessa época foi onde veio a mortandade de crianças, que estava grande. Aí, começou a melhorar porque nós começamos a trabalhar para nós, de dia e de noite. Tinha um trem das 11 que passava às 11 horas da noite. Eles passavam o dia arrancando jurema pela raiz, eles botavam o trator nas terras planas, iam passando para outra e iam derrubando, com as picaretas mesmo, arrancando pela raiz. Era por tarefa, eles trabalhavam por tarefa, e quando era de tardezinha, eles vinham voltando. Meus filhos iam para um açude, e pegavam uns peixinhos. Nós, eu mais o meu velho, nós comia um pouquinho que tinha por ali, um peixinho. Aí, eu voltava mais ele para o campo. Lá já tinha ficado preparado uma coivarona[8] bem grande, eles tocavam fogo naquela coivara, clareava, e eu mais ele, encoivarando, escavando tudo. Quando o trem buzinava, era a hora de nós voltarmos. Quando nós chegávamos em casa, meus filhos já tinham chegado com os peixinhos. Os carazinhos, era só peixinho miúdo, já tinham botado no fogo. Nós já ia se alimentar, beber aquele caldinho, e ia dormir. Essa era a nossa

---

[7]   Trabalho manual de retirada do resto da árvore. (Nota de Lourdes Vicente).

[8]   A coivara é uma técnica de cultivo assente na queimada. Coivarada é o conjunto dos galhos das árvores para queimar. (Nota de Lourdes Vicente).

diária ali, trabalhando com gerente perverso, que enricou. Enricava o patrão cada vez mais, e enricou a família dele toda. Bem, aí um tempo, ele [marido] adoeceu, de arrancar toco pela raiz e passar mal. Quando iam fazer a feira, só vinha arroz, não tinha feijão nessa época. Por isso que eu digo que foi nos cinco anos de seca, ali, de 1970 para 1980, que foi o tempo pior. Aí, nós vivíamos desse jeito. Quando eles iam medir as tarefas, se achassem uma raiz, eles diminuíam. No fim, quando eles faziam a conta, a conta do mercantil comia todo o saldo nosso. Nós não tínhamos saldo. Quando chegava dezembro, não tinha umas roupinhas. Os bichinhos, já rapazinhos, já se pondo rapaz, não tinham. A gente não podia comprar uma roupinha para eles. Era uma coisa horrível, foi péssimo nessa época! Nessa época, nós ainda não estava começando a luta. A fome arrochou para todos. Era num povoado, Joatama. Nós estávamos na Joatama. Era uma fome medonha! Todo o povo, porque não tinha benefício de canto nenhum. Só o inverno, e já estava nos cinco anos que não tinha nada. Muito sofrimento. Aí, o povo já disse assim: 'Agora nós vamos. Não pode mais ficar parado'. Fomos encher a rua, fomos para a rua. Foi na época que chegaram os missionários, a força que me deu de entrar nessa luta. Nós somos de uma família muito religiosa. Toda vida eu gostei de ir pra igreja. Quando a fome se alastrou mesmo, morrendo gente, morrendo criança... Gente morrendo de pneumonia, e criança, os pobres. Na fazenda, os moradores, lá era uma coisa demais, de sofrimento. Nós não éramos morador diretos, tínhamos uma casinha na rua, um casebre, mas não aguentamos ficar lá. Tivemos que ir para os patrões, e a fome era a mesma.

Eu tinha um rádio da minha vizinha, que eu assistia. Aí, quando eu assisti a uma fala dos bispos (porque toda vida eu procurava mais ponto de religião para ouvir), os bispos estavam no retiro, todos. Eles estavam fazendo avaliação: 'O povo está morrendo, as crianças não estão resistindo, está morrendo muita gente de fome. Vai haver uma marcha, que o povo não vai aguentar, o povo vai sair, vão lutar, o povo vai sair para as ruas". Aí, eu ouvi isso tudo: 'E nós somos pastores dessas ovelhas que tão morrendo, essas crianças, o quê que nós vamos fazer? E nós, vamos ficar do lado de quem? Do opressor ou dos pobres?'. Pronto, eu botei isso na cabeça, não me esqueço daquela vida. Eu, conversando sempre mais meu velho, 'Nós não vamos aguentar'. Foi quando foram despachando para todas as dioceses os missionários, que saíram pra vir ajudar o povo nas comunidades. Oh! Meu deus! Vieram enviados por Deus. Aí, tinha irmã Elvira, tinha irmã, os irmãos. Os pobres já tinham sindicato, que eu ajudei a construir também sindicato, nosso partido, já surgiu tudo. E a gente, o bispo abriu as portas lá para a gente se reunir, para os trabalhadores. Aí, vinha trabalhador de todo canto, para reunião lá do bispo, dom Rufino. Começaram a perseguir dom Rufino, que saiu, foi para Picos, e nós ficamos, se reunindo. Ia gente daqui da Madalena, Curral Novo, da mesma fazenda, do mesmo dono que nós vivia lá trabalhando. Tudo estava em conflito aqui em Currais Novos, estava tudo em conflito, com a polícia invadindo as casas. Tinha uma mulher que estava grávida, o menino nasceu morto por conta dessa opressão que ela teve. Foi uma coisa horrível! Nós íamos para a rua, e eu me animei tanto, porque eu vi a cruz. Foi o começo da nossa luta, foi com a cruz. Nós ia pra rua, mil pessoas para a rua. E quando nós começamos as reuniões nas bases, o gerente até cantava mais nós e rezava. Mas quando nós começamos naquele cântico 'Nosso direito vem', eles começaram a arruinar. (...) O cântico? [Canta] 'Nosso direito vem/ nosso direito vem/ se não vir nosso direito/ o Brasil perde também. Chega de tantas promessas... Não. [Hesita] Confiando em Cristo Rei/ que morreu lá em Belém/ que morreu crucificado/ porque nos queria bem// Confiando em seu amor/ se reclama até o doutor/ mas nosso direito vem'. Arruinou pra nós, arruinou para as irmãs que nos ajudava na caminhada. Nós fizemos as pastorais. Começamos com a pastoral da criança, indo para visitar tudo, conhecer. A coisa mais linda do mundo! Quem tinha um pouquinho levava, às vezes chegava numa casa, a pobreza... Gente dando aos filhos e ficando em cima de uma cama prostrado, doente de pneumonia. Nós fomos descobrindo, nessas nossas caminhadas da base, nós descobrimos que tinha gente morrendo. E nós, cada um para o seu canto, e nós não ligava... Mas depois das caminhadas, da reunião de base, nós vimos que tinha gente sofrendo muito mais que nós. Aí foi quando nós nos reunimos, nessa fazenda. Nessa mesma época, morreu duas crianças, só de uma casa, dentro da fazenda. Ele [o gerente] dizia que dava mais valor a um bezerro, de que a um morador e filhos de morador. Não iam para posto, não iam para nada, não tinha nada, era 'ao deus dará' mesmo. Foi nessa época que foi um arrocho grande! Já vinha gente até para a luta, pra rua; já vinha gente de todo canto. Aí, nós fizemos uma caminhada para a rua para reivindicar. Isso já estava na época do Tasso, estava na época que o Tasso era quem era o governo.[9] Na pastoral da criança, nós fomos ajudando uns aos outros, fazendo celebração, levando ajuda na hora do ofertório. Onde tinha os doentes, cada um levando um pouquinho, mas nós deixava uma ruma de coisa assim [indica com as mãos a altura de uma pilha]. Nós chegamos em uma casa de uma mulher doente, que tinha dado dois filhos para criar. Já estavam criando os filhos dela. Aí eu convidei uma família que era religiosa lá de Joatama, família quase rica, classe média, para a celebração ser na casa dessa mulher. Nós fazia

---

[9] Tasso Ribeiro Jereissati nasceu em Fortaleza em 1948, foi governador do Estado do Ceará (1995-2002) e senador pelo Ceará (2003-2011 e 2015-). Foi igualmente presidente nacional do PSDB, em momentos sucessivos, desde a década de 1990.

Dona Maria Lima, Comunidade Paus Brancos, Assentamento 25 de Maio, Madalena, março de 2019. Foto de Paula Godinho.

a [celebração] da igreja todo dia de domingo; quando era dia da semana nós se espalhava). Aí, convidei pra nós irmos... Pois, sim, nós fomos na casa dela, ela em cima de uma cama. Eles já tinham ido não sei quantas vezes para rua e lá não tinham recebido medicamento, nada. (...) E essa mulher em cima de uma cama. Aí, nós dissemos: 'Amanhã nós vem de novo'. Nos preparamos para vir no outro dia. Essa família, eles trouxeram lata de leite Ninho, trouxeram carne, trouxeram açúcar, trouxeram arroz e dividiram para o povo, para o povo levar. Ficou uma ruma de alimento deste tamanho [faz o gesto].

Aí foram arrumar. A juventude era quem arrumava as coisas. Essa mulher se levantou, que a doença dela era fome, recebeu os filhos de volta e foi ser dona da casa dela. Mas a fome, a gente viu: isso ali não era outra coisa, era a fome. Bem, nos decidimos para ir pra rua, foram umas mil pessoas. Oh! meu Deus! Fomos atrás lá do 'tiro de guerra' que era um prédio que estava cheio de alimento. E nós queríamos alimento, queríamos alimento. Quando eles não nos atendiam, a polícia começou a nos empurrar. Nós íamos para a prefeitura, sentávamos na calçada, eles chegavam com aquele sapatão deles, nos empurrando. Nós saíamos de um canto, íamos para outro. Aí, já foi uma luta medonha! Semanas e semanas lá. Iam uns cansando e voltando para trás, alguns davam uma esmolinha, umas coisinhas da rua mesmo. Eles davam, e iam deixar em casa, vinha outra turma. Nós dormíamos na calçada, catávamos papelão na rua, ali de frente aos mercantis, para nós se sentar na calçada, dormir lá. Quando era no outro dia, estava cheio de novo, vindo tudo. Aí vinha de todo canto, até do Banabuiú vinha gente. Vinha gente de todo canto para Quixadá. E nós lá, o sindicato cheio, a praça cheia. Hilário Marques, que vinha de São Paulo (era novinho nessa época), parece que era deputado ou era advogado, vinha para nós, quando estava nos aperreando a polícia, expulsando. Hilário Marques chegava no meio de nós, e acalmava.

Nós dizíamos para o Aziz,[10] que era o prefeito, que viesse onde nós estávamos, para nos ouvir, que tinha gente caindo de fome, gente desmaiando. Ele disse que dava a ambulância, mas outra coisa não dava. Dava ambulância para levar para o hospital, mas não dava alimento. Foi triste mesmo! Deixa que nós demos muito trabalho: fazíamos uma procissão de noite, íamos com a Bíblia e a cruz. Aí, nós íamos para a prefeitura, à noite, à boca da noite. Quando nós íamos chegando, eu ia na frente com a cruz e eles tomavam tudo, tomaram da minha mão, quebraram e nós continuávamos sempre a luta, desse jeito.

Eu ia contando da fazenda que nós trabalhávamos, que os moradores sofriam fome. Saía um carro da [empresa] Betânia, cheio de leite, daqui para Fortaleza, e essas crianças não tinham direito, os moradores não tinham direito a leite para as crianças. As crianças viviam de angu, de uma massa, de uma coisa... de fubá. Fazia aquele fubá que era mais forte, milho torrado e pisado. Quando morreu uma criança, o outro já estava doentinho também, caído, e tudo era fome. Morreu um no começo da semana e o outro no fim, os filhos da Maria da Fátima. Nós fomos para o velório. Aí, a vida foi difícil do jeito que estou contando. Nessa luta de Quixadá, foi uma luta grande! Houve uma reunião que dom Benedito, de Itapipoca, telefona lá para o centro vocacional, para a irmã Tereza: 'irmã Tereza, você pode ajeitar o povo aí, os trabalhadores, para irem ao palácio do governo, Cambeba?' A irmã Tereza veio dar esse recado, no meio do povão: 'Nós vamos'. Todo mundo bateu palma: 'Nós vamos, nós vamos'. Escolheram as pessoas, para nós irmos ocupar. Isso em uma seca ainda. A irmã Tereza disse: 'Vocês vão ali na CPT,[11] padre Maurício está lá para receber vocês'. Nós íamos entrando lá na sala onde ele estava, nós íamos entrando de dois em dois, trabalhador e trabalhadora. Nessas horas nós já tínhamos na comunidade o grupo de mulheres, a pastoral da criança, nós já estávamos formando as pastorais. O padre nos deu a lição [para] ver se já dava para a gente chegar no governo, [com] a instrução que ele deu. Se era um doutor, um bichão, aí: 'Para onde vocês vão?' Nós: 'Nós vamos para o governo, ocupar o Cambeba' [sede do governo, Fortaleza]. Ele: 'Vixe maria, vocês vão apanhar demais, porque lá tem polícia'. Nós: 'Nós não temos nada com polícia, não. Nós não tem medo não. É melhor morrer lutando do que morrer de braço cruzado, ver os outros morrerem. Nós viemos resolver nosso caso'. Ele: 'O que é que vocês querem?' Nós: 'Queremos trabalho, agora nós queremos trabalho'. Eles davam um trabalho para os donos de fazenda, era com a palha da

---

[10] Aziz Okka Baquit foi prefeito de Quixadá em dois períodos: 1973-1977; 1983-1988.

[11] A Comissão Pastoral da Terra (CPT) integra a Conferência Nacional dos Bispos do Brasil (CNBB) e foi criada em 1975.

carnaúba, era com plantio, era... E as coisas ficavam para ele. Fomos dispostos, capacitados para lutar por uma emergência, para nós administrar e se beneficiar. Nós já íamos, aí ele chegou, pelos fundos, não entrou nem pela frente. Era gente do Limoeiro, gente de todo canto. Ele disse: 'Tal dia...'. Eu era quem falava mais. Era o Espírito Santo, que é a pessoa que me ilumina, era quem falava mais. Por isso que eu digo: 'Meu povo, a gente tem de estar unido e tem de ter um trabalho coletivo, porque a gente unida, nós unidos, nós somos fortes pra lutar pela nossa vida'. Aí foi quando [o governo] deu o trabalho para nós administrar. Nós fizemos os tijolos. Tinha a pedreira, tinha as turmas que iam trabalhar na pedreira, outros nos tijolos, outros nas cisternas, para quando tivesse inverno, encher. Os missionários que trabalhavam com a gente saíram cedo, foram perseguidos. Botaram um pneu muito grande escrito 'Proibido estrangeiro entrar na fazenda'. (...) O bispo já tinha saído pra Picos, aí saiu os missionários que faziam as pastorais junto de nós. A irmã Elvira foi preciso se retirar, porque lá estava a placa: 'Proibido estrangeiro entrar'. Quando eles se retiraram, nós ficamos. Nós já tínhamos um grupo de jovens muito forte, filhos dos trabalhadores. Saíram tudo [os missionários] mas nós ficamos, com toda a responsabilidade de lutar pela vida! Foi quando nós viemos enxergar pela Bíblia. Nós nos regemos muito pelo livro do Êxodo: 'Moisés tirando o povo da terra, da opressão para a terra prometida'. Foi uma luz! Ninguém tinha mais medo de nada! Todo mundo queria ir no rebanho para as Comunidades Eclesiais de Base [CEBs]. Quando eles [patrões] nos viram sem as pessoas de fora, eles diziam: 'Agora nós vamos fazer opressão'. Aí começou a opressão. Os moradores nos recebiam, que aqui [no assentamento] tem deles morando. Trouxe umas 22 famílias de lá. Quando eles avistavam o carro, elem diziam: 'Já vem.' Aqui, eu pegava a Bíblia e dizia: 'Meu Divino Espírito Santo, ilumina nós, e guarda nós, e dá sabedoria a nós!' Nós nos preparávamos. Quando ele [patrão] chegou, disse: 'Eu já disse que não é pra vocês virem fazer oração aqui, é pra orarem na igreja?!' Eu: 'Não, mas aqui os moradores não podem ir pra lá não, nós viemos pra cá'. Eles [moradores] disseram: 'Não, a casa é nossa, não presta, não, mas estamos debaixo dela, quem manda somos nós. Vamos entrar lá pra dentro'. Nós nos aglomerávamos. Essa primeira foi na casa até de uma ex--nora minha. Ela nos recebeu, botou para a sala grande. Quando ele entrou, eu já estava com a leitura escolhida. 'Ato dos Apóstolos' , era. 'E Jesus agradece ao Pai, por Ele ter escondido a sabedoria dos imprudentes e revelou aos pequeninos'. Aí, eu fui ler, ele avançou na minha Bíblia, tomou da minha mão, eu avancei na mão dele para o meio e a filha dele do lado. Sei que nós vencemos! Ele saiu pra fora: 'Mas não venham mais não, aqui não é canto de ninguém ficar rezando não. Vão rezar na igreja!' Foram embora e nós fizemos a reunião. Quando ele saía, nós se reunia tudo, falando sobre a luta que nós íamos ter. Que nós tínhamos que ser fortes. Não era para ninguém ter medo, porque só tinha dois caminhos pra nós, ali. Era na morte, na pobreza e na miséria, e o caminho da vida, com terra, aonde corre leite e mel. Animava muito, eles ficavam muito satisfeitos! Na outra semana, nós fomos na casa do outro [patrão]. Vixe! Nesse dia ele veio bêbado. Tinha os meninos da igreja, os militantes, os meninos que ajudavam na igreja, os jovens, como Adailton, que o pai dele era do sindicato. Eles [patrões] estavam marcando muito esse rapaz. Quando ele chegou, nós estávamos no terreiro. Só fazíamos a reunião no terraço, os moradores preparavam tudo. Quando ele chegou, deixou o carro lá fora, largado no portão. Veio de uma vez, pegou uma cadeira de madeira, foi fazendo assim [gesto de erguer a cadeira]. O pessoal, era uns correndo para um lado, outros para o outro. Eu fiquei. Aí ele fez: 'Tá' [gesto de jogar a cadeira], a cadeira no chão, a perna da cadeira bateu numa criança e bateu em mim. Acredita que eu senti só uma pancadinha?

Um vizinho se aproxima da igreja com um rebanho de cabras. Maria Lima interrompe a entrevista, para pedir ao vizinho que retire as cabras do recinto da igreja: 'Seu Chico, por favor, bote elas para fora, senão vicia, não é? E nem que não passe, mas vicia'. Lourdes Vicente, atenta, faz ela retomar o fio do discurso: "Ele jogou a cadeira e você não sentiu...".

Não senti. Eu senti doendo, assim, depois. Fui olhar a mancha, ficou uma mancha deste tamanho. No outro dia, foi preciso ir para o quartel, para dar um depoimento lá. Questão de ir pra justiça, não era? Vixe! Os meninos choravam, foi uma coisa... Aí, os meninos disseram assim ao dono da casa: 'Entre para dentro de casa, que a casa é nossa, a casa é minha quem manda é nós'. Nós entramos, e ele ficou e disse para o motorista: 'Fulano, tira meu carro mais pra longe, que hoje aqui vai haver bala'. Bêbado, conversou tanta coisa! Aí, o bichinho que era o coordenador dos jovens: 'Olhe, não tenha medo não'. Nós rezamos tanto, dentro de casa! Esses meninos não queriam sair. Quando já estava pendendo para as 12 horas, e ele na porta jurando, dizendo as coisas e nós rezando, a gente começou a rezar um terço. Ele já estava ajudando [rezando] no terço. A gente pedindo, fazendo uma oração, no silêncio, a Deus e o Espírito Santo, nós e nossa Mãe Maria Santíssima. Ele foi acalmando, já estava era rezando mais nós. Aí fizemos um acordo: 'Nós cerca [fazemos um círculo], bota o rapaz no meio, que era com quem eles estavam implicando, era com ele, e aí nós passa'. Assim fizemos: passamos na porta, ele só fez arredar um pouquinho pra nós sairmos. Quando nós saímos fora, ele foi e disse assim: 'Agora encerrou, essa foi a última'. Eu disse: 'O senhor que está dizendo? Porque o Evangelho, ele não é proibido em canto nenhum, seu Luís'. Ele disse: 'Mas aqui, eu proí-bo!' Eu disse: 'Nós vamos vir, porque o Evangelho ainda não foi proibido em canto nenhum, nem vai! Porque nós estamos aqui não é por nossa conta, não. É Deus mandando nós virmos para cá!' Aí viemos embora, viemos embora. Nesse dia, foi o dia da pancada, foi o dia que eu levei a pancada. E nós, no outro dia, nós fomos pra rua. Foi preciso dar um depoimento lá sobre o que nós estávamos sofrendo. Bem, depois, quando foi no mês de maio, nós já estávamos nos preparando, já tinha inverno, nós já estávamos nos preparando para fazermos a caminhada, uma cami-nhada. Já dava pra nós fazer uma ação maior. Naquela época toda, a oração era a primeira, preparando a caminhada. Nós já sabíamos o que era que nós queríamos, nós precisávamos da terra! Foi quando nos organizamos e veio gente, os trabalha-dores dos outros cantos. Chegou o dia de nós chegarmos até aqui, depois de muito sofrimento! Demos muito trabalho àquela polícia, e eles não abriam mão, com a alimentação que tinham no quartel. Era um tiro de guerra, e nós com essa peleja, com essa luta, até chegar esse período de nós virmos pra terra. Nós não podíamos viver mais lá, não podíamos viver mais sem a terra. Começou a luta, a guerra maior também [porque] eles não queriam perder os moradores, que era quem sustentava [com] o trabalho, tudinho, campo para o gado, tudo, tudo, tudo. Aí, [foi] quando nós nos destinamos a vir para uma comunidade. Lá, vizinho a nós, tinha um terreno da experiência dos técnicos, e eu pensava que nós íamos para lá. Tão bem feita era nossa luta que nem eu que ficava à frente [sabia aonde seria].

Lourdes Vicente lembra-lhe que ainda não referiu o sucedido em Curitiba.

Vixe! Esqueci de Curitiba. Estou esquecendo... Antes disso eu vou contar de Curitiba. (...) Já estava com cinco anos de luta no Sul. Assentamento, viu? Estava com 5 anos, já. Eles vieram para Curitiba para o primeiro congresso dos sem-terra, aí nós fomos. Não existia, não existia [MST no Nordeste]. Aí me escolheram pra ir, foi gente do sindicato, foi uma turma boa aqui do Ceará, e de todo canto, passemos esses dias lá. O padre dom Rufino, dava assistência, ajudava a nós, trabalhadores, a ir se virando, de um jeito ou de outro. Aí, a irmã Tereza escolheu uma pessoa lá, e disse: 'É Maria, é Maria porque essa luta dela já vem de muitos tempos'. Aí esco-lheram para eu ir. Deixa que foi um bocado de gente! Mas lá foi a minha história. Eu, uma vontade, uma danação para falar nos microfones, para contar logo nosso sofrimento, para dizer como estava nosso Nordeste e tudo! Como é que vivia...

Passamos foi três dias, levantamos o acampamento, cada qual representava o seu. Eu fui representando o Ceará e a diocese aqui de Quixadá. Diocese não, ninguém nem falava lá, nós íamos como trabalhador em busca da terra. Como nós ia chegar à terra, possuir a terra? Fátima Ribeiro[12] estava lá. Ela já tinha participado das nossas reuniões, veio pra cá para Quixadá, pra minha casa. (...) A Fátima Ribeiro era do Espírito Santo, era já da luta, tinha feito a luta no sul. Nós conhecemos ela lá, e ela veio aqui ajudar, através do que nós já tivemos lá. Conversamos tudo com ela, pegamos conhecimento com ela, que ela era mesmo da luta lá. Quando chegamos, eu fui conversar, fazer reunião com o povo. O povo já estava tudo esperando. Sim, vou contar como foi lá, porque foi bonito lá! Eu falei muito sobre o sofrimento das fazendas, a fazenda mais rica do Brasil, no Ceará, era desse pessoal aqui, João Carneiro. A fazenda mais rica, aonde havia mais mortes, crianças morrendo de fome, trabalhadores, mais opressão, mais escravidão. Escravidão era pesada lá. Aí, deixa que eu falei, me deram hora pra eu falar o tanto que eu queria, eu conversei tudo. Quando foi pra terminar [o Congresso], nós fomos fazer na praça, a terminação foi na praça. Eles iam chamando pelo nome dos patrões. Quando chamaram o nome de todinhos, eu fui a última. Eu tenho que contar direitinho. Eles disseram assim: 'Agora o nome dos patrões, da que veio representando o Ceará'. Aí eu dei um grito: 'João Carneiro!' [gritando] Quando eu gritei 'João Carneiro', eles tinham preparado um couro muito grande de um carneiro muito cabeludo (era deste tamanho) [faz o gesto] era ensopado de coisa. Quando eu disse 'João Carneiro', aqueles puxados, carneirão subindo, o courão pegando fogo. [Era uma mística, explica Lourdes Vicente]. A mística.

A irmã Tereza, quando foi daqui para lá, conversava mais a irmã Cleide. A irmã Cleide foi mais nós, que era uma irmã da luta mesmo, era até do Incra. Dizia: 'Irmã, nós vamos passar por uma decepção. Essa mulher, ela num vai falar nada lá, não'. Mas se enganou, minha filha. Não fui eu não, porque eu era muito tímida, e não sabia falar. Quando começamos a nos preparar, quando ia chegando a vez de eu falar, eu saía. la conversar com Deus: 'Meu Divino Espírito Santo, meu Senhor Jesus, eu não sei falar. Eu vou assumir uma responsabilidade muito grande de representar o Ceará. Ah! meu Divino Espírito Santo, fala por mim!' Quando eu ia, ia falando tudo, meu Deus! Pelos pobres, como é que viviam aqui, o semiárido, o sofrimento por água, por tudo! Aí era assim, minha luta foi começada assim. Deus me escolheu, mesmo! Às vezes eu [fico] imaginando o que eu fiz, através da necessidade, de ver criança morrendo de fome, de ver as mães morrendo de fome, ficando acamadas, por causa da fome. Deus me escolheu. Eu não podia ficar parada diante daquilo! Não era eu que falava, Deus falava por mim. O Espírito Santo me dava força e coragem. Quando eu cheguei aqui, voltando de Curi-

---

[12] Integra a coordenação nacional do MST. (Nota de Lourdes Vicente).

tiba, fui lá no bispo: 'Bispo'. Aí, ele disse: 'Como foi Maria, a reunião foi boa?' Eu: 'Foi ótima!' Contei pra ele, e ele disse: 'Maria, vai devagarzinho, vai devagar, que vai dar, mas não esmoreça. Fé em Deus, Maria, continua!' Foi quando começaram a perseguir ele, tiraram ele, nós ficamos sem bispo aqui. Nós já estava bem treinado, a luta continuou. A ocupação, feita quase pelas irmãs, era uma ocupação grande, ali na Caiçarinha, no sertão de Quixadá. Era um conflito grande, ali. Caiçarinha. Tem até a música, mas eu não sei cantar não. Eram nove moradores, sofrendo tudo: fome, sede, tudo. Estavam uns conflitos grandes por aí. O bispo: 'Continua a luta, Maria', e se retirou. Com uns tempos, foi que chegou o bispo, dom Adélio. Vixe! Dom Adélio não tinha diferença dos fazendeiros de jeito nenhum, não fazia diferença! Era muita questão dentro do centro vocacional, ele questionando. Ele era contra, mas nós não paramos. A diocese já fez muito por nós, porque deu lugar para nós nos reunirmos, os trabalhadores se juntarem de todo canto, sindicalistas, tudo. Agora nós botamos pra frente! Aí foi quando chegou o dia da Fátima [Ribeiro] vir aqui. Eu estava em uma reunião grande com os trabalhadores, quando disseram assim: 'É uma moça morena de uma fala diferente'. Vieram me chamar nas carreiras, porque tinha a rua da igreja, e aí tinha a outra rua, que era a que eu morava. Eu disse: 'Diga a essa pessoa que venha aqui'. Já veio na cabeça: 'Eu já sei quem é'. Nós estávamos em uma reunião grande. Tanto trabalhador! Quando ela chegou, como era o dizer, meu Deus? Naquela época, a palavra de ordem? 'Terra de Deus, terra de todos!' Nós já fomos gritando: 'A terra é de Deus, a terra é de todos!', porque já era uma palavra que nós já vínhamos dizendo nas nossas reuniões. Esses trabalhadores, foi uma animação tão grande! Se levantaram tudo. Eu disse: 'Uma salva de palmas pra nossa... Que veio aqui nos ajudar na nossa reunião!' Eles todos ficaram de pé, batendo palma pra ela. Ela se animou demais com aquela reunião, e animou mais um pouco para o povo se organizar, [para] nós nos organizarmos. Até que chegou o dia de nós virmos até aqui! A chegada aqui, nós vínhamos preparados. Aí, quando nós chegamos ali, estava Fátima Ribeiro, estava o Zé Rainha. Nós vínhamos todos trazendo as ferramentas: as enxadas, foices, picareta, essas coisas, dentro de um saco. E uns pratinhos, umas panelinhas, uns traziam alguma coisinha: um feijãozinho, uma farinhazinha. Os outros não traziam era nada! Outros traziam café, traziam açúcar que era para nós ajudar na comunidade. Nós descemos ali na estrada, veio pau de arara [transporte] do Canindé, Chorozinho, Quixadá, Quixeramobim, Choró, só não veio aqui da nossa cidade, nenhuma pessoa daqui da cidade. Assim, pessoa, trabalhador, não veio ninguém! Bem, nós chegamos ali na estrada, já tinha um ônibus esperando nós aí, eles disseram: 'Comunidade é ali, vamos descer só um pouquinho. Aí nós chega!' Nós chegamos mais para aquela pontinha da parede do açude ali, nós passamos por cima para vir pra cá. Tinha dois [militantes] em pé, com facão, todos com facão e disse: 'A comunidade é aqui'. Apontou para uma mata, a mata fechada. Ele disse: 'Eu já fiz a vereda, agora vai de um em um'. Não podia ir de dois, não. 'Vai de um em um, entrando'. Nós, com saco das coisas, entramos. Quando chegamos no canto aonde era para fazer o acampamento, ele disse: 'É aqui mesmo! Vão botando as coisas no chão, e vamos começar a trabalhar!' Isso parece que foi o Zé Bastos que disse, se não me engano. Aí [ele]: 'As mães vão ficar com as crianças, por enquanto'. Nós ficamos tudo arrochadinho ali dentro da mata. Eles, tá, tá, tá, derrubando pau, outros arrastando, e outros: 'Cadê as redes dos meninos, traz pra cá!', já foram armando as redes. Oh, meu Deus do céu! Eram assim como umas abelhas, umas abelhas assanhadas. Zoada medonha dentro dessa mata. Eu: 'Ah, nós cheguemos foi no céu, aqui é o céu, meu povo! Aqui é nossa terra prometida, chegamos!' Era tudo gritando. A coisa mais linda do mundo: a chegada nossa nessa mata! Diz, diga aí, que não era nem nossa, não era nem daqui, dessa terra. Entramos errado e conquistamos a maior beleza do mundo. Aí, já foram armando as redes, já foram fazendo fogo, começou a clarear. Pouco mais, a gente já ouviu o grito: 'O café já está feito'. Aí, uns iam tomar o café, outro gritava: 'Aqui também já tem'. Era assim. E a mata foi clareando de fogo, aqui e acolá tinha um foguinho, aqui e acolá tinha uma rede armada. Oh! Coisa mais linda do mundo! E outros cavando buraco para hastear a bandeira, isso era uma zoada tão grande nessa mata, que aquela comadre Irene, que é mais antiga, [dizia]: 'Meu Deus do céu, o que é que está acontecendo aqui?' [risos] Mas foi linda a nossa chegada ali. Foram fazer uma mesa que era um girau, fizeram uma mesa, e a bandeira ali no pé. Quando foi de manhã, atiraram fogo. Antes do dia amanhecer, a gente já estava trabalhando também no campinho para fazer os bancos, a bancada para a gente se reunir para tomar a direção do trabalho, escolher. Mais afastados, botaram os vigias, tudo nas embocaduras, ensinaram como era pra fazer um ror de cacetinhos desse tamanho, que era para as crianças e para nós também, pra quando viesse algum alarme, alguma coisa, e nós irmos ao encontro, e atender, receber lá essas visitas, que a gente não sabe que jeito eram. Quando foi no outro dia, era chegando só alimento, gente vindo deixar alimento para nós. Era todo mundo carregando, pareciam assim umas formiguinhas, tudo animado, gritando, 'A terra é nossa ou não é? Nós ocupa ou não ocupa?'. Era a coisa mais bela do mundo. Nós dizíamos: 'Ocupa!' Era um céu, ali foi um céu, meu Deus! Aquela chegada! Quando foi de manhã, já era todo mundo feliz, já botando um feijãozinho [no fogo], quem trazia, quem trazia um arrozinho já era botando. Na hora da partilha, todo mundo comia. [O alimento] começou a chegar cedo, porque se sabia que ninguém tinha nada. Um pacotinho de bolacha, um pacotinho de arroz. Traziam pra nós. Na hora do café, era aquela animação, todo mundo comendo, todo mundo trabalhando. Quando foi pra tirar a coordenação, houve equipe de limpeza, equipe de educação, que ia educar pra nós sabermos viver na terra, como fazer, respeitar aquela água... O açude já estava cheinho no mês de maio, o açude estava cheinho, sangrando. Era uma equipe de limpeza, equipe de educação, equipe de segurança, que vigiava os tubarões [inimigos] para não entrar, pra não fazer destruição no nosso acampamento. Nós fizemos isso em cântico. Foi preciso ir para o Incra, com três dias [acampados], fomos fazer a pressão lá, invadir lá também. Fretaram um ônibus, foram cinquenta pessoas. Nós levamos instrumentos: tambor, sanfona, violão, e os àpara a gente cozinhar lá. Levamos tudo! Aí, quando foi as 2 horas da madrugada, chegamos lá, invadimos, o vigia se afastou, eles abriram porta, tudo, tudo, tudo lá! Quando foi de manhã, já tinham os panelões lá, fazendo comida. Muito pão, pra nós quando for tirar o retrato, comendo pão seco ali. Aí, eu chamei a dona Socorro, 5 horas começou a chegar gente, as pessoas que iam trabalhar nas salas, estava tudo ocupado, tudo ocupado. No meio da casa, eram os cacarecos, os 'trens' que nós chamava. Eles ficavam só ali: 'Hoje aqui ninguém trabalha. Aqui, quem manda agora somos nós, são os trabalhadores!' A equipe de negociar com o governo já estava tudo escolhido, tudo. Eles diziam que nós íamos passar uns oito dias lá, ou um mês. Dizíamos: 'Nós só saímos daqui com uma decisão da imissão de posse'. Eles chegaram com a cara ruim... Doutorzão com a cara ruim, porque nós estávamos lá, tudo tocando, tudo batendo em prato, vasilha, em pandeiro. Chamei a dona Socorro: 'Dona Socorro, vamos inventar um cântico, com as questões de Deus'. Esse cântico veio do nosso sofrimento aqui, do que nós vivíamos aqui. Aí eu comecei: 'Pessoal, agora vamos cantar o nosso cântico dos trabalhadores. O refrão é assim, vocês respondem o refrão: Nós queremos é lutar por terra e pão, nós queremos é nossa libertação!' Ai, eles aprenderam ligeiro, que é na voz de um cântico, não é? Quando eu comecei, eles também, tudinho, tudo batendo palma, foi uma zoada danada e os doutores tudo olhando de longe. Aí eu disse assim, eu cantei o refrão. Quando eu digo: [cantando] 'A 25 de maio/ nós fizemos a caminhada/ os irmãos todos unidos/ passo firme na estrada./ Cantando satisfeitos/ e animando a caminhada/ com Jesus na nossa frente/ fazendo a reforma agrária!' Aí, eles diziam: [cantando] 'Nós queremos é lutar por terra e pão, nós queremos é nossa libertação!' Já foi encostando gente, os funcionários encostando assim. Aí, nós continuava. Eu disse [cantando]: 'Meu Deus do céu/ tenha de nós compaixão/ dos pobres trabalhadores/ que não têm terra, nem pão/ vivendo escravizados/ nas fazenda do patrão/ trabalhando a vida toda/ sem receber um tostão!' Eles cantavam o refrão, tinha outro verso. Isso era tudo que nós vivíamos aqui, eu tirei daqui do sofrimento de tudo. Aí eu disse [cantando]: 'Lá no nosso acampamento/ temos organização/ tem equipe de limpeza/ equipe de educação/ equipe de segurança/ que impede os tubarão/ de entrar pro nosso meio/ pra fazer destruição!' Eles faziam uma festa tão grande desse canto. Aí, já tinha mandado recado pra cá [para o acampamento]: [cantando] 'Para os nossos companheiros/ vai a nossa saudação/ vai um abraço bem forte/ vai um aperto de mão./ Nós estamos aqui no Incra/ esperando a libertação/ pra chegar cantando/ com a vitória na mão!' Foi o último verso, foi esse verso que eu fiz, eles gostaram muito. Nós cantávamos muito aquele: 'Nosso direito vem' [e] 'Eu sou feliz é na comunidade'. Quando nós cantamos; 'Eu sou feliz é na comunidade', [cantado] eles já vieram se encostando, se alegrando. Doutor Pompeu, doutor Mourão, já foram se encostando, que eram os bichão de lá. Já foram se animando, já vinham cantar conosco. Fez uma amizade tão grande comigo por causa desses cânticos! E o povo vencendo, lá fora! Aí diziam: 'Mas no acampamento está havendo opressão, eles estão...'. Eles inventavam. [Era uma história] inventada. As notícias de que estavam fazendo opressão aqui, e nós tínhamos que voltar. E nós só saíamos de lá com a ordem mesmo, no dia que eles marcassem pra acontecer aqui a imissão de posse. Quando terminou, a comissão negociou com eles tudo lá. Nós já viemos sabendo que, com três dias, eles chegavam aqui. Quando foi pra eu descer, era tudo querendo vir mais eu para o ônibus. Os doutorzão fizeram logo uma amizade. Por isso que eu digo que nós conquistamos terra não foi brigando, não. Foi rezando, cantando e mostrando coragem. Coragem, que nós somos filhos de Deus. Nós não é pra viver escravizado. Pois é. E quando nós chegamos, o quê que acontece? Foi filmado de lá até aqui. O Hilário ajudando tudo, nós passamos na Madalena, foi um pipocado de fogos [de artifício]. Quando nós vem chegando ali, mais pra cá, esses [trabalhadores] que tinham ficado na barraca!... Correu cabra [gente] da mata, pensando que era a polícia que vinha matar [risos], que vinha fazer o desfecho. Era nada! Aí, já tinha uma turma. Quando viram o nosso grito, dando viva aos trabalhadores na luta, correram daqui pra lá. Saía gente de todo canto, pra encontrar conosco naquela chapada ali. Tudo com um cacetim na mão, tudo pulando. Isso foi uma chegada tão bonita, nesse pedaço de pista ali, eles indo daqui pra lá, saindo pelas veredas, por todo canto. [rindo] Viram nós cantar, aí diziam: 'Não é guerra, não. É vitória, bora pra lá!' Saía gente por todo lado. Ave Maria, foi muito lindo a chegada aqui! Com três dias eles chegaram aqui, e deram a imissão de posse, do jeito que eles marcaram. Recebemos a imissão de posse. Ali não era nosso, mas nós ocupamos. Hoje são os vizinhos que moram. A emenda da terra é bem aí, na parede do açude. Esse açudinho é dele, não é nosso. Mas é nosso na hora que a gente quer, se precisar. Foi uma luta grande, depois que chegamos, para se decidir, não é? Para se decidir pra botar. A terra é muito grande, pertence a três cidades: Madalena, Boa Viagem e Quixeramobim. Esse povo tinha que ocupar. Nós levantamos o acampamento daqui pra ir ocupar a sede, fomos armar esse acampamento, estivemos aqui acampados. Saímos da mata, viemos para as barracas. Isso era um ror de barracas aqui, tudo cheio de barracas. Pra nós ocuparmos a terra toda, dividir, fazer os núcleos, tivemos que ir para o Quieto [sede da fazenda], armamos a tenda lá. Houve muita reunião de cooperativa. O pessoal vinha de Brasília, todo dia. Nós íamos daqui pra lá, pra reunião, a organização dos trabalhadores. Tudo era muito bem coordenado, essas coisas: o trabalho dos trabalhadores era Deus mesmo no meio ajudando. Nós éramos tirados por setor, aqueles que ficavam coordenando. Quem vinha aqui coordenando era eu. Os outros todos tinham seus coordenadores, era uma coisa muito importante. Mas muita gente sonhava em vir pra cá [Paus Brancos], porque era perto da pista, não é? Era o melhor, por causa do açude, todos queriam vir. Foi por sorteio. Eu tirei pra vir pra cá. Tantas famílias, tudo tinha aquela quantidade, para ocupar a terra toda, cada qual para os seus setores. Era por sorteio, eu tive a sorte. Aqui, é melhor da gente se deslocar para Quixeramobim, para Quixadá. Nós fomos lutar, fomos para Brasília, para o Congresso. O negócio da Constituinte, da reforma, das 'Diretas-Já' – tudo eu participava. Fiquei sempre à frente. Eu peguei muito um cargo logo no começo, porque o povo não entendia, poucas pessoas queriam participar da frente. Eu, sem ter sabedoria, leitura – sabedoria eu tenho, que vem de Deus, do Divino Espírito Santo... Analfabeta, a bem dizer, quase alfabetizada. Sei fazer meu nome, sei ler, só não leio pra todo mundo porque eu gaguejo [risos]. Fomos nos organizar pra ir pra Brasília, para o congresso, reivindicar moradia, projetos. Muito boas, nossas caminhadas para Brasília. Fizemos caminhada daqui [Madalena] até Fortaleza, todo mundo de pé. Saímos de Madalena, dois dias se organizando dali, pra dali sair pra Fortaleza. Se não me engano, [demorámos] nove dias. Nós íamos baixando, armando a tenda. Aqui logo aonde houve um conflito uma época [conflito na Fazenda Japuara, 1971], que não foi do nosso tempo, nós baixamos lá. Japuara. Nós íamos parando. Quando nós já íamos perto de Fortaleza, tiraram muitos que iam, e eu era uma. Ali da [Comunidade] Nova Vida, foi o seu Chico Bastião, que era avô das meninas, da Vilanice e tudo, mais eu. Quem era da luta, um senhor já de idade. As professoras tiravam nós, nos levavam para casa delas, pra nós tomar um banho, descansar um pouco e dizer onde era que nós íamos, qual era a nossa tarefa. Era pra nós irmos para os ginásios, os colégios, dizer porque nós [estávamos] ali, por que era essa marcha, essa caminhada. O povo ia entendendo, se misturando conosco, ajudando no que podia, porque eram os trabalhadores que estavam falando isso ali. Não era um médico, não era uma pessoa que nem a senhora. Escolhiam mais as pessoas de trabalho, analfabetos mesmo, cada qual tinha voz e vez. Nós conversávamos lá o que nós vivíamos aqui, o quê que nós fazíamos aqui, o jeito que nós sofríamos, tudo. E o povo ia fazendo amizade conosco. Muita coisa ficou sem eu colocar, que eu não coloquei. E foram as ajudas dos estudantes de Quixadá, da faculdade. Quando nós ficávamos nas calçadas, eu ficava cantando aqueles cânticos: 'Nosso direito vem', 'Nós queremos é lutar por terra e pão'. Não, esse não. Eu já sabia, já cantava esse, que eles chegavam com as bandejas, com as palmas de banana, tudo. Tinha aquele prazer daqueles estudantes vir nos ajudar, era só eu cantando: 'Nós queremos é lutar por terra e pão'. E recebendo, fazendo uma ruma [de alimentos], ficava uma ruma deste tamanho [faz o gesto]. Eles vinham nos visitar, os professores, os estudantes, tudo, trazendo alimentação pra nós. Quando era no outro dia, é que vinha um bocado pra casa, [os trabalhadores] trazendo aquela alimentação. Foi desse jeito! Foi linda, essa ajuda que os estudantes da faculdade, os professores, tudo, nos deram. Muito bom, meu Deus! Muito bom a gente se unir e lutar por um objetivo, que é o plano de Deus: vida. Aí Deus ajudou demais, e está ajudando e vai ajudar, porque nós precisamos. Precisamos lutar por todos aqueles que ainda não têm a moradia, não têm a terrinha pra trabalhar, que ainda não têm uma mesa farta, não podem botar uma fruta na mesa, porque não têm direito. Só os donos é quem têm. E daqueles, na cidade, que ainda estão morando debaixo das pontes. Essas pessoas precisam participar dessa riqueza que é a natureza: ter direito à terra, porque a terra é de Deus, é de todos nós! Eu botei muito na cabeça: 'Se nós somos filhos de Deus, nós vamos trabalhar só para os patrões? Não'. Isso eu dizia muito pra eles [os trabalhadores] quando estava na reunião de base. Dizia: 'Confia em Deus e vamos confiar na palavra Dele. Está aqui, Deus manda que nós lutemos: 'Não tema, eu estarei com vocês!' Tem aquele de Josué, que eu também não esqueci. Primeira leitura do livro de Josué, primeiro capítulo, diz: 'Até que a terra onde nós vamos pisar'. Eu fiz essa leitura, eu já aprendi ela agora, já pra nós. Como ficar na terra. A outra era Moisés nos levando para a terra prometida. E essa, nós estávamos nos preparando: como sustentar nossa terrinha, como viver na nossa terra? Aí, é Josué capítulo 1. Tem outro que eu esqueci, não marquei, que é no livro Deuteromônio, que fala muito da terra. Nós viemos pra terra prometida, 'onde mana leite e mel'. Nós não podemos esquecer como nós chegamos até aqui. Por que nós estamos aqui? Através de um sofrimento muito grande, da fome: 'Jesus ouviu o clamor do povo', e disse: 'Eu desci para livrar'. Chegou no meio de nós. Aí vamos nos encorajar e vamos pra luta! A terra é de Deus, a terra é de todos. Ninguém é dono da terra, só Deus. Nem os poderosos, que querem ser donos, eles não são. Eles morrem, eles pensam [que] levam ela na cova [risos] mas não levam. É o que vem nos encorajando. Nós não podemos esquecer, vem até o verso: 'Nosso direito vem', porque eu não sei se eu me lembro dele, [cantando] 'pra lá tu não leva nada, nem teu gado, nem... nem... teu carro, nem teu gado'. Não. 'Nem teu carro de passeio, nem pacote arrumado, lá tu tira era máscara, vai levar terra na cara, está aí o teu resultado'. Porque é mesmo [risos], não leva nada. A terra é de Deus, a terra é pra todos nós tirarmos nosso sustento, viver uma vida em abundância. Às vezes, eu falo para os meus filhos aqui, porque eu faço esses xaropes (serve tanto!). Eu queria [fazê-los] coletivamente. Por ora, sou só eu e a minha família, nesse quintal produtivo, quintal familiar. Nós estivemos muito tempo aí, trabalhando coletivamente, mas quando foram melhorando, já foram se afastando, não querendo colocar as unhas na terra, não é? As mulheres não querem sujar as unhas e foram se afastando. Eu digo: 'Meu povo, vamos nos organizar! Se vocês não querem trabalhar muito, trabalham menos. Eu faço esses xaropes, eu planto, eu cuido deles. Vocês não querem botar as unhinhas na terra pra sujar, vocês têm tarefa nos dias que nós tiver fazendo. Aí, vocês estão mais nós, uns botando nos vidrozinhos, outras botando o selo'. Isso é muito bonito, não é, Lourdinha? A gente tira foto, tudo na mesa, nós fazemos um lanche. Naquele tempo [tinha] a fome, era todo mundo igual, passando fome, não era? Era fome mesmo, todo mundo pobre, não tinha nada, nada, nada. Aí, foi mais fácil de reunir, mas agora é muito difícil! Do jeito que eu estou dizendo, elas vão tendo conhecimento, pouco mais! Mas eu queria terminar, terminar assim em um trabalhozinho coletivo, do jeito que eu comecei, com os jovens fazendo canteiro, plantando horta, todo mundo levando suas verdurinhas. Tinha o dia da tiração [colheita] de verdura, e todo mundo tinha verdura, todo mundo tinha xarope, nós tínhamos nossa farmácia viva, nós íamos pra rua, nós chegávamos nos médicos, lá nas farmácias, nós contava nossa situação, que nós tinha farmacinha viva. São as medicinas [não oficiais]. Vixemaria! Nós tínhamos um bem querer. O povo queria o nosso bem, era um trabalho bonito, unidos. Qualquer coisa, nós resolvíamos lá no povoado. Tinha o delegado lá, que queriam botar pra fora, porque ele dava apoio a nós. Nós fomos para o Fórum, chegaram lá, nos receberam muito bem, nos atenderam, não tiraram o delegado, nessa fazenda. Quando foram os conflitos, entrava agente armado, com uma cinta de bala. Ele chegava, me atalhava no caminho: 'Dona Maria'. Eles, com uma cinta de bala, indo daqui, bem pertinho, da fazenda Curral Novos. A fazenda Canafístula, bem aqui, quem vai para o Quixeramobim, passa. Eles iam só de bermuda, uma cinta, chapeuzão grande na cabeça, aí eles estavam fazendo opressão aos moradores lá, botando polícia, era um destroço... E nós todos a favor desses moradores. Teve um conflito grande, nessa fazenda mas nós não abrimos mão. Foi em 1983.

Pergunto-lhe quem construíu a casa onde vive hoje, que são duas casas unidas.

A de cá foi o Incra. Eles davam pra construir. A de lá já foi de compra, nós compramos de um filho meu, fomos fazendo mais. Fizemos a área, mais uma puxadinha, aquele quarto que vocês dormem era uma sala da casinha do meu filho, daí por diante. Foi do Incra essa de cá. Os filhos dos assentados vão se casando e vão fazendo por conta deles, o Incra não tem mais nada a ver. Depois foi aberto mesmo o banco para os pobres, não é? O Banco do Nordeste. Aí os pobres já tinham condições, começaram a construir casa, comprar carro. Cada um tem um carrinho, quase todo mundo aqui tem seus transportes. A miséria foi pra trás, aqui. Depois que chegamos aqui, ninguém teve mais. Teve o projeto Fomento que vinha um dinheiro para o banco, para ficarem fazendo umas compras e teve o projeto do gado, que isso era pra nós todos pagar.

Além de razões pessoais para a tristeza, devido a alguns problemas dentro da sua família, também a evolução do assentamento lhe deixa alguma mágoa, nomeadamente um caso de corrupção, a incapacidade de juntar hoje os que no passado tinham a fome em comum e a penetração das igrejas pentecostais, que atingiu os seus, mesmo dentro de casa.

Aquele rebanho ali naquela comunidade, se organizava e cuidava daquele gado. Quando começou a distorcer, quando começou os que ficavam à frente ter amizade com prefeito do outro lado, que era contra nós, aí a coisa começou a arruinar. Foi ruim! Isso daí não foi bom, não. Essa pessoa se corrompeu, a corrupção é horrível! A pessoa se corrompeu com o grupo lá das caçadas, se corrompeu. Ele estava tendo uma força grande, criou uma força de querer voar mesmo. Era companheiro nosso, mas se nós não tivéssemos feito isso, teria voltado o mesmo que era. Mas nós vencemos, vencemos mesmo com sacrifício.

Como já tinha pouca bateria na câmara, pedi que me falasse dos dezoito filhos que teve, e dos netos; o relato que se segue está expurgado de alguns elementos pessoais, que considerei demasiado íntimos.

Dezoito filhos. Netos? Ai meu Deus, muitos! Que eu não sei da conta. Mais de cinquenta. Vou falar da minha família: tive 18 filhos, mas seis morreram. Foi a mortalidade. Desnutrição. Porque eu tinha filho todos os anos. Pobre. Não dizem que pobre, quanto mais pobre, mais filho tem? Assim foi eu. Era todos os anos um filho. Quando chegava uma criança, que eu tinha um, que eu ganhava um menino, tirava a alimentação daquele, que era de leite, [passava a] um leitinho que a gente arranjava pra eles, leitinho, leite de cabra. Nós não tínhamos cabra, as pessoas davam um copinho de leite, outro dava outro. Tirava já para aquele outro. Aquele que tinha direito àquele leitinho, já ia comer as comidas grosseiras. Teve um meu, quase que morria, meu Deus! De comer comida grosseira, o bichinho era novo, Luiz Gonzaga. Pois é. Deixa eu contar. Morreram só de um ano abaixo. Todos, todos os seis, de um ano abaixo. Aí eu criei 11, mas eu conto 15, porque eu criei mais, uma de fora e os três netos, fez 15. Mas os meus mesmos, morreram seis, tenho 11.

[Digo que dá 17] Dá 17, não é? Mas o outro, é porque eu esqueci de contar. Eu não tive de tempo não, foi aborto, só tive esse aborto, graças a Deus! Os meus filhos era em casa que eu tinha. Até sei do que foi que eu tive esse aborto, que eu fiz uma extração de dente muito grande nessa época. A irmã dele era dentista, veio cuidar de nossos dentes, dos meus e dos deles. Disseram que eu tive esse aborto por causa da extração de dente. Pois sim, porque meu: 6 homens, filhos meus, que eu tenho, não contando com os que eu criei. É a Rita Célia, a Francélia, a Lucimeire, a Rita Maria e a Leudinha, que é essa da associação de Madalena. Deu quantos? [Respondo: Cinco] E homem: o Raimundo Nonato (que é o mais velho), Francisco Nascélio, Francisco Nertan, Francisco Antônio, que é o da luta, Luiz Gonzaga e o Jocélio, que é esse que tem aí [em casa]. 11. Morando aqui tudo, não. Mora um em Itapiúna, mora um em Madalena. As mulheres, não é? Outra aqui na ponta, aqui perto da pista, na frente dos lotes. Mas os homens moram tudo aqui, só tem o Toninho que está fora, mas os outros tudo é aqui. Tudo assentado, tudo tem seu lote. Aí vivem aqui, eu não me preocupo. Francisco Antônio [é dirigente do MST] estava sendo jardineiro em Fortaleza. Quando chegou, eu estava na luta. Ele chegou de Fortaleza, veio para as comunidades, vivendo já na luta pela terra. Passou uma enchente forte que foi essa de se dividir os crentes, mas nós passamos a tempestade, que teve que passar. O mais velho completou ano em fevereiro, ele é de 1959. Fevereiro de 1959. Já botou os papeis [para aposentadoria]. Está com 60, não é? Ele botou o papelzinho dele, está esperando. Se aposentar, se Deus quiser! A mais velha mora em Itapiúna. Tem vontade de vir morar aqui. Essa é católica. A que mora em Madalena também é católica, praticante mesmo, ajuda lá muito na igreja. Ela anima as mulheres lá. Passou um tempo, que ela se cuidou lá, ela tirou uma mama. Aí ela se comprometeu muito com essa luta de ajudar outras mulheres, anima muito as mulheres e ela já chama as que vão ficando boas. Quando ela vai reivindicar alguma coisa ou vai pra Câmara, ela vai mais as guerreirinhas, com os lencinhos na cabeça, tudo satisfeita. Ave Maria, oh! associação boa! E ela se dispõe mesmo! Minha filha que morava aí, separada, e minha neta que eu criei, vive lá mais ela. Vixe! Ela achou muito bom, sai muito para comunidade. O povo ali em Madalena, Ave Maria! É uma loucura por nós aqui. Ai, meu Deus do céu! Esse povo, quando diz assim: é o assentamento, a Maria Lima está aí à frente, é uma benção! Lourdinha, tudinho gosta da gente, gosta do trabalho da gente aqui.

O Hermes esteve doente da próstata. Ia urinar, só faltava subir nas paredes, com dor. Aí foi para o médico, há 4 anos. Quando chegou lá, quando foi melhorando, sempre meus remédios. Ele foi, e não quis ficar, veio pra casa. Quando foi agora um tempinho, as meninas levaram ele. O médico disse que ele não tinha mais idade de se operar, não tinha mais idade de se operar. Já está querendo trabalhar, só que nós não deixamos. Toda noite ele pede um xarope. Não quer ficar sem esse xarope, tem que beber. Aí está bom, não está daquele jeito. Ele era a melhor pessoa do mundo, nunca me deixou só para ir assim para alguma coisa, bodega, essas coisas. Nunca! Era só do trabalho para casa, bom. E teve essa época, oh coisa horrível! Foi uma tempestade grande, isso atrasou muito a minha luta. Aí não parei a luta. Eu estou agradecendo porque eu venci, nós vencemos, hoje ele está aquela pessoa, é tão delicado comigo! Tanto faz ter gente de fora, como não ter, é um prazer tão grande tirar um retrato mais eu. Ficou bom, vencemos, viu?

Tem tataraneto, até. Eu já digo assim, minha avó dizia isso, 'minha neta, me dá teu neto', eu já digo pra minha neta 'minha neta, me dá teu neto'. Eu não pensava que chegava a essa idade, graças a Deus. Essa luta estava escrita na Bíblia, que enquanto a gente estiver fazendo alguma coisa, Deus vai prolongando, Deus vai prolongando. Pois é, mas tudo foi bom na luta, mesmo os sacrifícios. Foi bom. Até a situação de fome, que nos ajudou a lutar, descruzar os braços e ir pra luta, se unir! Nós estamos vendo aí o resultado, graças a Deus!

Não solte a mão de ninguém. Porque se nós ficarmos sozinhos, aí nós se lasca

Maria de Socorro da Silva Queiroz, 57 anos, comunidade São Nicolau, Assentamento 25 de Maio, município de Madalena.

Dona Socorro em sua casa, março de 2019. Foto de Paula Godinho.

Era de tarde, tínhamos vencido as águas de março que tinham caído com abundância, e o sol voltara em força. Socorro nos esperava, e o seu marido, que depois se afastou, enquanto conversávamos e tomávamos um suco bem fresco. Socorro é uma mulher de face risonha, a transbordar força e alegria, mesmo quando fala de problemas e de dificuldades. Traz da infância o sentido de que é preciso que as pessoas se juntem, seja para resolver os problemas, seja para um forró bem gostoso. É uma caminhada que sente que foi bem sucedida, recordando como passou da lona preta, na fase do acampamento, para a casa de taipa, e daí para a de alvenaria. Tudo são conquistas, e nunca nada está ganho em definitivo. Quando fala do modo como incentivou os filhos a prosseguirem os estudos, atribui à instrução um valor total e perpétuo: ninguém lhes retiraria o que aprendessem. Embora tudo seja precário, o que se estuda parece ter um valor inapropriável, que "ninguém toma". Mostra-nos com orgulho as fotos de graduação das filhas, com os trajes acetinados usados nessa passagem ritual. A alvenaria da casa, e o cetim dos trajes, são também o sinal de que a vida correu bem, com muita luta. A felicidade também se faz de chuvas abundantes, neste semiárido: diz--nos que ela e o marido estão "mortos de felizes" porque, neste ano úmido, o milho "já está bonecando". Com o gravador e a câmara desligados, enquanto tomamos café, fala-nos do que ainda falta, das coisas grandes, e das pequenas, como o sabão que não estão conseguindo produzir com qualidade, no grupo de mulheres que se juntam para o efeito. Habituada a que seja em comum que se procura a saída, adianta que vão conseguir. Juntas.

Nasci no São Luiz do Choró. Antes, quando eu nasci, ainda não era cidade, hoje, sim. Cidade Choró Limão, nós chamamos. Nasci e me criei lá, comecei minha vida na Comunidade Eclesial de Base. A minha vida foi assim: toda a vida foi muito, muito para o povo. Com 16 anos de idade, eu já era catequista de uma turma de gente. Eram 36 meninos que fizeram a primeira comunhão. Eu fiquei nessa comunidade, que foi começada através do padre Moacir Cordeiro Leite, de Aratuba, que era um anjo. Nós, ainda hoje a gente ama ele. Eu me casei lá no São Luis do Choró, onde nasci há 57 anos e me criei. Então, quando me casei, vim embora para Cacimba Nova. Nasci e me criei no São Luiz do Choró, mas quando foi pra me casar, o meu marido, que nasceu e se criou numa fazenda lá, que era de uns coronéis lá, não tinha onde morar. Eles não deram morada porque eu... Eles disseram: 'Não, a sua noiva é da comunidade [das CEBs], nós não queremos saber disso aí, não'. Aí, meus tios, que moram na Cacimba Nova, disseram: 'Não, nós temos onde vocês morarem'. Nós viemos para Cacimba Nova, moramos dez anos lá. Foi quando aconteceu o acampamento do Logradouro, Tiracanga, lá em Canindé. E daí, nós fomos pra lá, fomos para o Logradouro. Quando nós fomos para o Logradouro, de lá foi tirado 40 famílias para vir para cá, para o 25 de Maio. Lá, foi 1º de setembro. Aqui já tinha acontecido, 25 de Maio. E lá foi no 1º de setembro, não é? Nós acampamos lá no Logradouro. Fomos de mala e cuia, levamos os meninos, levamos tudo. Fomos para debaixo da lona, foi um sufoco danado lá nos primeiros dias, mas, tudo bem. Eu senti muito. Porque quando eu estava no acampamento, meu avô, que era quase meu pai, adoeceu. Foi preciso eu vir de lá, e ele ficou muito doentinho, enfim. Sim, mas primeiro, na Cacimba Nova, eu já fazia parte de um grupo de mulheres. Aí, nós fizemos aquele Projeto São Vicente (era São Vicente). E aí, para os homens era gado e para nós eram ovelhas. Aquele grupo de mulheres cuidava daquelas ovelhas. E, eu senti tanto quando vim embora pra cá! Porque eu era secretária da associação e eu senti uma falta tão grande quando nós saímos da Cacimba Nova, entendeu? Mas meu sonho era possuir terra pra nós criar, trabalhar e fazer nossas coisas! E aí, nós viemos pra cá em novembro, dia 20 de novembro nós viemos pra cá. Chegamos aqui no mesmo ano de 1989, nós viemos pra cá em novembro. Aqui começou tudo de novo, começou tudo de novo. Assim, área de assentamento. Mas foram grandes lutas minha filha. Oh, meu Deus! Foi bom demais! Eu gostei, toda vida eu gostei. Mas foi bom! Mas a luta foi grande! Até eu acho que do tanto que nós lutamos, nós ainda não temos o que nós merecemos, não. Que era pra nós ter, não? Eu com quatro filhos, eu tenho quatro filhos

Dona Socorro, mostrando foto da graduação das filhas, março de 2019. Foto de Lucas Assis.

graças a Deus. São todos casados. O mais velho tem 37 anos, encostado dele tem uma com 36. [Outra] tem 28, e a mais nova tem 27. Porque assim, deu um espaço, aí nasceram as outras duas. Mas graças a Deus, todos são casados, todos moram aqui perto de mim, graças a Deus. Tem uma que é professora na Escola do Campo, a caçula, a Roseane, é professora na Escola do Campo. E a outra é professora municipal concursada, graças a Deus. E tem uma que é técnica de enfermagem. São três e só tive um filho homem, o Rogério. Pois bem. Graças a Deus, todas já fizeram faculdade, mas foi uma grande luta, uma grande luta viu?

Nós lutamos tanto, minha filha. Eu passei 13 dias em acampamento na Bezerra de Menezes [avenida em Fortaleza]. Deixava eles todinhos aqui, mais o pai deles. E ia, sabe pra quê? Para conquistar uma Escola do Campo, que nós não tínhamos, para conquistar os nossos direitos como trabalhadores. Porque é difícil os nossos direitos, porque os grandes não dão os direitos à gente, não é? Mas graças ao MST, nós vamos conquistando, aos poucos nós vamos conquistando mais eles, junto com o MST. Nós criamos aqui vários grupos de associação. Eu não achei muito bom, não. Era bom quando era uma associação só, porque nós estávamos mexendo, e estava sabendo de tudo, tudo que se passava nós tínhamos nossa proposta, tinha nosso dedo, tinha nossa... Entendeu?

Mas aí, depois que se dividiu em associação, esse negócio de associação que eu acho que foi uma coisa que veio não foi pra unir, foi pra desunir, é verdade. Mas nós não desanimamos, nós não desanimamos, sabe por quê? Porque através dessa luta nós vemos frutos, não é? Nós temos nossos frutos, não é? Sim, nós temos um grupo de mulheres aqui. No grupo de mulheres, nós fazemos material de limpeza, entendeu? Nós fazemos material de limpeza e só tem uma coisa que é difícil para nós: é comprar o material pra nós fazermos. Aliás, está até um pouco parado porque uma casa que vendia no Quixeramobim o material pra nós produzir o material de limpeza, não vende mais. Só vende se for já feito, entendeu? Mas o que nós comprávamos não vende mais, só se for de Fortaleza agora. Nós temos que comprar agora só em Fortaleza, mas nós fazemos. Nós fazemos água sanitária, nós fazemos o desinfetante, nós já fizemos o sabão. O sabão nós paramos mais porque ele é muito perigoso, sabão é muito perigoso para nós lidar com ele porque tem que ter a soda, a soda, não é? Aí nós paramos isso aí, mas o restante nós fazemos, e é bom. Nós gastávamos – eu pelo menos gastava – 56, 60 reais com material de limpeza. Ultimamente eu gasto 20 reais porque a gente junta no grupo, compra o material e nós produzimos e fazemos, entendeu? Mas a luta é grande, meu amor. Eu tenho muito... A minha vida, meu Deus... Dentro de comunidade, desde criança, é pesada! Mas, graças a Deus, hoje nós já temos. É diferente do que nós chegamos aqui: casinha de taipa, não é? Casinha de taipa, que eu chamo. A senhora conhece casinha de taipa? Pois é. Hoje nós temos nossas casinhas de alvenaria, nós temos uma Escola do Campo que é do Estado, não é? Escola do Campo é do Estado, e nós temos as nossas escolas, as escolas do município. Agora, tem uma coisa dentro do município que eu não estou gostando: é de umas nucleações que estão fazendo. Como por exemplo, a nossa escola aqui no São Nicolau, ela tem um nome histórico, foi escolhido por nós, foi feito depois que nós chegamos aqui, e o nome foi escolhido dentro da comunidade. É Antônio Conselheiro, o nome dela, entendeu? Fecharam esse ano. Botaram os alunos para as outras comunidades: 'Ah, porque tem pouco aluno', não sei o quê. Mas, ela não começou com muito aluno. Ela começou aos poucos e daí, então, vai nascendo mais menino e vai crescendo. Eu fui muito contra essa história de nucleação, eu não gostei. Como por exemplo, fechar a nossa Escola Antônio Conselheiro.[1] Pelo amor de Deus! Ela é um patrimônio nosso, que nós conquistamos. E fechar, já sabe, tira os funcionários que zela, fica lá entregue ao quê? Entregue às baratas, não é? Mas foi uma grande luta, minha filha. Engraçado, eu lutei, lutei, lutei pela Escola do Campo, na inauguração da Escola do Campo, foi a coisa mais linda. E as minhas filhas, elas fizeram uma apresentação tão bonita... O grupo de jovens,

---

[1] A escolha do nome de Antônio Conselheiro para uma escola confere um sentido de continuidade às lutas dos sertões. Trata-se do líder carismático da revolta de Canudos, na Bahia, em 1896, que uniu camponeses, indígenas e escravos recém-libertados numa comunidade auto-organizada e igualitária. Conquanto atacados ferozmente pelo exército, em várias ofensivas, os membros da comunidade resistiram, durante a que ficou conhecida como "Guerra de Canudos".

fez uma apresentação tão linda na inauguração da Escola do Campo... Mas elas não estudaram mais lá, porque já estavam terminando na Alfredo Machado, em Madalena, não é? Já estavam terminando lá. Mas agora estão meus netos, é a mesma coisa, neto é filho também. Pra mim, é. Estão estudando. A minha neta mais velha, tem 18 anos já, ela já tem 18 anos e já tá cursando o segundo ano da faculdade, graças a Deus. Ela está fazendo a faculdade de administração. Mas é um sacrifício: é na Cacimba Nova que ela faz a faculdade. Mas é assim mesmo, aqui nós nunca tivemos nada fácil, tudo foi difícil pra nós! A minha menina, essa filha minha que trabalha na Escola do Campo, a Roseane, ela fez faculdade lá na Cacimba Nova também, de biologia, foi. Mas ela ia sim, e nunca deixamos de dar uma força, de ajudar. Porque é o seguinte: toda vida eu disse para os meus filhos: 'Olhem: estudem, estudem, porque nós somos pobres, nós não temos nada para dar a vocês, mas agora o que vocês aprenderem, o estudo de vocês, ninguém toma, ninguém toma, é de vocês!' Não é isso? Mas nós temos pegado umas crises muito sérias, nas áreas de assentamento. Com essa corrupção desses políticos safados. Deus me livre, entendeu? O quê que fizeram? Lá vem, lá vem... Quando o Partido dos Trabalhadores tomou posse no poder, eles armaram uma estratégia já... O vice já armou uma estratégia para ser o vice, pra na frente tomar o caminho, não é? Então, está aí, já foi preso agora. Mas como tem papaizinho do lado dele, não é?... O próprio, que está lá hoje,[2] é a favor. Então, não tem perigo de ficar preso. Ficou preso o coitado do Lula. Está lá, coitado, não é? Foi o único que fez pela pobreza, foi aquele dali, foi o único! As áreas de assentamento eram outras, naquele tempo, é! Mas enfim! Eu sempre digo: 'Não solte a mão de ninguém', porque se nós ficarmos sozinhos, aí nós se lasca. Fazer que nem o dizer. Mas se nós estivermos juntos, nós chega lá, não é? Se nós estivermos juntos, nós chegamos lá. As associações, eu digo que elas vieram para desunir. Porque muitas vezes, como por exemplo, aqui na minha comunidade, São Nicolau, a senhora pode ir pra uma reunião da associação, pra ver se não está lá só os homens, entendeu? Pra ver se não está lá só os homens pra reunião. O padre Moacir dizia uma prosa que eu nem vou dizer aqui, mas o padre Moacir chamava uma coisa com essa reunião só de homem. Porque muitas vezes, nós mulheres, temos uma melhor proposta. Quando uma polêmica está muito forte, em uma reunião, nós se posiciona e resolve. É desse jeito. Mas as mulheres do nosso assentamento, meu Deus... Eu faço parte de uma associação, mas não daqui. Eu era da cooperativa, fazia parte, era, sou ainda da cooperativa, mas só que dentro da cooperativa nós criamos uma associação. Foi o jeito que teve para os pequenos projetos, porque os grandes só vinham pela cooperativa. Só vinha os grandes projetos, tivemos que criar uma pequena associação pra poder angariar os pequenos projetos. Então, a minha associação é a Nova

---

2   Refere-se a Jair Bolsonaro, presidente do Brasil.

Esperança do Quieto, lá onde existe a sede da cooperativa, não é? Nova Esperança, eu faço parte de lá. E eu toda vida participei, toda vida eu gostei, mesmo ficando já madura [risos]. Mas eu nunca deixei de participar. Agora, sabe qual é o problema? Dentro do próprio assentamento tem muita gente que veio depois, depois que nós tínhamos 'puxado o bode pra dentro d'água', entendeu? Não lutou por nada, não sabe de nada de organização. Aí, diz que é um povo que dá dor de cabeça na gente, entendeu? Por quê? Porque não dá valor, não tem amor à causa, não tem amor, entendeu? A gente sofre com isso. Nós todos sofremos com isso porque eles não aceitam as nossas propostas e muitas vezes querem ser autoritários, muitas vezes querem ser autoritários. Mas a gente vai levando, não é? Porque a gente sabe lidar com todo e com qualquer tipo de pessoa. A gente nunca parou diante das situações.

Peço-lhe que fale da infância, da família de origem.

Ah, mas foi bom demais, viu? Como já falei, nasci e me criei no São Luiz do Choró, meus pais é José Maurício da Silva e Maria Madalena da Silva, agricultores. Somos oito irmãos: três mulheres e cinco homens. Morro de saudade deles, porque uma parte mora no Pará. Não são assentados, só são assentados os que moram aqui, que é a Elizeth e o Eudázio, mas os outros moram lá. Mas eu tive uma infância muito boa, graças a Deus. Nós éramos pobres mas o meu pai toda vida foi trabalhador. Se não tinha alguma coisa para comer, ele pescava, pegava peixe. Em uma casa de menino, tendo peixe e farinha, tem alimentação. Morávamos perto do açude do Choró, ele plantava batata, era bom demais! Ai, como eu achava bom! Meus avós moravam lá comigo, também: Antônio Rosa e Petronília, que tiveram 14 filhos – eu amava eles dois. Deus já levou eles, mas eu amava eles dois. Era gente fina e as minhas tias, também. A maioria morava lá perto de mim, de nós, lá no São Luiz do Choró. Mas onde eu morava, eu ainda hoje sinto saudade. Eu ainda sonho com aquelas veredas por dentro das capoeiras, aquelas coisas lá. Eu ainda sonho, ainda. Às vezes eu sonho, porque era bom demais! E tinha meus colegas, meu povo, que eram minhas amigas, as outras moças de lá. Olha, por qualquer coisa, juntava ali três, quatro, nós fazia um forró, sabe de quê? Com rádio, tinha uns rádios muito bons. Tinha uns programas de sábado, que era de forró, nós dançávamos até tarde [risos]. Era ótimo! As meninas do seu Xavier, as meninas do tio Totô, as meninas do seu Joaquim, que era um homem que morava lá, era bom demais! Eu, na minha infância, eu não tenho o que reclamar porque foi muito bom! Eu não esqueço nunca aquele Choró. Nós íamos pra missa, veja só, 14 quilômetros do São Luiz pro Choró e nós íamos a pé, e nem ninguém dava fé. Ninguém dava fé, porque nós íamos, todo mundo a pé, todo mundo conversando e rindo. Quando nós dávamos fé, estava lá a igreja do Choró, a igreja de lá era São Sebastião, mas era muito bom! Eu não tenho o que falar da minha infância, foi ótimo! Me casei com 19 anos. [O marido] nasceu e se criou lá também. Quando nós casamos, ele tinha 23 anos e nós não tivemos dificuldade, assim, na nossa vida. A não ser ele, porque ele era morador, como já falei, da fazenda do coronel Nestor. Que era um povo que a senhora sabe, era muito rígido, não é? Tudo deles era uma segurança medonha! E aí, ele tinha... Mas nós, não. Nós, nossos lotes era da inspectoria [?], era um negócio que ainda hoje tem. Cada um tem o seu lote, não é assentamento. É um lote, isso já existe há muitos anos. Então, eles, os tra- balhadores, todo mundo que trabalhava lá não tinha dificuldade com a família, não. Pra criar, por falta de terra, não. Só que quando nós nos casamos, nós não tínhamos lote. Aí viemos pra Cacimba Nova, da Cacimba Nova fomos para o acampamento e do acampamento viemos pra cá. Porque lá não dava pra ficar todo mundo. Como eu já falei, não é? Na fase do acampamento [estive] de setembro até novembro. Nós viemos para cá. Nós acampamos lá no dia 1º de setembro, e quando foi no dia 20 de novembro nós viemos pra cá. 1989. Mas durante isso aí, 'correu muita água por baixo da ponte'. Ele trabalhou como militante, ainda foi para o Piauí trabalhar numa ocupação lá. E eu fiquei com os meninos. Nesse tempo eu só tinha os dois mais velhos: Rogério e Rosimeire. E depois, quando ele voltou, foi quando nós viemos pra cá e moramos muito tempo ainda debaixo de casinha de taipa. Quando eu vim, nós já tínhamos feito a casinha de taipa, mas ele passou ainda muito tempo debaixo da lona. Quando ele foi fazer a casa de taipa aqui, eu ainda fiquei na Cacimba Nova. O meu avô era uma pessoa... Era meu pai, pode se dizer, queria muito bem, e ele estava muito doentinho. Eu só vim quando ele faleceu. Ele faleceu, aí nós fizemos o enterro dele. Depois foi que eu vim pra cá. Rosilene e Roseane, as duas mais novas, nasce- ram aqui. Não aqui, porque foi no hospital, não é? Mas são daqui.

Os dois primeiros nasceram no hospital. Teve uma que nasceu aqui mesmo, eu digo: 'Rosilene, tu é mais filha do São Nicolau do que os outros' [risos] Porque ela nasceu aqui mesmo. Imagina, na casinha de taipa, eu tive ela aqui, com uma parteira daqui mesmo. Ainda hoje são vivas, graças a Deus. São duas: a comadre Francisquinha e a comadre Ilza, foi. Nasceu aqui e se criou saudável, linda ela! De- pois vou mostrar pra você uma foto dela ali, pra você ver como ela é bonita.

Pergunto se foi à escola de pequena.

Eu estudei. Eu fui até professora antes de me casar, lá no São Luiz do Choró. (...) Naquele tempo a gente tinha possibilidade de ensinar só com o ensino médio, mas agora não, hoje é só quem é formado, tem faculdade e tudo. Mas eu fui pro- fessora, sim, lá no São Luiz do Choró, com os meus 18 anos, bem pertinho de me casar já. Aí, eu ensinava. Eu estudei, estudei muito! Minha professora, eu a amo. Ainda hoje, ai meu Deus, tem dia que eu ligo pra ela: 'Tia Mocinha, tia Mocinha como é que está?' Ela: 'Estou bem, minha filha'. Ela é bem paciente, assim. Mas eu estudei muito tempo com a tia Mocinha, terminei lá, eu e meus irmãos. Meus irmãos todinhos. Nós íamos pra escola, uma turma de gente. Se a senhora visse a dificuldade... Eram três quilômetros quase, não eram completos, mas eram quase três quilômetros que nós íamos a pé. Lá os lugares eram assim. Nós morávamos num lugar por nome Cabaceira e estudava em outro por nome Saramanta, entendeu? E nós íamos a pé, nós íamos a pé, morrendo de medo porque tinha um gado valente na capoeira e nós só faltávamos morrer de medo.

Uma pessoa se aproxima, saúda, fica assistindo à conversa encostada ao murete: é a mãe de dona Socorro.

Pois é. Mas deu certo. Nós estudamos, e os meus pais, o que eles puderam fazer, o que puderam fazer por nós, fizeram. Não fizeram mais porque naquela época era meio difícil e a gente não achava que tinha nada de errado. A gente achava que era tudo certo, aquilo dali, e tinha uma satisfação! Eu vejo hoje, minha filha de Deus, esses jovens todos ligados no celular, na internet, não sei o quê. Não tem mais aquela brincadeira de roda. Nós brincávamos tanto de roda no terreiro, brincava do anel, era uma brincadeira que tinha. Outra: cair no poço. Era tanta coisa, tanta brincadeira. Hoje, é um celular na mão. Quando chega, é perguntando qual é a senha da internet do vizinho, que é para ficarem lá. Cutucando na internet, então, não é? E naquele tempo era muito mais saudável a vida pra nós, era muito mais saudável a nossa vida. Nós comia as coisas, sabe o quê? Meu pai matava preá, nambu, punaré. Ele matava isso tudo. Ave Maria, era uma festa pra nós! Hoje é tudo diferente, minha filha! Ave Maria! Pelo menos, aqui eu já tenho... Eu já nem gosto de frango. Comprar frango, eu não gosto, eu dou graças a Deus quando aparece uma outra carne. E ninguém mais mata um preá, ninguém mata mais. Um dia desses, nós estávamos aqui, ali dentro do meu quintal, o cachorro pegou um preá, preazinho assim, ninguém quis pelar o preá. Está vendo, viu? Eu não pelei, porque eu estava ocupada. Mas mandaram foi lá pra vizinha, ninguém quis pelar aqui em casa. Eu falo isso, porque pra mim, a vida antes era muito mais saudável do que hoje. Assim, com tanta coisa industrializada, com tanta, com tanta... Os meninos na internet, o povo... Os meninos não, não é só os meninos, não. Tem muita mulher casada, também, e homem casado que eu vejo. Não leva a nada, e a gente sente que as pessoas de antigamente têm muito mais saúde e paz do que os que estão hoje ligados às redes sociais, com certeza.

Nós plantamos. Nós estamos mortos de feliz, porque nós temos mais de 60 kg de milho, todo bonecando, e com essa chuva ele já vai dar, porque já tá bem molhada a terra. Ele já está todo de boneca grossa, entendeu? É milho, feijão, sorgo, que nós plantamos. Nós criamos gado, ovelha, galinha, capote, peru, tudo nós criamos, graças a Deus, a gente peleja. Porco, tudo nós temos.

Paula Godinho, Lourdes Vicente e Dona Socorro (ao fundo, a sua mãe), março de 2019. Foto de Lucas Assis.

A mãe, que assiste em silêncio:

Tem uma casa ali, mas ela não é assentada. Ela tem uma casinha aqui numa agrovila, mas ela não é assentada. Mas é aqui pertinho de mim. Minha mãe e meu pai. Meu pai já tem 80 anos, ela tem 78. Meu pai nunca parou de trabalhar, ainda hoje, pode vir quatro horas da manhã pra ver se ele não já tá fazendo a merenda pra levar pro roçado. E vai, acredita? Nós brigamos com ele porque quando chove, nós tem medo dele ir na moto, não é? Quando está assim, escorregando. Mas ele ainda anda de moto e vai pro roçado dele, tranquilo, todo dia. Se não der pra ele ir na moto, ele vai na bicicleta. 80 anos já, graças a Deus. E ela 78, mas isso ele se orgulha, e agradece, e louva a Deus, porque teve oito filhos, criou todos os oito, hoje são todos donos da sua responsabilidade, e eles ainda estão batalhando. Está vendo como é? Tudo com saúde, graças a Deus. Eu já tenho sete netos. A mais velha tem 18 anos já. A festa de 15 anos dela, e tudo que vão fazer, é na casa da vovó. Convite de 15 anos dela dizia: 'Na casa da vovó'. Fizemos esse calçadão aí pra ela dançar a valsa dela, dos 15 anos. Foi uma festa linda, pra mais de 300 pessoas, foi! Bonita a nega! É moreninha, ela, mas meus netos todos, pra mim, são meus filhos, são meus segundos filhos, eu amo eles, com certeza! São quatro mulheres e três homens, só. Netos.

Tanta terra plana e a gente só cheio de altos e baixos!

Virgínia Pereira dos Santos, 82 anos, Assentamento Santana, município de Monsenhor Tabosa.

Dona Virgínia, março de 2019. Foto cedida por dona Virgínia, autoria desconhecida.

Chegamos ao Assentamento Santana no dia 27 de março, por uma estrada de terra batida, devastada pelas chuvas. Apesar de bastante combalida, depois de uma operação de cataratas no dia anterior, dona Virgínia nos recebeu em casa, ao fresco. O Assentamento fica no município sertanejo de Monsenhor Tabosa, e é anterior ao próprio MST. Lourdes Vicente esteve presente durante toda a entrevista, e dona Virgínia parecia ansiosa de preparar o momento festivo que se seguiria, com a celebração dos 30 anos do MST e dos 32 anos do assentamento. Tem um discurso muito marcado pelo direito à terra como uma revelação de ordem religiosa. Alguns padres e freiras, primeiro, e depois o MST, terão lhe mostrado o caminho para reivindicar e o repertório adequado de resistência. Soube sempre quem eram os seus, e não os traiu, mesmo quando aliciada para o fazer. É um discurso de denúncia de votos que resultam de modos de suborno, e que reitera a importância de uma consciência de classe, que vem dos seus antecessores e que transmitiu à descendência. A transformação da consciência de classe em consciência política, para a ação, é também muito evidenciada no seu discurso. Apesar de muito debilitada, fala do que há a fazer, o que ainda falta, as gerações que estão chegando. O *povo novo*, como lhe chama.

É um prazer muito grande meu. Muita alegria por essa caminhada de vida, de história. Eu tenho muito para contar: a realidade e a verdade, que é a vida que vivemos e aonde chegamos. Por quê? Por que chegamos nos assentamentos? Porque teve primeiro de tudo, o bispo [que] chegou na diocese chamado dom Fragoso.[1] E daí criou a Comunidade de Base. A Comunidade de Base, porque o povo não entendia, não conhecia. Pensava que o mundo era só dos ricos. Mas aí, através das comunidades, da Bíblia sagrada, a gente entendeu: o projeto é dos pobres! Deus nasceu para os pobres, por todos! Mas Deus veio para os pobres e quer que os pobres lutem pelo seu direito de vida, moradia e terra, porque a terra quem deu foi Deus. Não são os homens da terra, não. Se os homens pensarem que eles são donos da vida dos pobres, e donos do mundo, eles não são, não. Eles estão fazendo um projeto muito grande para quando saírem daqui se consumirem no lugar aonde mora o diabo. Porque eles querem massacrar só os pobres, e os pobres têm Deus por si. E esse Deus quer tudo para eles. [Os ricos] fazem o que fazem porque pegam o suor dos pobres. Eles têm mesa cheia e farta, à custa dos pobres, que não têm terra. E tendo terra! Porque a terra quem deu foi Deus! Ele botou nós aqui para morarmos na terra. Eles ganham à custa dos pobres, através de voto, através de poder e através de querer ser. E querem mais massacrar os pobres. Mas tem Deus por nós! E nós nos juntamos em comunidade, e discute e vai descobrindo seus direitos e deveres de vida.

Referindo-se a nós, Lourdes Vicente, Paula Godinho e Lucas Assis:

Vocês estão muito bem aqui. Fico muito alegre, porque a nossa vida precisa ser contada. Porque na frente tem os jovens, tem a criançada que precisa saber dessa caminhada, o que nós passamos através do poder, do massacre, da ruindade que o poder fazia, e [que] o povo não entendia. Os pobres nunca tiveram vez nem voz, e agora nós estamos tendo, através do conhecimento dos massacres deles,[2] através da igreja, da Bíblia, do povo que luta, como o povo do Movimento Sem Terra. Quantos não foram já? [Chico] Mendes[3] que foi quem começou, Margarida Alves, como mulher, [que] mataram até dentro do sindicato, [com] os filhos

---

[1] Dom Antônio Batista Fragoso (Teixeira, 1920-João Pessoa, 2006) foi bispo de Crateús.

[2] Refere-se ao massacre de trabalhadores rurais sem-terra, como se verá a seguir.

[3] Chico Mendes é o nome por que ficou conhecido o seringueiro, ambientalista e sindicalista Francisco Alves Mendes Filho (Xapuri, 1944-1988). Filho de pai do Ceará, nasceu no Acre, a sua luta provocou a fúria dos fazendeiros, dois dos quais se mancomunaram para assassiná-lo. O seu legado permanece, tendo o seu nome ligado à defesa ambiental. Em 2007, a ministra do meio-ambiente Marina Silva criou o Instituto Chico Mendes de Conservação da Biodiversidade.

vendo, na Paraíba... Os filhos vendo o miolo da mãe ficar nas paredes, por causa dessa luta, do bem comum para todos.[4] Então, hoje eu estou aqui de parabéns porque tem os amigos pra nós anotarmos essa história para ir ao mundo inteiro, até ao presidente deficiente.[5] Ele tem uma deficiência muito grande, ele não entende a vida dos pobres, nem a dele, porque ele deve fazer uma história pra achar lá na outra vida. Ele não é do mundo!... Ganhou à custa dos votos dos pobres, mas é para construir a vida que os pobres querem e precisam, para si, para seus jovens, para seus netos, para o bem comum! Porque aqui nós estamos em uma passagem. Porque é que eles fazem o que fazem, lei por cima de lei, só para os outros cumprirem? Por que eles não cumprem? Tiram o dinheiro dos pobres todinho, faz ruma[6] nos bolsos deles, e os pobres são para sofrer e trabalhar? Isso não é para cristão, isso não é projeto de Deus. Nós queremos o projeto de Deus, nós estamos caminhando no projeto de Deus que é para todos, é para o bem comum.

É por isso que eu estou feliz! Por isso é que eu estou feliz, aqui na comunidade de Santana. Aqui só era de um dono, que morava na Serra Grande, e nós, que não tínhamos terra, trabalhávamos nesta terra para tirar o pão de cada dia. Quando eu vim pra cá [foi] para dar de comer a minha família. Sofria que fazia até medo, mas ninguém se maldizia, achava que era bom que tinha essa terra para trabalhar. Através das comunidades, através das organizações, através da Bíblia sagrada, que é a palavra de Deus, através da igreja, através da união dos movimentos, tudo junto, é que nós descobrimos que a terra é nossa! Nós estamos no que é nosso. E ele [o presidente Jair Bolsonaro] acabe com esta besteira de querer impedir o povo que luta, porque o povo do Movimento [MST] é um povo tocado de Deus. E Nossa Senhora [está] no coração deste povo, porque sai da sua casa atrás de ir conhecer o bem e fazer o projeto de Deus. Vocês estão encaminhados, vocês estão aqui encaminhados [para] fazer o projeto de Deus, que é o nosso, de vida. Para nós, para a nossa família, para a sociedade [refere-se a Lucas, Lourdes e a mim]. Porque tem tanto pobre ainda que vive adorando a imagem do rico! E nós queremos a libertação! A vocês, que vem lá das suas casas para nós conversarmos, eu vou contar com sinceridade, porque eu fui dessas que era amarrada, sem entender nada, não sabia de nada! Só meu nome que eu sabia. Fazer outra coisa, eu não

---

4   Margarida Maria Alves (Alagoa Grande, 1933-1983) foi uma sindicalista e defensora dos direitos humanos na Paraíba. A sua ação como sindicalista, desde a ditadura, defendendo os interesses dos trabalhadores de uma usina de açúcar, granjeou-lhe o ódio do patrão. Viria a ser morta por um assassino a soldo, em frente da família, num crime que comoveu o Brasil. Desde 2004, o seu nome consta do Panteão da Pátria e da Liberdade, em Brasília.

5   Refere-se ao presidente Jair Bolsonaro.

6   Rima, montão, pilha, embrulho, pacote.

sabia. E a filharada... Eu tive 12 filhos, e casaram-se dez, e tudo sem saber. Depois [formaram-se?] comunidades, [com] o povo formando comunidades para estudar a Bíblia, para estudar a luta, do sindicato dos trabalhadores. No tempo que Lula foi candidato na primeira vez, ele rodou,[7] mas na segunda ganhou [em 2002], para lutar para o bem do povo. Depois de Lula, Dilma e o povo brasileiro, o povo cristão, o povo que quer vida... Nós estamos aqui em Santana muito felizes, junto a esta gente. Sofrendo muito pelo Lula, mas nós estamos rezando. Se Jesus Cristo sofreu, por que nós não podemos sofrer? Ele sofreu, só sofreu porque Deus passou. Mas nós vamos vencer, meu povo! Nós vamos vencer! Nós não vamos ficar moles escu-tando tudo o que eles dizem, não! Porque eles não têm nada, o que eles têm é tudo nosso! Porque é ganhado com nosso suor.

Eu nasci em Viração, no município de Tamboril. Filha de Chico Ciano e Maria Pe-reira da Luz. Foram 11 filhos: oito filhas moças e três rapazes. E nós, mulheres, fomos as primeiras, para depois vir os outros. Nós trabalhávamos como qualquer homem. Nem muito homem de hoje trabalha o que nós trabalhávamos! Quando chovia nós íamos plantar, mais meu pai. Tinha gado, nós tirávamos o leite, minha mãe ficava já fazendo o queijo, nós íamos para o roçado ajudar o nosso pai a limpar, plantar, apanhar o feijão, botar dentro de casa, e ajudar, às vezes, até os vizinhos. É o mesmo que ser um homem para trabalhar. Meu pai tinha muita satisfação com a nossa vida.

Me casei, vim pra dentro de casa. A casinha bem pequenininha: tinha a cozi-nhazinha coberta até de palha, e o fogãozinho. Todos os anos, um filho. [Tive] 12 filhos, morreram dois pequenos. Um teve sarampo. Nesse tempo não tinha nada, as coisas eram muito difíceis, ninguém sabia de nada, não tinha vacina, não tinha nada. Primeiro morreram dois filhos: uma menina, que eu me lembro como seja hoje, loura, e a mais velha, de 12 anos, tudo dentro de uma semana, de sarampo, de uma irmã minha que mora na Viração, onde eu morava. Mas a gente atravessou, através da união, das organizações, do bem comum e [de se] entender uns com os outros. É por causa disso que nós descobrimos, através de sindicato, de política livre, não precisar viver a pedir esmola de político. Conhecer os seus direitos, com Lula e Dilma, fez 12 anos. A coisa melhor que a gente sente, é a caminhada políti-ca de Lula e Dilma, para a gente entender, se juntar e não ter medo de gritar por justiça. [risos]

Eu estou com 82 anos. Já fiz o meu aniversário, quando inteirou 80 anos. Meu marido tinha morrido e eu já tinha feito minha boda de ouro. Tão feliz que eu e meu marido, com minha família, fizemos a boda de ouro! Foi muita gente, muita, muita mesmo! Agora pra fazer 80 anos, os meninos queriam fazer meu aniversário, eu

---

[7] Luís Inácio Lula da Silva perdeu em 1989, contra Fernando Collor de Mello.

Dona Virgínia, março de 2019. Foto de Paula Godinho.

disse: 'Não, faça não. Faça, se vocês também combinarem e, junto do meu aniversário, também celebrar os anos de comunidade, de movimento e de luta. Se vocês ajudarem a botar tudo junto, aí eu faço!' Aí, ajeitaram. Convidei padres, vieram seis. Aí, o promotor de justiça veio de Crateús, seis irmãs [freiras], e foi a festa mais bonita que deu no assentamento. Ainda hoje o povo fala. E coloquei o Movimento Sem Terra na hora que foram entrar.

Interrompe, porque quer perguntar a Lourdes Vicente como será a festa de aniversário do Movimento Sem Terra, e se Lourdes virá, porque tem sugestões a fazer: Ah! Como eu fiquei alegre!... Retoma no ponto onde havia quedado.

E aí foi levada a bandeira do Movimento. Foi entrando tudo de bandeira: os 80 anos, a luta da comunidade, as organizações, as famílias. Tudo com cartaz entrando, com as causas do Movimento Sem Terra. Foi tudo apresentado e a missa foi a favor e em cima desta luta.

[Os meus pais] eram agricultores e moravam em cima de um alto [serra]. Mas a falta do entendimento e falta do conhecimento era tão grande que a gente imaginava... Às vezes, meio dia em ponto, chegava do trabalho e dizia: tanta terra plana e a gente só cheio de altos e baixos. Os pobres só nasceram para sofrer e a terra boa é só a dos ricos? Por que os pobres não podem possuir terra? Eu comigo, e conversava mais meu esposo: por que é? Mas não entendia porque a gente tinha direitos e deveres, mas não entendia. Na casa do meu pai, se carregava água. [Era] um lugar seco, não tinha um pingo d'água. Carregava aquela água na cabeça, seis quilômetros, subindo a ladeira, descendo a ladeira, três vezes ao dia. Como a gente achava ruim! Se tinha um bichinho, uma ovelhinha, uma vaquinha, tudo bebendo na beira do rio, que chama Lagoinha, a gente imaginava: 'Oh! Meu Deus, algum dia será que a gente vai morar aonde tem água, como na beira do rio, como na Lagoinha?'. Chamava meu pai: 'Meu pai, vamos fazer casa na beira do rio, pelo menos para a gente passar o verão? No inverno a gente vem pra cá'. Porque tinha a terra. Ele disse: 'Não. Vamos ter paciência'. Aí, foi o primeiro escolhido na Viração para ser animador do conhecimento da palavra de Deus pelo padre Heleno, de Tamboril, e dom Fragoso, pelas comunidades. Foi meu pai, meu padrinho e seu Chico Francisco que começaram a ler a Bíblia, e começou a comunidade. Aí foi que saiu o conhecimento, que era para lutar pela terra. Criou-se o sindicato dos trabalhadores, combativo. Qualquer coisa que faziam contra os trabalhadores, ia para o sindicato [que] colocava na justiça. Tinha justiça [naquela época]. Hoje querem acabar com a justiça do Brasil. Mas tinha justiça: a gente alcançava aquilo que queria. De dois em dois meses, quem foi chamado para ser animador da comunidade, ia para Crateús. Eu fui chamada pelo bispo e os padres. Eles diziam que a gente tinha que aprender a lutar e se organizar por terra. Nessa dita terra que nós estamos morando, nós trabalhávamos lá no fundo da terra. Tinha outros amigos e foi conversado: 'A pessoa que mora na terra do patrão e só tira o milho, e broca, e faz a cerca toda em roda para tirar o milho e o feijão, tem direito a metade da forragem. Conversa com eles. Se eles não derem, bota no sindicato e o sindicato entra na justiça, e os seus direitos você vai começar a ganhar!'. Aí: 'Vamos lá!'. Uma parte desses companheiros morava aqui na Santana. Um se chamava Zé Lourenço. Ele ouviu falar que já tinha uma terra desapropriada lá do Canindé, que se chama Saco do Belém. [Os moradores] chegaram, foram no patrão, conversaram. [E o patrão:] 'De jeito nenhum!'. Eles pegaram, botaram no Incra [Instituto Nacional de Colonização e Reforma Agrária] essa terra. E foram embora para lá, não disseram nada a ninguém. Um dia, nós descobrimos que essa terra estava no Incra, nos juntamos, fomos discutir, fazíamos abaixo assinado mostrando a necessidade dos que estavam precisando, e botava para o Incra. Saiu a desapropriação dessa terra. Aqui não tinha uma estrada! Não tinha, aqui. Aqui era um campo onde o gado comia. Tinha só aquela lá da beira da estrada. E aí, para organizar, para se juntar, para fazer, foi preciso vir gente fazer a reunião, dar conhecimento, ter conhecimento. Quando acabou de se fazer as casas... Faziam dez casas, botavam um sorteio e quem tirasse as casinhas vinha embora, e quem não tirasse, ia continuar a fazer as casas. A gente chegou por derradeiro. E tivemos uma sorte grande, porque eram 360 hectares da terra, que o patrão, dono da terra pagava, e eram 3.313 hectares. Então, os mil eram nossos, não era dele. Aí, deu bom pra nós mesmos. Entramos nas organizações, e hoje estamos aqui cantando a alegria, a vitória! Foi em 1987, no dia 31 de maio. Vai fazer até o aniversário.

Eu vou lhe dizer [quantos filhos tive] com a maior alegria e maior prazer. Eu tenho como uma graça de Deus que me concedeu, porque morreu dois pequenos, ficaram dez. Casaram todos os dez. Tinha três que não estavam casados. Os que estavam casados iam ser tudo dono [quando se assentaram]. No dia que saiu a 'listação' , os documentos deles foram os primeiros que chegaram no Incra. [Está] tudo aqui. Todos aqui. Hoje, tenho 31 netos aqui dentro [do assentamento], ou assim por fora, mas ainda encostado [em outro assentamento próximo], 13 bisnetos, na véspera dos 15. É muita graça de Deus. Por isso que quero dizer: 'Vamos lutar, meu povo! Vamos lutar, minha gente! Vamos lutar, minha gente! Vamos não ter medo desse *coisa velha* [presidente atual], não'. Vamos botar ele pra trás, vamos lutar pelo nosso Brasil, junto de Lula e Dilma, e as pessoas que entendem e querem, e a igreja de Deus e Nossa Senhora. Nós vamos vencer, que o mundo é nosso. Não é deles, não!

A gente trabalhava. O meu pai era muito conservador das coisas, sabe? Tinha as coisas, graças a Deus e pagava uma pessoa, que sabia [era quem tinha estudado, o], o do segundo ano, do terceiro ano, quarto ano – é hoje a pessoa que sabe fazer faculdade. Pagava uma pessoa para nos ensinar ao menos fazer o nome, para tirar o título. E tinha um homem lá no Tamboril que era vereador e era muito amigo do meu pai, e de todos da região. Quando era tempo de eleição ele não perdia. Porque quando saía a urna do lado da Lagoinha, onde nós morávamos, lá apurando os votos, ele não ganhava, mas quando abria a urna, nunca perdeu eleição. Para você ver como são as coisas, que Deus está no meio. Aí, quando foi que Lula foi candidato, em 1989, dentro do sindicato e das comunidades, nós deixamos tudo para votar no trabalhador do sindicato que se candidatava do lado do Lula. Eles se zangaram. Um dia, chegava lá no Funrural...[8] O dono do Funrural, o que eu quisesse, ele me dava. Eu dizia: 'Não vou querer coisa só pra mim, tem a comunidade e dentro da comunidade tem os companheiros'. Tudo da comunidade dá maior confiança. Ia falar com a nossa comunidade, que tinha muita gente mandada por Deus. Hoje em dia o povo é pouquinho na igreja, é mais afastado. Mas era muita gente que não queria ir trabalhar para ele. Se eu quisesse trabalhar pra ele, podia dizer. Porque o que a gente combinava dentro das comunidades acontecia. Eu ia ser falsa com a comunidade? 'O senhor me desculpa que eu não vou não, quero nada'. Do jeito que eu saí de lá, cheguei no carro. Onde nós morava não tinha carro, e tinha um amigo dele lá, não sei se era vereador, pra carregar o povo. Quem falasse no PT pagava

---

[8]   Fundo de Assistência ao Trabalhador Rural.

passagem, e quem fosse do lado deles, era de graça. Eles tinham desconfiança que eu não votava mais nele. Estava encostado no carro, aí, ele disse: 'Virginia, por que vocês agora vão me desprezar? Por que é isso? Por causa de PT? O que é PT?' Eu disse: 'O senhor quer saber o que é PT? É das Comunidades de Base. Surgiu o Partido dos trabalhadores, que no tempo do meu pai não tinha. Agora surgiu, nós vamos deixar de assumir esse projeto?' Ele disse até uma coisa feia com a gente, que eu não vou dizer não, que é muito pesado. Ele disse: 'Pois você não vai neste carro de jeito nenhum! Vocês vão ficar aí, e não vai de jeito nenhum!' Eu disse: 'Tá bom!' Chamei para calçada e saí [assovio]. E fiquei. Aí, eu disse: 'Sabe de uma coisa, vou para a casa paroquial, conversar mais o padre, [sobre] o que está acontecendo aqui dentro de Tamboril'. O padre disse: 'Rumbora[9] lá no sindicato'. A primeira moto que saiu na época, um pedaço de moto, o sindicato tinha comprado. Eu montei, não sabia nem o que era moto. Vim embora, graças a Deus cheguei. Passei um tempo, votamos em quem nós [entendemos]. Para o dia da eleição, meu sobrinho, que era da comunidade, quando chegava na Lagoinha o povo não acreditava. Se chamava Zé Antônio, hoje está na Palestina, também em assentamento. Ele disse: 'Daqui da Lagoinha, não vai sair 50 votos para o Partido dos Trabalhadores. Vamos apostar como 50 votos sai dentro da urna?'. [E eu]: '50? Vamos!' Aí entraram em jogo... Eu ficava nas comunidades, sabia quem eram, e quem não eram as pessoas de confiança, e anotava. Já tinha 56 que a gente confiava que votava no PT. Ele chegava lá em casa: 'Tia, eu jogo: na Lagoinha vai sair 50 votos'. E eu: 'Pode jogar, pode jogar, porque a gente confia mesmo'. Jogou sete cabeças de ovelha. O meu filho, que mora bem ali, e se chama João, jogou 4 e um rádio. Todo dia eles me perguntavam: 'Será que ganha?' Eu ia para as reuniões, passava o dia em encontro, confiava no povo, chegava [e dizia:] 'Pode jogar'. Quando foi no dia (nesse tempo era lento, não é como hoje), passava três dias para apurar uma urna. Ele trabalhava lá na emergência. Era tempo de seca, veio uma [ajuda de] emergência para a comunidade, pra todo mundo trabalhar, os donos de casa, só os donos de casa e jovens. E nós, nada! Aí foi quando eles chegaram lá, chegou um povo da banda do Tamboril: 'Quem votou no PT, está de cima, agora vai comer ovelha'. E ganhamos. Foram 57 da promessa, porque 5 foi nulo, não sabem bem votar, mas foi 57. Oh! Alegria grande! [risos]. Era desse jeito! Ai continuou, graças a Deus, com a luta. (...) O povo vai aprendendo, vão entrando e vão achando que o caminho é esse. E precisa muito porque tem os filhos, os netos e os bisnetos, então não pode acabar, não pode parar aqui. Com Bolsonaro do jeito que é [risos]. A gente mandava umas cartas boas para o parlamentar... Esculhamba muito com o povo. Cadê o Temer,

---

[9]   Vamos embora. (Nota de Lourdes Vicente).

Assentamento Santana, pintura mural, março de 2019. Foto de Paula Godinho.

está preso? [Respondi que foi solto] Tá vendo? Viu? E quem está preso é o Lula. Viu? Como as coisas no mundo e os homens são? Devia está preso eles tudinho e o Lula aí, o povo tudo solto. Não! Uma coisa dessa. 'Valei-me, minha Nossa Senhora! Dê juízo a esse povo, dê um fim nessas coisas!' Deus promete, a Bíblia promete: o mal por si se destrói. Nossa Senhora promete.

Hoje eu sou [viúva]. Está com 6 anos. O meu marido, a gente era moço, a vida era trabalhar. Nem os homens hoje não trabalha como a gente trabalhava. Porque a água, muito longe, a gente precisava carregar na cabeça e eles moravam numa distância até boa, que era aqui num sítio. Nós morávamos em Viração, eles moravam no sítio, lá onde surgiu as primeiras comunidades. Chama Chico Sales, Sebastião Sales. [Ele] era animador das comunidades, aí foi aumentando, porque as pessoas tinham mais coragem para serem animadores, para animar os outros e ia aumentando... Casei, eu tinha 18 anos, e ele 18 também. Nascemos tudo em um dia só, no dia 9 de abril. Aí, ele ficou dentro de casa, na casa da mãe, com três filhas moças, chama moça velha. Ah! Eu me dava muito mal, porque a casa era bem pequenininha com muita gente, e todos os anos [tinha] um filho. Meu pai tinha uma terra que chama Cacimba do Meio e disse que era para ir fazer uma casa lá. Nós fizemos a casa para nós e outra para ela, e lá foi nascida a comunidade Cacimba do Meio. Os padres de Tamboril já fizeram até a história, como foi a luta lá. Não foi fácil, não! A gente estava nas comunidades, através de sindicato, através de política limpa (como a de Lula é, e a nossa), que acreditamos, e a igreja. Dom Fragoso levava muito conhecimento, e a gente seguia, e vinha pra terra. Começou-se a trabalhar, fazer casa. Vinha um povo do Incra, fazia a ficha, com o projeto de trabalhar na terra através de organização de luta. Aí surgiu o Movimento Sem Terra, fizemos aliança, tinha mais sem-terra do que com terra, não é, Lourdinha? [Lourdes Vicente: É.]. Graças a Deus estamos aqui contando a história! Toda vida fui da luta, das organizações. Ele [o marido] não fazia era de ir para os encontros, nem para as Romarias da Terra.[10] E eu fui a 16 romarias da terra. A primeira vez, nós fomos entrar no Juazeiro do Norte, em cima de um caminhão. Passamos a tarde fazendo a benção da missa na igreja do Senhor do Bonfim, em Crateús. Aí saía dentro de um carro, andava a noite todinha, amanhecia o dia, dava 9 horas para entrar no Juazeiro do Norte. Quando nós íamos entrando dentro do Juazeiro do Norte nós cantávamos: 'Terra livre buscaremos noite e dia sem parar. Em cima do caminhão, caminhoneiro meu irmão, olha lá o raiar do dia, acorda amigo romeiro, olha lá em Juazeiro a terra da romaria. Terra livre, buscaremos, noite e dia sem parar' [canta]. Quando chegava em Iguatu, estava lá a mesada de merenda para nós, para todos os romeiros que iam nessa estrada. E chegava em Crato, de novo. Quando entrava no Juazeiro, chegando lá encostado, a Igreja Franciscana era que nós íamos. Lá tinha gente! Aí, quando a gente se animava: 'Se Deus quiser, a gente chega lá!' Graças a Deus estou aqui contando a história. E quando foi a derradeira romaria que foi em Juazeiro do Norte, foi em 2003. Quando nós estávamos terminando a missa, que foi dentro da praça da Igreja Nossa Senhora das Dores, chegou a comissão mandada pelo Lula. Esta comissão para os assentamentos era para assinar, para o Incra fazer as cisternas em cada casa dos assentamentos. Muita luta eu já tive, mas essa daí foi caída do céu! Quando chegou que eu disse que eu tinha assinado para vir a cisterna para cá, [as pessoas] faziam era mangar. Na assembleia, eu dizia para organizar o povo para fazer as cisternas. Está aí!... Todas essas coisas a gente alcançou. Tanta graça, e mais entendimento, mais conhecimento, graças a Deus! A gente pode andar por onde andar, que a gente tem o que dizer. Pode vir estes 'poderosão' aí, que a gente tem o que contar deles, do Fernando Henrique, da maldade. E tem a graça que o Lula fez para o povo, junto à Igreja. E a gente vencerá tudo! É o desejo nosso, senhora. Porque a gente já está velho e tudo. E muita gente diz: 'Mulher, tu já fizeste o que tinha que fazer, te aquieta!' Eu digo: 'E os filhos? E os netos? E os bisnetos que vêm aí? E o povo novo? Vou deixar de fazer quando eu for pro cemitério...'.

Lá na comunidade, em 1983, estava com três anos de seca. A gente morava todo mundo junto. Todos os pobres viviam da foice, do machado e da enxada. Quando ti-

---

[10]   Organizadas pela Comissão Pastoral da Terra. (Nota de Lourdes Vicente).

Entrada do Assentamento Santana, março de 2019. Foto de Paula Godinho.

nha seca, não tinha como fazer. Vinha uma emergência por conta deles, 25 quilos de gêneros [alimentícios]. E como era estes gêneros? Uns feijões deste tamanho preto e a farinha. É como uma semente de capim que eu digo aqui: 'Está aqui a farinha do tempo da seca nossa...'. Era farinha roxa, vermelha, coisa velha, e as rapaduras deste tamanho, bem pretinhas, daquelas bem salgadas. Era as que vinham, e a gente era tão sem entendimento da caminhada, da vida, do dia a dia, que não sabia ir se dirigir lá no governo. (...) A irmã Cleide fez muita reunião: 'Por que é que vocês não se juntam e vão lutar? Só as mulheres? Por que vocês não se juntam? Vamos lutar, meu povo, vamos se organizar!' A gente se juntou tudo, das nossas comunidades e lá de Tamboril, e fomos lutar. A primeira vez, chegamos na prefeita, ela disse: 'Quatro anos de seca não tinha visto. O que é isso?'. Eu disse: 'É a necessidade que é muito grande'. Fomos uma vez, fomos duas vezes, fomos três vezes. Nas três vezes, ela balançou até com o dedo [gesto]: 'Por que é que vocês vêm nesta luta? Que não tem isto... Está com 4 anos de seca. Nunca ouvi isto, e agora vocês querem que eu dê conta de vaga para vocês? É mais fácil deixar a prefeitura do que sair vaga'. Aí, de fato, deixou, com pouco tempo. Quando foi no meio da semana, a vaga chegou, as vagas das mulheres. Tudo se empregou. Todo mundo. Tudo foi uma graça, não é? Teve uma missa, na nossa comunidade, do dom Fragoso, do bispo. Perguntou: 'Quem é das mulheres que estão em luta pelo direito e dever das vidas? Levante a mão que eu quero dar uma benção pra vocês!' Soubemos da terra no Incra, já sabíamos como lutar junto aos sindicatos, junto uns aos outros, junto ao Movimento.

Aí, foi muita luta, foi muito sofrimento e foi gente assassinada

Francisca Martins do Nascimento Souza, "Chiquinha Louvado", 76 anos, Lagoa do Mineiro, Itapipoca (com Maria Ivaniza, sua filha).

Dona Chiquinha Louvado, Lagoa do Mineiro, outubro de 2017. Foto de Paula Godinho.

O presente é muito imperativo, e o quadro recente do Brasil dá a esta narração de vida uma feição distinta de uma outra, referida na introdução deste livro, recolhida em outubro de 2017, em que as lutas pela terra eram descritas com maior pormenor. Em março de 2019, Chiquinha Louvado, com quem falamos sob o mesmo alpendre da entrada de sua casa, estava debilitada por uma infeção, e, sobretudo, menos interessada em lembrar o passado com detalhe. Vive para a frente, e vive com muitas e muitos, que a sua vida é um louvor ao mutirão. Os dias que virão, na conjuntura do Brasil atual, preocupam-na demais. Recorda as contendas recentes, porque o universo de quem luta nem é estritamente local, nem circunscrito ao passado. À nossa frente está uma mulher com um ar sereno, de cabelos longos, que enverga uma bela blusa bordada e uma saia longa. Mesmo enferma, insiste em falar e em cantar, apoiada pela filha, Maria Ivaniza,[1] que fica ao seu lado durante toda a conversa. É uma mulher que sabe apelar às bandeiras vermelhas do MST, que não se coibiria de convocar essas mesmas bandeiras para Lagoa do Mineiro, no Ceará litoral, ainda que viessem do Rio Grande do Sul, caso tivesse avançado uma ameaça recente de instalação de um parque eólico dentro

---
[1] Maria Ivaniza Martins de Souza Nascimento, 49 anos de idade.

do assentamento. Confia em seus companheiros, e sabe que conseguiria trazer as bandeiras até Lagoa do Mineiro – ou seja, granjeando o apoio necessário à resistência. Com essa invocação das bandeiras vermelhas, arredou os intentos dos empresários, que alardeavam as virtudes de uma pretensa "energia limpa". Estes pareciam estar dividindo os seus vizinhos, com promessas que a esta militante pareciam vãs. Quando se lutou pela terra, Chiquinha Louvado teve a ousadia de cortar o arame farpado e invadir o latifúndio. Foi presa, esteve marcada para morrer, e escapou com astúcia. Pertence àquela categoria de mulheres da luta em que a coragem e a tranquilidade caminham a par, e que podemos imaginar exigindo pão e rosas com igual veemência. Quando o marido se surpreendeu com a sua ousadia, ao responder sem medo perante as autoridades: "'Mulher, tu não tiveste medo de dizer aquelas palavras, não?'", retorquiu, com a calma habitual: "Não, não tive não. Porque se nós estamos dentro de um rio fundo, nós tem que nadar. E a pessoa tem que tirar o medo, o medo de morrer". À frente do "mulherzal", Chiquinha Louvado é capaz de "fazer parede", de rezar, de cantar, de contar em versos a luta dos seus, como foi capaz de afrontar os que empunhavam as armas e acenavam com as leis: como se não houvesse outra coisa a fazer, nem outro modo de proceder: "Eu só vou aonde tem luta, aonde tem as pessoas que lutam uns pelos outros".

Meu nome completo é Francisca Martins do Nascimento Souza, conhecida como Chiquinha Louvado. Eu tenho 76 anos de idade. Nasci em um lugar vizinho à Lagoa do Mineiro, mas com dez anos de idade eu vim pra cá. Meus outros irmãos, depois de mim, nasceram tudo aqui. A mãe e o pai [eram daqui]. [Tive] nove irmãos. Tinha um em Fortaleza, e eu sei que morreram dois. Aí um morava em Fortaleza, mas agora está no Porto dos Barcos.[2] Os outros moram todos aqui. [Tive] sete filhos. Faleceu um filho meu, com 22 anos, foi. Morreu em Sobral, deu uma úlcera e aqui o tratamento é muito fraco. Aí tem seis. As meninas mulheres, que são quatro, e tem os dois homens. As quatro mulheres e dois homens, faz seis, não é? Pois bem. Eu tenho 14 netos. Deixa eu ver: são três da Lúcia, são cinco da Ivaniza e cinco da Neide, são 13. E um do filho, 14. 14 netos. Já tem bisnetos! Já tem, sabe quantos bisnetos? Tem... Deixa eu ver... No Wilsinho tem três, três do Wilsinho... Eu tenho uns oito bisnetos. Graças a Deus tem esses netos todinhos, esses bisnetos, que é filhos dos meus netos.

---

[2] Uma comunidade de pescadores.

[O meu] marido nasceu no Trairi, mas bem pequenininho os pais dele vieram morar aqui. Ele morava lá [na comunidade] do Córrego das Moças, e eu morava aqui na [Comunidade] Barbosa. Aí, a gente se conheceu, se casou, não é? E graças a Deus até hoje deu certo, porque eu sou uma mulher muito competente. Eu sinto que eu sou uma pessoa competente com as coisas. Se eu disser que uma coisa dá certo, dá! Porque eu tenho muita fé e a fé é quem leva a gente. [Quando casou, tinha] 14 anos. Aí, passei sete anos sem ter filho, sete anos. Aí, justamente, com sete anos que eu era casada, foi que eu tive o primeiro filho.

A luta foi muito grande! Precisou das pessoas dar as mãos uns com os outros que era pra ir em frente. Aí, as pessoas se combinavam, todo mundo, para fazer só uma corrente, todos juntos. Quando disseram que essa terra estava vendida e que nós tínhamos que sair da terra, aí todo mundo criou expectativa de trabalhar e permanecer na terra. [O padre que era o dono da terra] 'Ai que vocês têm que sair!'. [Nós] 'Não, nós não tem que sair, não. Porque se nós sairmos, nós vamos morrer, porque nós não temos onde ficar. E se nós morrermos, ficamos aqui, aqui. Mas nós vamos resistir!'. Aí foi muita luta, foi muito sofrimento e foi gente assassinada. [Quando foi assassinado um deles] Eu estava no dia do mutirão, porque para todo mutirão que eles iam, eu ia. Eu não ficava em casa, eu ia que era pra fazer uma alimentação, ajudar. E aí, quando foi nesse dia, no dia que mataram o Francisco Araújo Barros, eu estava no dia. Não me mataram também porque eu tive sorte. Mas eles queriam me matar também. Eles não queriam o Francisco Araújo Barros, eles queriam eu e meu irmão, que eles achavam que éramos as pessoas que mandavam, não é? Os outros faziam as 'invasões', como eles chamavam. Chamavam de invasão. E aí, quando foi depois que mataram o Francisco Araújo Barros, aí foram matar as outras pessoas. Mataram duas, três... duas pessoas do Morro. O Francisco Araújo Barros era daqui da Pauleira e os outros que mataram era do Morro dos Patos. Era muito pistoleiro, muito pistoleiro, não é? Eles se escondiam e sabiam onde a gente estava. Os outros iam dizer, aí era só o que deu, não é? Só o que deu. E também mataram uma sobrinha minha, nas Moitas. A menina foi trabalhar lá para minha sobrinha, porque ela estava de resguardo, aí a menina foi lavar roupa em uma lagoa, lá mataram essa menina. Essa jovem de 18 anos, era da idade da Ivaniza, dessa Ivaniza [aponta para filha, que está presente]. Era Geísa, filha dessa minha irmã, ali. Mora bem pertinho, essa minha irmã. O pai dela é irmão do meu marido e eu sou irmã da mãe dela, da Geísa. Ave Maria! Nesse dia, foi um dia de juízo! Mataram essa menina lá, mas aí, depois que mataram ela, parece que as coisas melhoraram mais pra nós. Eu acho que foi através da morte dela... Os pistoleiros foram embora, depois da morte dela. [Pergunto se também ela esteve marcada para morrer] Era. Era. A minha cabeça custava... Quem levasse minha cabeça pra firma, custava era muito dinheiro. Agora é que eu não me lembro o valor do dinheiro desse tempo, não é? Mas custava. Custava porque eles não tinham raiva das outras mulheres. Eles tinham raiva de mim porque diziam que era eu que chamava, que chamava as mulheres pra ir invadir os terrenos. Achavam que nós éramos invasoras, o que fazia era invadir as terras. 'São uns invasores' [diziam eles]. Hoje em dia, não! Eles estão compreendendo de outro jeito. Eles sabiam que nós tínhamos necessidade de lutar por essa terra, mas neste tempo tudinho ficaram contra nós. Toda pessoa daqui dos Patos, ficaram tudo contra nós! Porque eles diziam que nós queríamos invadir as terras. Nós éramos umas pessoas pobres, nós tínhamos esse direito de invadir terra dos outros? Aí, eles achavam que nós perdíamos na história, não é? Mas fizemos foi ganhar. Ganhamos na história. Aí, quando foi um dia, vieram dois pistoleiros me matar, na minha casa. Era bem ali a casa, era ali. Tinha uma 'latadona' que fizeram para fazer as celebrações. Estes pistoleiros vieram. Quando dei fé, entrou um por um lado e outro no outro, nos cavalos. Aí disse assim: 'Aqui é que mora o seu Raimundo Augustinho?'. Eu digo: 'É', achando graça pra ele. 'É'. [E ele disse:] 'Cadê ele?' Eu digo: 'Eu não sei para onde ele anda. Eu cheguei aqui de manhã, porque a esposa dele mandou me chamar para eu fazer um chá pra ela, que ela está muito doente. Aí eu já fiz o chá, ela está doente ali dentro. Eu não perguntei a ela pra onde ele anda'. Aí ele: 'Espere! Você não é a esposa dele, não?' [Eu]: 'Sou não, sou amiga dela, sou amiga da esposa dele'. Aí foi quando ele disse: 'Ah, eu pensei que você era a esposa dele', e eu digo: 'É não, sou amiga'. Aí, eles também saíram, e disse assim: 'É, depois nós vem aqui prestar contas com a mulher dele e com ele, com o Raimundo Augustinho'. Eu digo: 'Pois está certo, mas hoje não dá porque ele não está em casa, e ela está lá doente. Eu vou embora daqui a pouco'. Ai, assim, eles não me mataram nesse dia por causa disso. Quando foi com três dias, eles foram matar os homens, botaram os cavalos dentro na roça dos homens. Foram matar estes homens lá, nessa roça, as roças sendo do povo. Estes pistoleiros botaram esses cavalões, deram os cavalos pra eles andarem, não é? Aí, quando chegou lá, baleou três rapazes. Mas um, com a bala dentro [do corpo], esfaqueou e matou este pistoleiro que andou na minha casa. Com três dias morreu, três dias e morreu. Passou aí na rede, em um trator, porque não andava carro, era só trator. Morreu e agora aí, os outros [pistoleiros] foram enfraquecendo. Sabiam que a coisa não era de brincadeira. Sei que foram todos embora. Mas aqui nós sofremos muito! A gente não podia nem andar, ninguém não podia ir tomar um banho, que as cacimbinhas eram ali na Baixa, não tinha cacimbão. Porque a gente era tudo pobre, não tinha nada. Aí, fazia aquelas cacimbinhas no chão, esgotava todo dia com uma cuinha.[3] A gente não podia nem tomar banho por causa deles, desses pistoleiros, porque eles andavam todo dia caçando o povo. A gente só vivia de porta fechada. Quando era 12 horas da noite nós íamos esgotar as cacimbas e pegar água pra beber, pra comer e tomar banho dentro de casa. Era. Para não morrer. Foi muito sofrimento, foi muito sofrimento! Mas você vê que não tem um sofrimento que não valha a pena, não é? A dor é grande, mas depois da dor vem o aliviado, não é? A gente fica aliviado. Porque aqui nós estamos em uma terra em que corre leite e mel, pra mim não é? Aonde a gente queira plantar, tem a terra, tem a comunidade, tem um colégio daqueles. Que antigamente, os filhos da gente iam estudar em Itarema. E através da nossa luta, através do Movimento Sem Terra que ajudaram, através de todo mundo ajudar, está aí o colégio. Um colégio daqueles, diferenciado, não é? Que o povo diz assim: 'Pra quê um colégio desses numa mata dessas?' Mas foi Deus que deu a nós, estamos muito satisfeitos graças a Deus! [Uma de suas filhas] É diretora da escola, graças a Deus! [Os outros filhos, o que fazem?] Este rapaz, ele tem depressão. Já esteve até internado. Aí, não faz nada, não, por causa da depressão. Mas o meu esposo trabalha na roça todo dia e o outro filho mora no outro assentamento, o Paxicu. Graças a Deus a gente lutou, mas estamos satisfeitos. Agora eu só imagino daqui pra frente o quê que nós vamos fazer com este governo que está aí, não é? Tirando o direito do povo! Isso dói na alma da gente saber que uma pessoa dessas quer tirar o direito do povo, não quer mais abrir mão pro Movimento Sem Terra. Nem para... como é que se diz? Para os movimentos sociais. Porque ele só pensa no capital. Aí, é uma pessoa... Mas ele não é mais do que Deus, não! Ele não é mais do que Deus! Um dia, ele vai entender, e a gente vai ganhar alguma coisa. Ganhar sim, porque o Movimento Sem Terra, ele é quem vai buscar os nossos direitos lá fora, não é? Para trazer pra nós, dos assentamentos. Eles não querem dar a mão por causa disso. Porque ele [o presidente Jair Bolsonaro], ele não quer nada com pobre. Mas estamos bem, graças a Deus!

Peço-lhe que fale do processo de constituição do assentamento, da luta pela terra, de como se envolveu, de como o padre que herdou as terras quis desalojá-los do local em que se encontravam.

Ele era herdeiro e ficou com essa parte de terra daqui. Digamos que botaram ele para cá como herdeiro que era pra dizer que ele tinha força, era muito rico e tinha força de combater nós pra sair da terra. Mas a força dele não deu nada,

---

[3]   Recipiente feito do fruto maduro da cabaça ou cuieira. (Nota de Lourdes Vicente).

não. Deus deu mais força a nós. E a gente ficou cercado de arame. Botamos os arames abaixo, até que ficamos libertos, ficamos libertos. Morreu três pessoas, quatro com a minha sobrinha. Mas a gente ficou liberto e ficou trabalhando na terra, não é? Que eu agradeço muito a Deus, porque antigamente a gente só fazia os quintaizinhos. Não podia fazer mais do que um quintal e nem plantava um pé de cajueiro, não plantava um pé de nada, que fosse assim de coqueiro. E hoje não, nós plantamos coqueiro, planta o cajueiro... Graças a Deus, dá muito caju, dá muito coco. Estamos vivendo em uma terra que a gente lutou, mas graças a Deus tem a conquista!

A filha Maria Ivaniza lembra a participação decisiva da sua mãe em lutas recentes, nomeadamente contra a implantação de um parque eólico dentro dos limites do assentamento. "Pode estar pensando uma coisa, mas se ela chegar, e ela dar a palavra dela, todos obedecem". Chiquinha Louvado retoma:

Eu fiquei com medo quando eu vi o povo todinho por essa eólica [defendendo]. Aí, eu digo: 'Valha-me Deus, você sabe que a eólica vai entrar mesmo aqui dentro?' Quando foi em uma reunião, que toda segunda-feira tem, aí quando disseram assim: 'Pois é, gente! Nós temos que ficar tudo sabendo que a eólica vai passar. Aí, as casas que pegar, vão indenizar, a gente tem que passar!' Eu disse assim: 'Minha gente, quem foi que disse isso, que essa eólica vai passar?' [Alguém respondeu:] 'Não, mas a gente já assinou. Os homens já vieram ali, a gente já assinou e vai passar, não tem conversa, não'. Eu digo: 'Pois eles não passam, não! Aqui, na terra Lagoa do Mineiro, essa eólica não passa! A eólica passava na Lagoa do Mineiro se eu já tivesse morrido, mas eu não morri e a eólica não passa aqui dentro!' Uma sobrinha minha disse assim: 'Ôh! Madrinha Chiquinha, mas você tem muita força! Porque até o Incra disse que está sabendo que a eólica vai passar por aqui. E o Incra é que é o dono dessa terra, mulher! E você vai contra o Incra?' Eu disse: 'Vou! Vou contra o Incra, vou contra o governo e a luta não acabou. E eu quero é lutar. E a eólica, no dia que a eólica entrar aqui, ali no Córrego das Moças para passar aqui dentro, ela passa por cima de mil bandeiras vermelhas! Está vendo? De mil bandeiras vermelhas! Porque daqui até o Rio Grande do Sul eu tenho gente! E eu fico lá! Os moradores aqui, eu levo um bocado de morador pra lá e levo comida e nós vamos fazer comida lá. Monto o acampamento e chamo o meu povo de todo canto e eles vão passar por riba de não sei quantas bandeiras vermelhas. Mas aqui dentro da Barbosa ele não entra, não! Dentro da Lagoa do Mineiro não entra, não!' Ora!

Nos limites do Assentamento de Lagoa do Mineiro, como se assinalasse uma fronteira, o parque eólico. Março de 2019. Foto de Lucas Assis.

Aí, mulher, pelejaram comigo. [Eu:] 'Não, nem venham atrás de eu dizer assim: pois está certo'. Minha gente, o que não der pra nós, eu não combino. Como foi que nós lutamos por uma terra para, hoje em dia, a eólica tomar de conta? Não pode, gente! Vocês não têm o campo de futebol de vocês? Vocês não têm a estradinha de vocês? Vocês não têm o lazer de vocês? Agora, para eólica passar para ficar aquela zoada, daquelas coisas, não! Aqui ela não passa, não!' Aí, quando foi outra vez, no dia da reunião, os homens vieram. Eu fui para a reunião, chegamos lá, e os homens pegaram a conversar: 'Ah! A gente queria fazer um curso aqui. Um curso. E aí?' E tal...'. 'Todo mundo é a favor da eólica passar?' Aí, eles tudo calado [os assentados], e eu digo: 'Não, senhor! Eles podem ser a favor. Agora eu não sou a favor e eu sou a mãe deles aqui tudinho. Eu sou a mãe deles aqui tudinho. Eles não podem passar por riba de mim, não! Nenhum desses aqui pode passar por riba de mim, não. E a eólica aqui não passa, não passa! Se o senhor quiser fazer o curso, pode fazer, mas aqui não passa! Os cataventos, aqui não passa, não!' Aí, diz aí que eles vieram, fizeram o curso, nessa escola do município, fizeram bem três cursos, pra ver se iludia o povo, mas não! Graças a Deus aqui não passaram, não! [A filha, Maria Ivaniza, diz: E ainda teve assentado que foi pedir ao homem da eólica para conscientizar a mamãe pra deixar a eólica entrar aqui. A luta foi agora, recentemente, há dois anos atrás. Há dois anos atrás. Esses cataventos estão aqui, porque estão em uma área particular aí, de uma propriedade. Que justamente essa propriedade aí foi a propriedade que brigou conosco aqui. Quem assassinou o Francisco Araújo Barros mora nessa propriedade aí que deixou a eólica entrar].

Chiquinha Louvado:

Só que os homens, esses aí que vieram nesse dia, eram outros. [A filha, Maria Ivaniza: Eram os engenheiros]. E os que vieram aqui na minha casa ficaram foi meus amigos. Eu contei tudinho pra eles: 'Meu senhor, nós lutamos tanto aqui nessa terra pra ter hoje os nossos filhos, ter a areazinha de lazer deles, agora passar a eólica aqui dentro? Não, meu senhor! Não dá certo, não! Eu não aceito, não. O homem da eólica (o engenheiro) fez foi reconhecer: 'A senhora é uma pessoa que defende a sua luta. Se você não fosse, você ia se vender, você ia entregar seu território!' Eu disse assim: 'Dinheiro não me compra, não. Dinheiro não me compra, não! Que eu quero ter é o sossego na minha vida, pra na hora que eu quiser comer uma coisa, eu ter porque planto na terra. Agora, essa eólica passa, faz a maior destruição no mundo... A gente lutou por uma terra para a eólica destruir? Não, meu senhor!' Aí, eles compreenderam. Compreenderam. E foi mandado do povo daqui.

A filha, Maria Ivaniza:

Eles fizeram foi uma entrevista com a mamãe. Ainda levaram a foto da mamãe e colocaram na capa de uma cartilha que estava numa formação, usando a mamãe como instrumento de luta. De dizer assim: 'Essa mulher aqui é de luta! Ela disse que a eólica não passava no assentamento e ela sozinha, com a palavra dela, todos tiveram que respeitar, porque ela foi uma pessoa que foi presa, que teve luta!' A mamãe contou toda a luta a ele. [Chiquinha Louvado retoma]: Mas sabe por que foi? Porque eu disse a eles e disse ao povo daqui mesmo, que eu confiava no Movimento Sem Terra. Que nós íamos fazer um acampamento: 'Eu chamo o povo'.

Maria Ivaniza: "Ela já estava era se mobilizando pra convidar o povo do Rio Grande do Sul!"

A mãe, Chiquinha Louvado, retoma: "E eles sabiam que iam perder na história. Graças a Deus, não passaram, não!"

Paula Godinho, dona Chiquinha Louvado e Maria Ivaniza, março de 2019. Foto de Lucas Assis.

A seguir, mãe e filha dispõem-se a cantar uma das músicas da resistência, composta por dona Chiquinha Louvado. Maria Ivaniza explica:

Dessa resistência, a música sempre foi a forma que nós tivemos para expressar a nossa história, para divulgar o contexto histórico que nós vivemos. Aí, a mamãe fez uma música. Como também Nazaré Flor, que já faleceu, a saudosa Nazaré Flor, as mulheres se organizavam e escreviam as músicas e os poemas. A mamãe tem uma música que ela fez quando, justamente, chegou a definição que a terra tinha sido desapropriada, e que era um assentamento de reforma agrária. Aí ela disse: 'Pois pronto. Na festa da inauguração, de receber o nosso assentamento, eu tenho uma música pra cantar. Eu já fiz uma música e tenho ela pra cantar'. Aí, eu vou ajudar ela a cantar porque ela está doente, hoje.

[Cantam]
Hoje eu recordo a nossa história
Que aqui passamos
Não dormia de noite,
Marido, esposa e filhos lamentando
Pois era demais, essa nossa luta,
E esse sofrimento

Deus não desampara o povo que trabalha
Nesse movimento.

Refrão
Nós rezava muito, contava a história
Que nós só podia ter libertação
Se fosse com a união.

Que muito de nós
Fomos intimados
Para tribunais
Mas ia sabendo
que estava fazendo
Algo pela paz
Caminhando a pé,
fazendo promessa
e declaração
Com ajuda de todos
que queriam ter
um mundo irmão.

Refrão
Nós rezava muito, contava história
Que nós só podia ter libertação
Se fosse com a união.

Nós passava dias
Que ninguém podia
nem se alimentar
Com os pistoleiros
procurando nós
para assassinar
Mas com fé em Deus
Nós se libertamos
desses marginais
Estamos assentados,
temos nossa terra,
vivemos em paz.

Refrão
Nós rezava muito, contava história
Que nós só podia ter libertação
Se fosse com a união
Momento difícil
aqui nós passamos

Foi quando tombou
Nossos companheiros
Em busca da terra
Que ele se criou
Foi uma causa injusta
Que fizeram a nós
Esses latifúndios
Acabando a vida
De quem ajudava
a construir o mundo.

Refrão
Nós rezava muito, contava história
Que nós só podia ter libertação
Se fosse com a união.

Maria Ivaniza:

Essa música ela fez foi no dia da festa da entrega de posse desse assentamento. Ela cantou essa música e a irmã Maria Alice fez uma gravação dela cantando essa música e recebendo o papel, o título da terra, das mãos do superintendente nacional do Incra. Ele veio entregar aqui na área indígena, na comunidade indígena. E, além da música, a mamãe sempre ela tem feito literatura de cordel, ela tem uma literatura de cordel sobre a história do assentamento, sobre as conquistas, sobre o que é possível na nossa vida. Sem luta nós nunca tivemos nada! Então essa luta, essa raiz, ela sempre nos motiva muito. Eu me orgulho de ser filha dela, porque eu sempre fui uma pessoa batalhadora e eu sempre acreditei na luta. Acreditei que a coletividade, que o espírito coletivo, de estar unidos, dessa forma de mutirão, desse jeito, eu tenho esse legado muito da minha mãe, porque ela foi uma pessoa que sempre motivou essa comunidade, esse assentamento, a viver a sua história, a respeitar a sua história e a sua identidade, a respeitar o seu contexto histórico, o que foi vivido, não é? Aí, ela foi presa, eu lembro quando ela foi presa, e nós dizia assim: 'Solta a mamãe, solta a mamãe'. E ela dizia: 'Pode deixar, eu tenho orgulho de ir presa pela história da minha comunidade!'

Retoma Chiquinha Louvado: "Foi. E eu digo assim: não tem quem me compre para eu passar para outra... Eu só vou aonde tem luta, aonde tem as pessoas que lutam uns pelos outros, não é? Porque a gente não é pra lutar só pra gente, é lutar pela gente e pelos outros".

É porque, naquele tempo, tinha que se envolver todo mundo. No tempo da luta

Francisca Silvana de Castro, Dona Chaguinha, 60 anos, Lagoa do Mineiro.

Dona Chaguinha, março de 2019. Foto de Paula Godinho.

Nunca tive mais belo cenário de entrevista. Chegamos à casa de dona Chaguinha, mesmo à beira da Lagoa do Mineiro, e foi ela que escolheu o local para a nossa conversa. Este espaço, usado por turistas, nos finais de semana e em períodos mais secos, estava então muito calmo. A lagoa é um pedaço de paraíso rodeado de coqueiros. Sentamo-nos a uma mesa, sob uma pérgola de madeira, bem em cima da água. Em voz suave, sem exaltação, dona Chaguinha desfia histórias tristes, que envolvem a morte de dois filhos, e a dos seus companheiros de luta, que pereceram sob os tiros dos pistoleiros, quando se lutava pela terra deste assentamento. Se a empresa Ducoco foi uma fonte de conflito quando o assentamento se instalou, hoje as ameaças cresceram. Refere três tipos de ameaças à vida do assentamento: as empresas de maricultura que disputam as águas; um parque eólico, cujos postes altos rodeiam o assentamento, com os administradores e seus enviados a fazerem tentadoras propostas a alguns assentados; *resorts* turísticos, que se implantam nos limites e que disputam as zonas de cultivo na orla da lagoa, por constituírem paisagens feéricas. Por outro lado, dona Chaguinha se preocupa com o futuro do assentamento, que tanto custou a implantar: os jovens não podem se fixar, porque as terras não chegam. Tem sido difícil encontrar modos de vida em que possam permanecer junto dos pais. Entre as grandes contradições, que opõem os assentados aos que, literalmente, os cercam, e as pequenas questões que dividem os vizinhos, tem sido possível continuar a responder coletivamente aos problemas, em mutirão. Os equilíbrios são sempre instáveis, parciais, precários. As assembleias semanais têm um papel significativo na discussão dos assuntos, e no difícil equilíbrio entre o particular e o comum, bem como na manutenção da unidade deste assentamento, que é constituído por várias comunidades. Que novos ciclos de vida se delineiam, que lutas se perspectivam, que caminhos se abrirão? Dona Chaguinha, serenamente, se interroga sobre essas sendas. Já viu muito, já teve muita dor.

Meu nome é Francisca Silvana de Castro, mas todo mundo me chama de Chagas, não é? [Tenho] 60 anos. Completei agora em dezembro. O nome do meu pai era João Silvano de Castro e a minha mãe Maria Ester de Souza. Os dois foram criados mais o dono dessa terra. Eles vieram pra cá. Tem a casa grande, ali no começo do Sangrador, no alto. A casa grande era pra ali. Então, eles moravam ali, com os donos dessa terra. Eles vieram para o poder deles com a idade de dez anos, os dois. Ficaram jovens, aí casaram e ficaram morando. Moravam ali do outro lado, onde tem aquelas mangueiras. Meu pai contava, quando eu era menina, do tamanho dela [aponta para a neta, que se senta conosco à mesa e ouve com atenção] que tinha uma árvore muito grande, com o nome barbatimão. Era bem grosso, era assim, nessa grossura assim [demonstra]. Aí, ele contava pra gente, quando ele chegou aqui era só mato, não é? Quando eles casaram, ele fez uma barraquinha no tronco dessa árvore, na grossura de uma garrafa. Não tem aquelas garrafas?. Era na grossura de uma garrafa. Aí ele limpou ao redor, e ele fez uma barraquinha de palha e foram morar lá. E lá, eles construíram família. E, depois, foram fazendo a casinha, não é? Eu sei que quando eu fiquei, quando me entendi mesmo, assim, do tamanho dela, essa árvore já era bem velha, não é? Ele construiu a família todinha, ali nessa barraquinha ali, que é lá naquelas mangueiras acolá. A árvore grande, hoje, não existe mais, não. Acabou-se. Ele era pai de oito filhos. Criou todos aqui, nessa comunidade. E aí, eu também. Eu nasci e me criei aqui, nunca sai para morar fora. Tive nove filhos aqui também, criei eles aqui e depois deles jovens, saíram alguns para Fortaleza, não é? Até um que foi pra lá, com três meses chegou em um caixão. Perdi um filho lá em Fortaleza, com 24 anos. Deixou uma filha de um ano, ela hoje já tem 11 anos. Sim, tenho sete filhos, eu. Eram nove, morreu um com um ano e quatro meses. Eu morava lá onde tem aquele coqueiro alto acolá. [Aponta] Era minha casa, eu morava lá. Não tinha esse açude, era um córrego. Lá as coisas eram muito difíceis, não tinha entrada aqui. A gente ia para os Torrões, passava de jangada pra poder ir para Almofala, Itarema, atrás de uma consulta. Estava desse jeito, não é? Aí ele [se referindo ao filho] apareceu com febre. Ele tinha um ano e 4 meses. No outro dia, notei que ele estava com isso aqui meio grosso [aponta a região da garganta]. Só que não era papeira, que ele já tinha tido papeira, não é? Aí, minha mãe foi comprar um soro para ele, ele estava com muita febre. Quando foi umas duas horas, a febre foi passando, eu notei ele todo geladinho. Quando a minha mãe chegou com o soro, ele não chegou nem a tomar, ele morreu. Depois disseram que foi crise de garganta. Mas as coisas eram difíceis, não é, antes? O outro [filho], depois ele foi pra Fortaleza. Estava com três meses que ele estava empregado. À noite, ele pediu a moto ao cunhado e saiu, disse que tinha uma pessoa ligando pra ele. Ele foi. Chegou a notícia que ele já tinha falecido. Uma barroada de outra moto, morreu na hora. É uma coisa muito difícil que a gente passa, mas hoje eu tenho ainda quatro [filhos] lá: dois homens e duas mulheres. Pelo meu gosto, eles estavam aqui, junto comigo, mas depois que crescem, ninguém domina. Aí, os outros estão aqui junto comigo, tenho três filhos aqui.

Como foi que eu me envolvi na luta? É porque naquele tempo tinha que se envolver todo mundo, no tempo da luta. 1985 começou a luta, não é? Eu tenho uma menina que ela... Eu estava com dois dias, que naquela época, mulher de resguardo ela se levantava com três dias, não era? No dia que começou, que a [empresa] Ducoco tinha passado uns arames aí, dentro de umas capoeiras de roça do pessoal daqui, aí o pessoal revolveu, e tiraram o arame, porque estava dentro das comunidades, destruindo as roças, tudinho. O pessoal se juntou e resolveram. A minha casa é lá, onde tem aquele coqueiro... Tem um coqueiro solteiro acolá, não é? Eu morava acolá, naquele canto, acolá. A cozinha era pra cá, as capoeiras de roça, tudo pra este lado aqui, não é? Eu tinha tido a menina dia de domingo, era de domingo pra segunda. Aí, quando foi segunda-feira o pessoal, um mutirão grande ia cortar o arame. Meu marido foi. Eu fiquei só, mais a minha mãe, mais os meninozinhos pequenos, tudo pequenininho. Aí, quando eu escutei o tiro, eu me levantei. Era bem pertinho da minha casa, acolá em baixo da minha casa. Quando eu levantei, vi a multidão de pessoal dentro da roça, cortando a cerca. Meu marido, quando deram o tiro, ele correu e veio para casa. Porque podia eu ficar mais preocupada que ele estava lá também, não é? [Os pistoleiros] tinham atirado em outro rapaz, e tinha pego em uma burra, o tiro. A gente ficou, começou a luta, o pessoal não parou. Aí começaram a vir as polícias para as casas da gente. A gente pegava os meninos com tudo, corre aqui, era... No inverno, a gente se atolava com água bem aqui na lama. [Aponta] A gente ia para o outro lado (aqui que era só mato), pegava as crianças, os homens se escondiam no mato e a gente ficava nas casas uns dos outros. Aí pronto, a gente começou a luta. Ou a gente lutava ou então... Não era? A gente perdia as moradas. Aí eu, com os meninos pequenos, eu botava nos braços, e meu marido botava os outros no outro braço, e os outros tudo pequenininho, andando. Nós íamos para a Barbosa para as celebrações [religiosas]. Nós nos juntávamos lá pra fazer as celebrações, planejar como é que a gente ia fazer no outro dia. Era desse jeito a convivência, até hoje estamos na luta!... Eu hoje cultivo mais pouco. Também aqui no meu quintal, eu gosto muito de plantar horta. Neste tempo, aqui era uma horta só. Aqui mesmo, nesse açude, aqui era uma horta grande. Eram 12 mulheres. A gente pagava a associação com o dinheiro dessa horta, que a gente cultivava. Aí foi o tempo que chegou o açude e destruiu tudo. As mulheres, cada uma foi trabalhar nas suas casas. Mas eu nunca acabei com meu pedacinho de horta, fiz uns canteiros ali. Aí, foi o tempo que eu peguei uma tal de diabetes, não é? Que aí eu não pude mais estar muito cultivando os meus canteiros. Porque às vezes pega em estrume e tem espinho, não é? Mas eu trabalho com artesanato também: crochê, essas coisas. Eu faço varanda, faço aquelas xuxas de cabelo, aqueles paninhos, essas coisas assim. Também trabalho na pastoral da criança. Nós temos ali uma brinquedoteca com as crianças, aí eu ajudo a coordenadora, hoje. Que eu passei oito anos na coordenação da pastoral, findou o meu mandato, entrou outra, e eu fiquei ajudando ela. Fiquei na parte da brinquedoteca das crianças.

Fui [à escola]. A minha escola era muito difícil [pela distância]. Eu ia a pé, daqui. [Ficava] depois da Barbosa, ali da Barbosa. A escola que eu estudava era outra distância daqui pra lá. Era só estrada de areia. Eu saía daqui, chegava aqui duas horas da tarde. Às vezes quando a mãe estava muito cansada pra ir me pegar nas casas, eu ficava uma semana lá, que era mais perto, na Barbosa. Aí, quando era no final de semana, eu voltava pra casa. Ia a pé. Naquele tempo, não tinha merenda. Às vezes, a gente levava umas merendinhas, amarradas nos olhos dos paus. Os meninos maiores vinham na frente, quando nós chegávamos, eles tinham comido. Aí, a gente ia comer uma coisinha em casa quando chegava. Era muito difícil naquela época pra gente estudar. E hoje a facilidade é muito boa: os carros nas portas, as merendas para os alunos escolherem o quê que querem na escola, uma facilidade muito boa! E o pessoal ainda se maldiz: diz que o tempo está ruim, não é? Mas às vistas do meu tempo quando era criança, está muito é bom! [Os filhos] Estudaram, mas nenhum continuou mesmo, não. Deixaram no meio do caminho. Os que moram em Fortaleza, eles trabalham. Um trabalha por conta própria e o outro trabalha em negócio de *buffet*, de festa. E os outros trabalham aqui mesmo: tem um que trabalha com isso daqui [se referindo a uma lanchonete que fica na beira da lagoa e que nos finais de semana é um local de lazer do assentamento]. Isso aqui é dele. Ele trabalha fazendo comida, galinha caipira, no final de semana, que as pessoas encomendam. E o outro trabalha mesmo na agricultura.

Morreu, morreu gente na luta. Só que as pessoas que morreram não eram aqui mesmo do assentamento. Eram de outro assentamento vizinho, que vinham ajudar,[1] dos outros assentamentos. O que morreu na luta era ali das Melancias, e dois lá do Morro dos Patos, não é? Eles se juntavam com a Lagoa do Mineiro pra ajudar, aí eles morreram. Mataram. O primeiro que mataram, eu morava lá no outro lado, acolá, quando ele vinha. Passou lá em casa à noite, pedindo água. Vinha de uma festa ali, lá da casa da Francisca. Chegou lá em casa pedindo água, que vinha dessa festa e ia pra casa. Passou lá na casa desse pessoal, parece que foi, pediu água também. Não sei como foi. Só sei que já estava no começo da luta. Eles tinham raiva do pessoal daqui. Aí, se levantaram, mataram ele. Acabaram, e jogaram ele dentro de uma moita fechada. Quando foi no outro dia, a gente soube, fomos tudinho pra lá. Aí brocaram a moita para poder a polícia entrar, porque a moita era muito fechada. O pessoal vinha todinho, o pessoal das outras comunidades, pra não deixar a comunidade só. Aí o outro, nós estávamos lá na Barbosa, lá no miniposto, vinha aquele 'bolsão'. A gente estava tudo lá, ele vinha receber o dinheiro. Por volta de 8 horas da manhã, chegou a notícia que ele vinha passando, mataram ele, de tiro. Quem matou um, matou os outros. Era da localidade ali dos Patos. Porque eles tinham muita raiva. Os donos das terras de lá, botavam os pistoleiros, eles ajudavam e faziam o serviço. Mas só que hoje já está todo mundo unido: deram-se as mãos.

Esse assentamento é pra ter 135 assentados. Agora tem muitos agregados.[2] Os agregados são os filhos dos assentados. Acho que tem bem uns seis filhos de assentados que já estão cadastrados, mas eu acho que não dá pra assentar todo mundo. E os filhos vão casando, os pais não querem deixar os filhos irem pra fora, aí tem que ficar aqui no assentamento. Eles vão fazendo trabalho nas terras que pertencem aos pais. Tudo que está aqui foi plantado. Tem os coqueiros coletivos e tem os individuais. Esse aqui do meu quintal é individual. Aqueles ali, também são individuais. Agora, aqueles outros acolá já é coletivo. É coletivo, da comunidade. Tem os coletivos e tem os individuais, de cada assentado, não é?

---

[1] Interessante ressaltar que, na época, a luta pela terra na região envolvia conflitos com a igreja, com a empresa Ducoco, e outros. Uma das formas encontradas pelos camponeses foi a da luta comum, em que planejavam as ações coletivamente, envolvendo todas as comunidades. Até hoje permanece essa forma na região, com os povos indígenas, os pescadores e os sem-terra: todos participam de tudo. Atualmente as pressões vêm das instalações de parques eólicos, maricultura [pesca predatória], da própria Ducoco, dos projetos de construção de *resorts* e de tomada das terras por estrangeiros, especialmente europeus, como é o caso de Barra de Moitas e Maceió. (Nota de Lourdes Vicente).

[2] O Assentamento Lagoa do Mineiro geograficamente situa-se no município de Itarema, a 22 km da sede e a 170 km de Fortaleza. Oficialmente, o Assentamento Lagoa do Mineiro surgiu em 25 de julho de 1986, data de imissão de posse. São 135 famílias distribuídas em sete comunidades: Cedro, Lagoa do Mineiro, Córrego das Moças, Saguim, Mineiro Velho, Corrente, Barbosa. Em 2012 contava com uma população de 1.028 pessoas, sendo 135 famílias assentadas e 85 agregadas. (Nota de Lourdes Vicente).

Dona Chaguinha e a sua neta, março de 2019. Foto de Lucas Assis.

Trabalham uma vez por semana. Cada comunidade tira um dia por semana para trabalhar no coletivo, não é? Na reunião, eles se reúnem uma vez por semana cada comunidade; aí, na reunião, eles discutem qual o dia que vão para o coletivo. Por enquanto, são só os homens que vão para o coletivo. Quando precisa trabalhar mais, assim, no mutirão, as mulheres vão. Aqui na comunidade, aqui do Corrente, não vai todo mundo para o coletivo, não. É uma parte de pessoas que vão para o coletivo. Porque sempre fica aqueles outros sem querer ir, não é? Eles tiram uma comissão para a cooperativa e o outro fica na comunidade, para o coletivo. Vendem, e aí eles tiram a parte para a cooperativa e a outra parte é para eles. Depois, são os próprios atravessadores que passam comprando.

A preocupação da gente é que a gente está ficando velho. A gente teve uma luta. Quando a gente partir para outra vida, a luta da gente fica perdida? Tem que deixar para os filhos, não é? Por isso que a gente se preocupa. Até veio uma conversa que iam dividir, parcelar as terras, não é? Umas pessoas são contra e outras são a favor. Porque às vezes aquelas mais espertas vão fazendo os seus quintais grandes, vão botando a sua criação e os outros vão ficando 'pra acolá', sem nada. É a preocupação dos assentados hoje. Porque cada assentado tem dez filhos, oito filhos, seis filhos. E os filhos têm que ficar é aqui! Não é? [Tenho] dez netos. [Cateline, a neta que assiste à entrevista, sorri.] Tem duas aqui, essas duas, essa menina aqui e outra pequeninha. Tem uma neta lá na Barbosa, que foi a primeira neta que nasceu. Meu filho fez uma neta por aí. Tem três aqui por enquanto. Tenho outro neto lá no Itarema, e os outros estão em Fortaleza. Estudam.

Esta luta, ela não pára, não!

Maria Expedida Lineu Silva, Dona Maria Bia, 57 anos, Assentamento Lagoa do Mineiro, Itapipoca.

Dona Maria Bia, março de 2019.
Foto de Lucas Assis.

Ofereceu-me um tapete feito de trapos, e muito mais. Além dos tapetes, faz redes que unem fios – por isso, sabe tanto sobre o que junta, cruza e entretece. A história desta mulher é uma batalha pela terra e pela educação dos filhos, procurando criar-lhes condições que não teve – e seguindo as filhas, ao escolarizar-se em adulta, porque o futuro está sempre a fazer-se, e não há idades que excluam da instrução. A via sacra para conseguir a terra, tendo pela frente um padre proprietário, que disse aos moradores da Lagoa do Mineiro que fossem morar no inferno, é por ela narrada em versos, num cordel, e cantada numa canção. Agora, canta menos, que uma alergia vai-lhe tolhendo a voz, mas fala com ardor das conquistas, numa terra que foi regada a sangue. A sua infância está marcada pela pobreza. Já na dos filhos, salienta as dificuldades para poderem estudar, com a fraqueza e o cansaço, devidos às longas distâncias percorridas para irem até a escola, quer pela escassez de alimentação. Ouvi dona Maria Bia cantar e recitar, enquanto a sua família circulava, perto de nós, entre nós. O dia ia-se tornando lúcido, firme, inesquecível.

Meu nome é Maria Expedida Lineu Silva, mas sou conhecida como Bia, e a minha história é uma história de luta. Os meus pais, eles nasceram no município de Itapipoca. Aí, no 1961, no dia 13 de maio de 1961, eles vieram pra cá, e eu vinha na barriga, aí no 1961. No dia primeiro de setembro eu nasci. Aqui eram poucas casas, bem pouquinhas casas, eram só duas casas que tinham aqui: a do meu pai e a de um cunhado meu. Nós crescemos assim, numa tranquilidade maior do mundo, só duas famílias. Tínhamos um exemplo de vida: era um respeito total aos nossos pais, a nossos parentes. Quando eu era criança, foi muito bom. A minha infância foi tranquila e calma. Só que eu sou filha única, da minha mãe, do meu pai não. O meu pai casou três vezes: da primeira mulher dele foram cinco filhos, da segunda foram nove e da terceira fui só eu. Me criei mais este casal de idosos, não é? Muito tranquilo, respeitando, falando pouco, que neste tempo a gente não podia falar muito. Palavrão, 'deus defenda', não é? De falar palavrão. Tinha que ser do jeito que eles comandavam, só que muito bom. Eu tinha duas amigas aqui, uma que também era filha do meu cunhado: a comadre Santana e a comadre Francisca. Hoje são minhas comadres. Nós, muito pobres, não tínhamos condição de comprar nem uma boneca, muito pobres. Nós brincávamos com bonecas de pano que nós fazíamos, que nós não tinha nem um brinquedo. As nossas condições eram muito precárias. Mesmo assim, nós éramos felizes, muito felizes! Nós brincávamos. Nossas brincadeiras eram de roda, aquela brincadeira da ciranda, essas eram nossas brincadeiras. Brincadeiras de roda, e cedo a gente ia dormir, porque não tinha pra onde a gente ir. Vivemos aqui na infância. Os meus outros irmãos já eram todos casados, eu não tinha quase contato com eles. Respeito bastante eles, meus irmãos, eu tomo a benção e foi assim. A nossa infância foi assim. E aí nós fomos crescendo, fomos crescendo, até que casei. Nós, que morávamos aqui, eu e mais duas companheiras, minha sobrinha, casamos. Eu casei no 1977, no dia 15 de agosto, e aí tive uma família grande de 5 filhos. Aí, depois o meu marido morava ali no Mineiro Velho, eu morava aqui bem pertinho, não é? Começamos a namorar e com pouco tempo casamos. Eu vivia mais o meu pai e a minha mãe, poucas pessoas, não é? Tudo era bom, mas quando eu me casei, que eu comecei a ter meus filhos, foi diferente. Porque, você sabe, criança precisa de muita coisa. Foi que eu vi a necessidade da pessoa estudar. Eu caí na real, que tinha que estudar, e botei meus filhos para estudar. Botei mesmo com unhas e dentes, pra eles estudarem, pra eles terem alguma coisa na vida, através dos estudos deles. A minha filha mais velha, foi a que mais sofreu. Porque a minha história é muito longa. Se eu fosse contar a minha história dava não sei quantos livros. Eu fui, e botei a minha filha pra estudar, com muita dificuldade. Quando ela estava na quarta série, nesse tempo era a quarta série, foi obrigado ela ir estudar para Itarema, para a sede, porque aqui não tinha mais professora que ensinasse. Da quinta pra cima, não tinha. Ela foi estudar lá. Saía daqui três horas da manhã, pra pegar um pau-de-arara lá no Corrente, e, quando chegava lá, ia toda molhada de chuva, sem dinheiro, sem nada. Quando era 3 horas da tarde, ela voltava, se arrastando. Quando chegava, não tinha suficiente pra ela. Pra ela, e nem pra ninguém. Quando foi um dia, ela adoeceu, pegou uma doença, uma doença muito forte. Eu sabia por que ela estava doente: era só de fraca. Uma companheira minha disse assim: 'Comadre Maria, você sabe porque que a Raimundinha tá doente?' Eu disse; 'Sei, mas não quero dizer'. E aí, começou a ficar doentinha, mas tinha que estudar, porque era obrigado. Principalmente no tempo das provas, quando ela saía doente, saía chorando. E eu ficava [chorando?]. O consolo que eu dizia pra ela era: 'Minha filha, um dia nós vamos sair dessa'. Só isso que eu dizia pra ela, porque eu não tinha nada pra dar a ela. Aí, veio um anjo na nossa vida que foi a Ivaniza, arrumou uma escola, depois que ela estava na oitava série, arrumou uma escola. Primeiro essa escola dela, era 30 reais que ela começou a ganhar, 15 pra ela e 15 pra outra companheira lá, pra Lucinha. Aí começou, a coisa foi melhorando mais. Quando ela estava formada, eu não tinha estudo, que aqui não tinha como. Aqui era só mato, não tinha estudo aqui. Quando ela se formou, disse assim: 'Mamãe, agora é a sua vez'. Eu disse assim: 'Minha filha, papagaio velho não aprende a falar'. Ela disse assim: 'Sim, papagaio não aprende, não, mas cristão inteligente aprende'. Eu disse: 'E aí?' [A filha]: 'Aí, agora você vai aprender, você vai estudar, e é comigo'. Nesse tempo tinha um programa do governo que era o TAM e o TAF, era o segundo grau e o primeiro grau. Assim eu fiz, eu estudava à tarde aqui, no colégio, e à noite eu estudava na Barbosa, e eu fui. Conclui o meu primeiro grau, conclui o segundo. Quando foi no 2002, abriu um concurso público aqui na cidade de Itarema, ela disse assim: 'Mamãe, agora eu e você e a minha outra irmã, nós vamos fazer concurso'. Eu disse: 'Não, vou não'. Ela disse: 'Você vai'. [Eu]: 'Pois então, vamos'. Aí fomos, elas duas, minhas filhas, fizeram pra professora, e eu fiz pra auxiliar, passamos todas três. Essa é a minha história, história de luta, de muita luta, mas muito sucesso, graças a Deus. Raimundinha é professora, a Flávia é professora, o Flávio é professor e a minha caçula ela fez agora a faculdade pra assistente social. Mas também passou, terminou a faculdade e o meu outro filho, o Zé Ricardo, esse não quis ser professor: 'Mamãe eu não quero ser professor. Agora, se a mamãe me ajudar, que eu quero ser motorista, mas eu quero ser motorista que eu possa andar pra qualquer lugar, com a minha carteira B'. Eu disse: 'Pronto, meu filho, eu lhe ajudo'. E ele não é professor, mas é motorista. Ficou todo mundo trabalhando na terra, porque não adianta a gente lutar por uma terra, não adianta a gente lutar por uma terra, derramar sangue e depois pegar a família e botar pra cidade grande, não adianta. Eu lutei pela minha

Dona Maria Bia, março de 2019. Foto de Lucas Assis.

família, mas pra nós trabalharmos e vivermos aqui. Quando eu estava criando meus filhos e eles eram pequenos, eu disse 'Vamos se ocupar com qualquer coisa, não só de plantar feijão, plantar milho, trabalhar em farinhada'. Fui buscar uma moça lá no Itarema, ela veio e me ensinou e ensinou os meus meninos a fazer rede. Daí pra cá nós aprendemos. [Quantas redes faz por mês?] Quando eu fazia mais eles, nós fazíamos umas dez. Mas agora todo mundo trabalha, não é? Agora por mês eu faço uma ou faço duas, mas já é uma grande coisa.

Com muita luta, mas com muita esperança, esperança de vencer. Porque nós não tivemos estudo, eram só duas casas, aqui era só mato, pouco desenvolvido. Mas eu prometi que a minha família não ia ser como eu, eu ia fazer tudo na vida para os meus filhos estudarem. E fiz. Aí, eu disse pra Deus: 'Meu Deus se for preciso eu pedir esmola, eu vou pedir, mas vou educar'. Mas não precisou. Com a minha luta, com o meu esforço, eu mandei educar minha família todinha, e todos eles são formados. E depois da luta da minha família, ainda pequenos, começamos uma luta muito forte, que foi na desapropriação da nossa terra. A gente não tinha tempo, nós não tínhamos tempo de nada, porque a gente precisava viver, morar numa terra, que essa terra, pra nós ela corre leite e mel. Era preciso que nós lutássemos por ela, porque o patrão não dava oportunidade de a gente trabalhar nela e viver. E aí, nós começamos a nossa luta e essa nossa luta foi vitoriosa! Foi vitoriosa demais porque aonde há luta, há esperança, e tem conquista. Conquistamos a nossa terra. A nossa terra hoje é coberta de várias coisas boas, tudo de bom tem na nossa terra. Eu sou uma pessoa muito feliz, porque minha família é toda criada, formada, tem a terra para trabalhar. Companheiros bons que eu tenho... Sou casada, graças a Deus, e, enfim, já tenho netos. Tenho 6 netos maravilhosos e ainda tenho a minha mãe. E com toda essa luta que nós tivemos aqui no assentamento, aí veio os companheiros do MST. Eles deram uma força, um apoio muito bom pra nós. Deram não, ainda estão dando. E hoje nós estamos aqui contando essa vitória, vivendo em uma terra ótima! E é tudo de bom.

[Aqui] não houve acampamento porque nós já morávamos na terra, não é? Nós já morávamos na terra. O patrão era um padre, e era um monte de pessoas que comandavam essa terra. Nós tínhamos nossos barracos, que nós estava com muito tempo mesmo que morava aqui. Quando foi um dia, eles mandaram um recado. O padre mandou um recado, que queria ver os moradores. E aí foram. Tinha ali uma areazinha, que o nomezinho lá se chama Miranda. Só que o padre só dava ordem para os trabalhadores brocarem em outubro, em novembro, porque ele já não queria que o pessoal fizesse nada, não é? E o pessoal disse assim: 'Olha, eles vão dar ordem pra nós brocar'. E foram. Perguntaram ao padre; 'O que é que você quer de nós?' Aí, ele disse: 'O que eu quero de vocês é que desocupem a terra.' Um companheiro nosso daqui fez uma pergunta. Eu não estava na reunião, eu não fui, mas quem foi contou. O companheiro, que estava na luta, disse assim: 'Padre, e nós vamos morar onde?' Aí, ele disse: 'No inferno!' Ele disse: 'Não, lá não tem condições de nós morarmos'. Começamos a se organizar, isso em 1984. Começamos a se organizar. Nós não tínhamos como, [não tínhamos] orientação de se organizar. Chamamos pessoas que podiam nos orientar. Chamamos a Pastoral da Terra, começamos a luta. Tivemos apoio do doutor Pinheiro, tivemos apoio da irmã Bete e da irmã Maria Alice – esses foram os nossos três anjos. Eles nos orientaram, como [era para] nós conseguir a nossa terra, pra nós morar. Dentro deste processo todo, perdemos uns companheiros ainda. Mas quando nós perdemos os nossos companheiros, nós dissemos pra eles: 'Companheiro, o seu sangue nunca vai ser esquecido'. Foi o Francisco Araujo Barros: 'O seu sangue nunca vai ser esquecido, e o seu sangue vai dar muitos frutos'. E foi o que aconteceu, a nossa terra foi desapropriada. Foi festa! Depois da desapropriação da nossa terra, nós viemos produzir nela. Nós não tínhamos nada, ela era nua. Depois que a nossa terra foi desapropriada, aí sim, veio tudo que a gente precisava de uma terra: plantação, casa, que nós não tínhamos casa, nós tínhamos barraca. Veio casa, veio trator, veio carro, veio tudo que a gente precisa, em uma terra para nós sobrevivermos. Nós plantamos milho, feijão, roça, coco, temos cajueiros e essa é a nossa cultura do Assentamento Lagoa do Mineiro. E nós trabalhamos mais. Eu pelo menos, fora desse nosso trabalho, trabalho com artesanato: eu faço rede, eu faço roupa e eu faço tapete. Porque era uma coisa que eu tinha muita vontade de fazer, mas nunca tive oportunidade. Depois que a nossa área foi desapropriada, o Incra botou muitos cursos e eu gostei muito de um curso de corte e costura. Isso aí foi em 1998. Fiz um curso de corte e costura e passei. Desse tempo pra cá, até hoje, ainda costuro. [Redes], eu faço e vendo mesmo aqui. Eu, mais a dona Chiquinha, nós fazíamos música, nós fazíamos música. Eu tenho a história do assentamento em versos, também. Fiz várias músicas, só que de há um tempo pra cá, estou com um problema: peguei um problema de alergia. Aí, pra mim, cantar é muito ruim, mas canto ainda. Problema na garganta. Quando eu começo a falar muito, quando eu começo a cantar, me dá uma coceira na garganta e eu começo a tossir. Agora quero as minhas músicas, pra eu não errar. Podia ter pegado o meu caderno, não é? [Sai para buscar o caderno].

> Nós passamos por cima de bala
> Nós lutamos pensando no amor
> Que Jesus ele ia nos dar
> Uma terra pra todos morar
>
> Foi assim que nós todos lutamos com fé
> Homem, criança, mulher
> A vitória ele nos confiou
>
> Esta luta ela não pára, não
> Cada vez vamos se organizar
> Pra não ver as coisas se acabando
> É preciso a gente lutar
>
> Pra não ver as coisas se acabando
> É preciso a gente lutar
> Hoje temos casa pra morar

Tenho quase 30 músicas que eu fiz. Mas é porque me dá uma coceira, uma vontade de tossir. Eu vou cantar outro versinho. Quando o nosso assentamento fez 25 anos, eu fiz uma música. Só que essas músicas são todas minhas, e de minha autoria também. Ai eu que canto, ai eu vou cantar mais dois versinhos, se eu pudesse cantar, eu cantava todinhas, porque eu gosto muito de cantar. Isso foi quando o nosso assentamento fez 25 anos.

Vem meu irmão
Vem que o jantar tá na mesa
Temos festa com certeza
25 anos de união

Nós estamos em festa de novo
Uma festa pra comemorar
25 de anos de luta
Esse povo vamos festejar

Vem meu irmão
Vem que o jantar tá na mesa
Temos festa com certeza
25 anos de união

Desculpa eu não cantar mais, mas nós vamos fazer um *show* ainda, com violão, com pandeiro. [risos] É outra que eu também fiz quando o nosso assentamento fez 25 anos. Agora, tem 32 anos. E aqui, a história em cordel do nosso assentamento. [Faz a leitura do cordel sobre a história do assentamento]

Tudo que aconteceu
Uma história tão triste
Com tanta morte se deu
Mas lutamos com firmeza
E a vitória aconteceu

Vou contar em poesia
Pra vocês com muito amor
A história de um patrão
Que tanto nos massacrou
Que queria nos matar
O povo trabalhador

Sou filha desta terra
Lutei com meus irmãos
Nunca perdi a esperança
De ter um pedaço de chão
Com a esperança de todos
Que ganhamos essa questão

Vimos nossos filhos
Pedir um pedaço de pão
Trabalhava noite e dia

Descanso não tinha não
E assim o tempo passava
Nessa grande ilusão

Nós pobres pensamos assim
Vou buscar nossos direitos
Porque onde ele estiver
(?) satisfeito
E o rico desesperado
Pensa como dar um jeito

Começamos a ler a Bíblia
Com amor e atenção
Que Jesus nos ensinava
A viver em união
Só assim nós combatia
A miséria e a opressão

No ano de 84
Começamos a lutar
Chamamos um advogado
Para nos orientar
Pois nós não sabia
Por onde começar

Veio também doutor Pinheiro
Com toda satisfação
Veio também o padre Cleuto
Apoiar os seus irmãos
Foi com a ajuda de todos
Que ganhamos essa questão

Foi com sangue derramado
Que criamos muita coragem
Lutamos homem e mulher
Com amor e muita paz
Porque os pistoleiros
Eram agressivos demais

Os pistoleiros armados
Prontos para matar
Homem, mulher e criança
O que pudesse encontrar
E assim o povo vivia
Na mira dos marajás

Quem mais nos atrapalhava
Era algum babão
Que o nome desse cabra
Jamais esqueço não
Hoje temos guardadas
Profundas recordações

Na luta por esta terra
Um irmão nosso tombou
Foi o sangue derramado
Que muitos frutos brotou
E o povo se organizava
Com fé em Nosso Senhor

A terra já libertada
Só faltava nós cultivar
Já temos vários projetos
Casa para morar
Açude, viveiro de muda
Para o agricultor desfrutar

Hoje está tudo mudado
Tem tudo a nosso favor
Morada, casa e comida
Carro, dinheiro e trator
Foi com a ajuda de Deus
Que as coisas melhorou

Os nossos filhos estudavam
A 30 km daqui
Passava fome e cansaço
Mas nada de desistir
Porque não tinha jeito
De estudar por aqui

Temos sete escolas
Plantadas aqui nesse chão
Antes não tinha nada
Nem um pequeno salão
Os nossos filhos estudavam
Todos sentados no chão

Temos a nossa cultura
Dentro do nosso lugar

Rádio e muito mais
O povo sabe brincar
A nossa poesia
Da cultura popular

Hoje o MST
É nosso grande parceiro
Luta por reforma agrária
Pra ajudar os companheiros
Garantindo os direitos
Desse povo guerreiro

22 de agosto
O dia de comemorar
Nossa Senhora da Libertação
Vamos todos festejar
É a santa escolhida
Do povo desse lugar

Hoje nós temos orgulho
De morar neste lugar
Num pedacinho do mundo
Num cantinho do Ceará
Que Lagoa do Mineiro
Tem história pra contar.

A gente teve essa resistência de lutar, de morrer. Como ele, que foi um que tombou na luta

Maria de Jesus da Silva Barros, 72 anos, Assentamento Melancias, Amontada.

Dona Maria de Jesus, março de 2019. Foto de Paula Godinho.

Escolheu um belo e calmo local do quintal para a entrevista. A chuva, sempre agradecida no Ceará, obrigou-nos a desmontar tudo, e a dispôr a câmara num alpendre menos luminoso, mas resguardado. Maria de Jesus tem uma trajetória marcada por múltiplos sofrimentos. Quiçá o maior seja o assassinato do marido, Francisco Araújo Barros, no dia 12 de agosto de 1987, às 9h40, pelas mãos de pistoleiros. Coloca a fotografia dele atrás, quer que posicionemos a câmara para que ele apareça – ali, onde está, é mais do que ela. A partir desse dia fatídico, a história da sua família incorporou dificuldades inauditas, nomeadamente quanto à possibilidade de outros futuros para os filhos, que não puderam estudar. Dona Maria de Jesus é enfática na diferença entre alfabetização, que considera que é ensinar a ler e escrever, e a educação, que inclui lutar pelos direitos. É uma história de vida em que o sentido do comum, do mutirão, do trabalho coletivo, parece ser o caminho que pode perder-se, depois de satisfeita a necessidade básica, que unia os moradores: a terra. Salienta que quando não se vive bem, há mais fé e esperança, e é mais fácil juntar as pessoas, abrindo a porta para pensar-se como é possível continuar a juntar aquelas e aqueles que, superado o nível do essencial, delineiam outros caminhos.

Meus anos de vida são 72 anos de idade. Nasci em 1947, no dia 16 de oito, e tenho essa idade, acho que vai fazer 72 anos. E a minha vida... O meu nome é Maria de Jesus da Silva Barros. Nasci no Itarema, no município de Itarema e morava no município de Itarema. Aí, quando a gente começou a luta, que veio morar aqui no assentamento, passou a ser município de Amontada, mas antes era Itarema. E, a minha história de vida... Sim, os meus pais. Os meus pais, eles já morreram. Eu sou órfã de pai e de mãe, de sogro e de sogra, e de marido. Hoje só tenho meus amigos, e os meus filhos comigo. Mas estou feliz, graças a Deus! Meu pai morava na Lagoa do Mineiro. Eu nasci na Lagoa do Mineiro, ali aonde é a casa do Eugênio. Ali era a casa do meu pai. Ali eu nasci, fiquei e dali vim morar nas Palmeiras, e das Palmeiras vim morar aqui. [O pai] trabalhava na agricultura. Eu nasci, fui criada trabalhando na agricultura. Estudei até o terceiro ano. Neste tempo, a gente...

A chuva começou a tombar com intensidade, tivemos de procurar um outro local, menos belo mas que mantivesse a câmera de filmar em condições. Dona Maria de Jesus recomeça:

Pois é. A gente morava na Lagoa do Mineiro, nasci na Lagoa do Mineiro. O meu esposo também era filho da Lagoa do Mineiro. Nós trabalhávamos em agricultura. Era o trabalho que a gente tinha, era esse. E o problema que aconteceu com meu esposo foi problema de necessidade. Aconteceu que a gente trabalhava para os patrões e tudo que a gente fazia era repartido para os patrões. Se a gente fizesse o milho, tinha que ser para o patrão, pra pagar renda. Era disso que a gente precisava. Trabalhava da agricultura para poder arranjar o pão de vida. Quando a gente se reuniu em comunidade, a gente foi trabalhando por comunidade. Eram sete comunidades juntas, a gente trabalhava junto e deixamos de pagar renda. Aí começou a história mais pesada para o nosso lado, não é? Botaram pistoleiros. A gente não dormia de noite, se escondendo dos pistoleiros. Eles vinham atirar nas casas, a gente corria para os matos com as crianças nos braços. Mas, com isso tudo, não fez a gente desistir da nossa luta, porque se a gente desistisse, como é que a gente ia viver? Porque a gente não tinha terra pra morar, precisava de alimentação pra se alimentar, e é da terra que a gente vive! A gente teve essa resistência de lutar, de morrer. Como ele foi um que tombou na luta. E mais companheiros. E eu fiquei com oito filhos: seis mulheres e dois homens. O caçula ainda mamava, ia fazer 4 anos. E fiquei. Os meus pais queriam que eu fosse morar com eles. Eu disse: 'Pai, eu não vou morar com o senhor. É o seu direito o senhor me procurar, para me acolher, mas eu vou ficar é com o povo!' Fiquei junto com o povo, com esses oito filhos: o mais pequeno mamava ainda. Foi pesado! Foi uma carga que eu quase que não aguentava, mas eu sentia que, quando eu queria desistir, alguém pegava na minha mão e me dava coragem. Quando eu queria desistir... Às vezes, a vida da gente tem muitos tombos. A gente tomba muito, mas quando eu queria tombar eu sentia que alguém pegava na minha mão, e me ajudava a levantar e eu continuava, continuava lutando. Não desisti, fiquei lutando, as minhas filhas junto comigo, os meus filhos junto comigo. Eu não abandonei ninguém, não abandonei meus filhos, fiquei com eles. Foram casando, que é o normal, não é? De a gente arranjar pessoas para tomar conta da gente... E eu fiquei. A gente era sócio da associação lá do Salgado Comprido. Neste tempo, eram as sete comunidades, trabalhavam tudo junto! A gente sentou (isso depois que o Chico morreu), a gente sentou e fundamos a associação para nós. A gente foi trabalhar nessa associação. Eu fui trabalhar como presidente quatro anos. Aí é que foi pesado pra mim! Nessa época, eu abandonei meus filhos, a minha filha mais velha era quem tomava conta dos mais pequenos. E eu viajando, para um lado e para outro. Viajava pra Brasília... Aí a gente se encontrou... Foi uma ajuda mandada por Deus, que nunca a gente se desespere com as coisas, que sempre... Quando Deus está com a gente, tem alguém que ajuda a gente. Nessas viagens, eu me encontrei com as meninas do Movimento [MST]. Apesar de Deus, que é acima de tudo, eu devo muito favor ao pessoal do Movimento. Quando a gente se engajou com as meninas do Movimento, aí foi diminuindo mais o meu sofrer, porque já tinha alguém junto comigo, já tinha gente me ajudando. Aí, fomos entrando na desapropriação, foi desapropriado aqui nas Melancias, e entrou os projetos. Fiquei lutando com os projetos na época dessas casas, eu era ainda presidente. Ai a gente mudou-se pra cá e quando foi pra ser... para ter punição para a pessoa que tinha matado o meu esposo, o Movimento me ajudou muito! É aí, nesse ponto, que eu devo muito, muito favor. Eles me ajudaram muito para ter acontecido como aconteceu. Ia fazer 13 anos dele falecido, a gente conseguiu prender a pessoa, que morreu na cadeia. Ele morreu na cadeia. Esse favor eu devo muito a Deus, que recompensa a nossa luta. Nós lutamos pela terra, lutamos pelos nossos direitos, lutamos por moradia... Nós já temos onde morar, mas tem muita, muita gente ainda precisando, não é? Eu peço que Deus nunca deixe de estar ao lado das pessoas que lutam, dos pobres que lutam por uma vida melhor, que é isso que nós precisamos. Nós não precisamos de riqueza, mas precisamos do pão de cada dia pra comermos com nossos filhos. E o Movimento, ele é forte, hoje! E eu tenho fé em Deus que há de ser para sempre! Nossa força de trabalhador, não é de desistir. Nós temos é que lutar pelos nossos direitos, pelos nossos irmãos que precisam. Porque hoje eu estou assentada, já tenho o meu cercado, tenho as minhas plantas, tenho o que botar na minha mesa, mas milhares e milhares de companheiros estão necessitando de ajuda nossa! E é nós que temos

Dona Maria de Jesus e Paula Godinho, março de 2019. Foto de Lucas Assis.

que ajudar, porque se nós já tem, mas nós devemos nos lembrar daqueles que não têm. A gente vê o destroço que está acontecendo, hoje. A gente diz assim: 'Não, eu já moro em assentamento, eu não preciso mais'. Agora é que nós precisamos! A nossa luta não terminou. Agora é que nós precisamos lutar pelos nossos direitos! Que quando nós nos desanimamos, nós desistimos de lutar pelo que é nosso, alguém lá de fora vem e toma o que é nosso. Aí, é preciso agora nós lutarmos com firmeza e com fé! De nunca nós darmos de graça aquilo que nós tanto lutamos! Porque nós perdemos sangue pelos nossos irmãos, pela terra! Às vezes eu fico assim, pensando, que nos princípios a nossa mãe terra era banhada de lágrimas. A gente chorava, que eu cansei de ver mãe de família chorando porque não tinha o que dar de comer ao filho. A gente chorava porque trabalhava, assim, na terra, mas era uma coisa privada, que o patrão não deixava nós, trabalhadores, trabalharmos. A gente chorava, porque não tinha aonde ir atrás. Hoje eu vejo. Sinto muito a nossa mãe terra ser banhada por sangue, sangue dos inocentes como o meu marido, que foi uma pessoa que doou sangue por tanta gente! E tanta gente não se sentir!? Que eu acredito que, quando nós perdemos um companheiro nosso, que derrama sangue, doa a vida dele por tantos companheiros e os companheiros, aí era que podia mais se unir! Aí era que podia mais se amar, amar a nossa mãe terra. E isso não está acontecendo nos nossos assentamentos, não em todos. Mas depois disso, que cada um arranjou o que queria, aí se esquece dos outros. E não é pra

Lagoa do Mineiro, homenagem aos mártires. Foto de Paula Godinho, outubro de 2017.

acontecer isso. É para nós, agora, ficarmos junto! Agora que é pra nós reforçarmos a nossa força, a nossa fé!

Ele [o marido] foi assassinado. Vou contar a história dele como foi. Quando começou a luta, a gente trabalhava de mutirão. Aqui o trabalho da gente é brocando. No tempo das brocas, se juntava as sete comunidades, os homens, e iam brocar o roçado, por exemplo, de um companheiro, no outro dia era de outro. Nesse dia, eles se arrumaram e foram trabalhar em broca, brocar o roçado lá dos companheiros, e lá fizeram. Os pistoleiros se juntaram no mato, fizeram tocaia e atiraram nele. Deram dois tiros: um tiro no peito, outro tiro pegando o quarto,[1] que a bala saiu do outro lado. E, depois que ele morreu, rolaram o pescoço dele, depois dele morto rolaram o pescoço. Nesse tempo, na época que ele foi falecido, ele ia fazer 42 anos, que ele é de 1945 e eu de 1947. Ele morreu no dia 16 de agosto. No dia 12 de agosto, eu completei os 40 anos de idade. Fiquei viúva com 40 anos de idade, com oito filhos: seis mulheres e dois homens. Só quem mora longe é a Maria,[2] que mora no Rio Grande do Sul. As outras moram pertinho de mim. [Pergunto se os filhos são assentados] São. Aquela casa ali é do meu filho

---

[1] Quadril. (Nota de Lurdes Vicente).
[2] Maria se tornou militante e dirigente do MST e hoje mora em um assentamento no Rio Grande do Sul, de onde é seu companheiro.

Lagoa do Mineiro, Cruzeiro dos Mártires. Foto de Paula Godinho, outubro de 2017.

caçula, e o outro, mora comigo. Agora os netos, eu não sei da soma, não. [risos]

Na época que nós morávamos na Lagoa do Mineiro, que meu pai morava lá, a gente... Eu nasci na agricultura. Escola era muito difícil. Nessa época, a gente comprava os livros, cadernos, pagava professora pra gente poder estudar. Quando era na época que a gente podia, quando não podia... É porque tinha que pagar a professora. Eu estudava lá no Miranda. A minha primeira professora o nome dela é Maria de Jesus. Estudei no Miranda, lá onde é hoje Assentamento Lagoa do Mineiro.

Na época era também vizinho à Lagoa do Mineiro, Salgado Comprido. Onde eu estudei primeiro, a minha professora era Maria de Jesus. A gente tinha tanta dificuldade de estudar... Não tinha transporte, a gente andava era numas veredinhas dentro do mato. Às vezes, os pais deixavam de mandar os filhos pra escola porque não tinha companhia, era só mato. A gente tinha medo de raposa, de cachorro doido... Assim, só ia se fosse acompanhado com as pessoas, não tinha transporte. A gente foi deixando de estudar devido às condições: não tinha condições. Os meus filhos também. Eu botei na escola, eles estudaram, não aprenderam muito, mas aprenderam a fazer o nome deles e ficaram comigo. Aí foi o tempo que aconteceu isso [assassinato do marido]. O meu menino mais velho também saiu da escola porque tinha os trabalhos coletivos, não é? Ele disse: 'Mãe, eu vou sair da escola, porque se eu for estudar, aí eu não vou trabalhar no coletivo'. Aí foram deixando, porque tinha o trabalho coletivo, e não tinha o pai pra assumir a responsabilidade. A gente foi estudando, assim, com essas tantas dificuldades: dificuldade de transporte, dificuldade de dinheiro pra pagar as professoras... Mas todos eles trabalham na agricultura: os meus irmãos trabalham na agricultura, os meus filhos trabalham na agricultura. É o nosso ramo de vida, é esse: o trabalho na agricultura. Porque a gente vê as dificuldades de emprego e a dificuldade de estudo pra poder arranjar outro emprego melhor... Hoje, pra gente se empregar tem que ter estudo, e a falta do estudo... Porque eu dou graças a Deus eles saberem fazer o nome deles, como eu também. O que eu sei fazer é o meu nome, escrevo alguma coisa, mas nasci desse jeito. Nós aqui trabalhamos na catequese, eu faço mística, a apresentar nos nossos momentos de oração. Eu escrevo, mas eu não leio. Mas as meninas leem as místicas, explicando o que significa, apresentam. No dia do trabalhador eu fiz uma mística, e muitos se admiraram, muito bonita, para apresentar no nosso trabalho: o que era que a nossa terra produzia pra nós. Eu levei ata, levei coco verde, levei mamão, levei laranja, levei banana, tudo pra apresentar, não é? Pra mostrar o que era a produção que a nossa mãe terra dava para nós. Aqui, nossa produção é de feijão e milho, mandioca. A terra aqui produz isso, porque no verão é mais seco, e a gente usa água lá da caixa. A gente tem agora a cisterna, é muito seco. A produção daqui é milho, feijão, mandioca. A nossa produção, nessa convivência de vida, é o que nós vivemos fazendo. Aqui nós temos 30 famílias, todas 30 trabalham na agricultura, porque não têm outro ramo de vida, como a gente que está empregada lá fora, porque não tem o saber, [pela] falta do estudo. Você conhece aqui: pra gente arranjar um trabalho melhor, tem que ter estudado. Toda caneta dos nossos aqui é a enxada e a foice. Graças a Deus que a gente vai vivendo isso. [Os netos] Estão [na escola] Hoje já... Pelo que a gente passou: as dificuldades, as necessidades de alimentação, de estudo, de moradia. Nós morávamos em umas casas... As nossas casas, sabe como eram as nossas casas? As portas eram de varas: umas varinhas, assim: emendadinhas uma na outra, e tecidinha. Ou então de palha de coqueiro. Quando a chuva passava, a gente já estava com a redinha aqui debaixo do braço para a goteira não molhar, porque era de palha, tapada por cima de palha. Todas essas dificuldades eu passei na minha vida. E, graças a Deus, estou contando a história. Mas hoje, devido a nossa luta, a nossa fé, e aquele desejo da gente de ter um acesso melhor de vida, hoje está melhor, graças a Deus. Hoje nós já temos estrada, e passa carro aí na estrada. De primeiro, nós andávamos era de pés. Quem tivesse um jumentinho, andava no jumento. Quem não tivesse, era de pés, com os carreguinhos que trazia lá do roçado nas costas. Os saquinhos de feijão, de milho, trazia nas costas, porque não tinha [transporte]. E hoje, através da nossa luta, da nossa fé, da nossa esperança... Que o sofrimento faz parte, o sofrimento da gente faz parte de tudo isso, faz parte da gente ter fé, da gente lembrar que existe uma pessoa que é Deus que socorre a gente. Tudo isso faz parte na vida da gente, o sofrimento. Porque quando a gente vive bem, eu acho que a gente não tem como ter mais fé de ter mais do que já tem. Mas quando a gente não tem, a gente tem aquela fé, a gente pede e ganha. Pois é, através desse nosso sofrimento, que faz parte da nossa fé, faz parte das nossas lutas, a gente hoje já mora em umas casinhas melhores; nós já temos onde trabalhar. No nosso assentamento a gente já trabalha o coletivo e trabalha o individual: tem o individual e os coletivos. Nós já pegamos carro aí na porta, nós já temos escola para os nossos filhos, já passa transporte aí pra pegar os nossos filhos para levar para a escola. Antes, quando era na minha infância, eu não passei por isso. Mas estou feliz que eu vejo os meus netos hoje terem acesso melhor do que no tempo que eu era mais jovem.

Pede que se ligue a câmara e o gravador, porque quer falar de uma mulher lutadora, cujo nome foi aposto à Escola do Campo.

A Nazaré foi uma das primeiras mulheres da luta daqui. Foi ela. Foi muito importante na nossa luta. Ela representou as mulheres do Nordeste, foi até na China! Ave Maria! Ela defendia muito a educação. É por isso que a nossa escola do campo tem o nome de Nazaré Flor: a gente prestou essa homenagem a ela com o nome da escola. Ela foi professora de educação. Também ela não estudou, não teve condição de estudar, só foi alfabetizada, mas ela alfabetizou muita gente também, tanto na parte do ler e escrever, quanto na parte da educação, na luta pelos seus direitos. Nasceu e se criou aqui, quer dizer, numa localidade ali, no Apiques que é bem na beira da praia. Trabalhava, era agricultora. Aí, ela morreu em 2008, nova ainda. Ela lutava tanto pela saúde das mulheres, fazia reunião, pedia que as mulheres se cuidassem. E, no caso, ela morreu tão nova de câncer no útero. Lutava tanto pelas outras, mas o tempo para ela foi pouco, que ela não se cuidou bem. Mas está lá, intercedendo por nós aqui. Ela foi também música, ela fazia música. Tem muita música dela por aí, até essa música que diz: 'Essa luta não é fácil/ mas tem que acontecer/ as mulheres organizadas/ tem que chegar no poder' [Canta:] Esta luta não é fácil /Mas tem que acontecer/A mulher organizada /Tem que chegar ao poder.

Nós vivemos libertos, fora de escravidão, graças a Deus!

Maria Moura dos Santos, "dona Maria Branca", 62 anos, Maceió.

Dona Maria Branca, abril de 2019. Foto de Paula Godinho.

Estamos sob uma mangueira enorme, à procura do fresco. Dona Maria Branca hesita em se deixar entrevistar com as roupas de trabalho, mas fica assim mesmo, com o seu confortável vestido de flores. Depois, havemos de passear pelo seu quintal – uma ode à abundância e à variedade –, com uma casa da farinha que mostra vestígios de trabalho recente, que foi de mutirão. Dona Maria Branca fala com entusiasmo da ação coletiva para conseguir as terras e instalar o assentamento, do que cultiva e produz, de como isso a faz feliz. Muda de tom quando se refere à divisão na comunidade, a partir do momento em que um empresário português, dito "o Pirata", lhes disputou os terrenos da costa, de que precisam para chegar ao mar. Aliciados por ele, alguns abandonaram a luta. Maria Branca, receou o pior por si, quando um homem se abeirou da sua casa, de modo ameaçador. É uma entrevista marcada pela nostalgia da união e da comunidade como um todo, sem as fraturas posteriores. Como epítome dessa unidade, que transcende a esfera local, e mesmo nacional, refere a regata anual que o MST organiza no assentamento, com as velas vermelhas dos barcos entre os azuis do céu e do mar.

Eu sou de 1957, dia 13 de outubro de 1957. Maria Moura dos Santos. Eu sou preta, e chamam eu Branca. É apelido dos irmãos, não é? Meu pai é daqui e a minha mãe também é daqui. Minha mãe faleceu eu tinha 44 anos, meu pai faleceu está com três anos. Meu pai ficou viúvo com um bocado de filhos, criou nós tudinho. Nós éramos dez, dez irmãos. Morreu um, tem nove vivos. Tudinho mora aqui. Tudo aqui perto. São assentados, sim. Só tem uma que não é assentada, vive aqui perto. Mas o resto, tudinho, é.

Estudei muito pouco. A escola naquele tempo era muito difícil. Eu fui criada pelos meus avós, não fui criada pelos meus pais. Minha mãe me deu, eu tinha sete meses de nascida. Aí, eu fui criada mais meus avós. Minha avó pagava a uma pessoa para eu estudar, aí estudei pouco. Toda a vida, eu tive muita dificuldade para ler. Brincava de boneca, brincava de esconde-esconde, se escondendo nas coisas. Brincava assim. A gente brincava muito. Agora as crianças não brincam muito, não. Mas de primeiro, brincava muito e ficava na lagoa nadando. Ia às vezes às festas, festas da igreja e festa também santa. Eu gostava muito de dançar, na festa de Nossa Senhora Aparecida, de São José, num lugar chamado Canaã. Eu tinha 21 anos [quando casei, e o marido] conheci aqui. Ele é daqui também, é mais velho sete anos. Tive dez filhos e três abortos. Morreram dois, todos dois com dez meses, um foi com paralisia infantil, aquela paralisia que morre uma banda, e o outro convulsão, assim, dando agonia. Tenho oito vivos, e mora tudo aqui. Só está esse meu menino em Fortaleza, agora. Moram tudo perto de mim.

Foi difícil para nós conseguirmos a terra aqui do assentamento. Foi difícil! Antes, não tinha terra, não. Trabalhava para os ricos, para os patrões que existiam, não é? Meus avós trabalhavam, plantavam para colher bem pouquinho. Porque a parte maior eles levavam, ficava pouco. Tudo eles levavam, não deixavam ninguém plantar as coisas, ninguém tinha um coqueiro, ninguém tinha... Tudo que tinha, era deles, porque eles não queriam que ninguém plantasse, para não ter direito a nada. E aí, sofria muito. A gente era muito escravo, sofria, era muito sofredor. Para nos criar, meu pai sofreu muito, porque meu pai era pescador, mas tinha que trabalhar o dia para eles. Graças a Deus, nós conseguimos, com muita luta. Ninguém sabia de nada, quando deu fé, a terra foi vendida para o Tasso, Tasso Jereissati. Ninguém sabia de nada, e quando deu fé, chegou a notícia que nós tínhamos que sair. Aí, começou a luta da terra: ninguém queria deixar as nossas terras. Lutamos e ganhamos, graças a Deus. Hoje tudo que nós temos, é nosso! Nós vivemos libertos, fora de escravidão, graças a Deus! É um lugar muito bom. Aqui onde eu moro, no Maceió, não existe tanta prostituição, tanta coisa. Já nos outros assentamentos, existe. Existe droga, existe aqui dentro, mas prostituição ainda não existe. Todo mundo se respeita, como amigo. Aqui tudo é uma família só: é primo, é irmão, é tio, só uma família, aqui. Nasceu só uma família, todo mundo se respeita. Você pode dormir com a casa aberta, ninguém bole em nada, ninguém rouba, pode andar

Dona Maria Branca, março de 2019. Foto de Lucas Assis.

mais qualquer, um homem, uma mulher, todo mundo confia um no outro, graças a Deus. Nós temos a liberdade de Deus aqui, ainda.

Eu trabalhava também. Aí venderam e nós nem sabíamos. Quando vimos, foi vendida a terra. Mas nós trabalhávamos nela, tinha que sobreviver trabalhando. Não trabalhava como agora. Agora a gente trabalha mais, porque a gente planta. Trabalhava, mas era para eles. Três dias por semana para eles, o resto era nosso. Nós não tínhamos direitos. Se caísse um coco, tinha que guardar escondido. No tempo dos nossos avós tinham mais medo, aí nem comia coco com medo, porque dizia que se comesse, pagava o coco. Era meio ruim. Tem pesca também, nós pescamos. O meu esposo tem o barco, ele pescava. E depois ficou de idade... Tem 68 anos, vai fazer 68 agora em junho, dia de Santo Antônio, dia 13 de junho. Ele deixou de pescar, porque a idade chegou. Os filhos começaram a pescar. Casaram. O meu menino ainda pesca, pesca e trabalha, pesca e trabalha. Pescam lagosta, pescam peixe serra, todo tipo de peixe. Todo tipo de peixe: sardinha, todo tipo de peixe. É uma fartura, a terra dá fartura de peixe! Vende esse peixe. Barato, mas vende. Os atravessadores é que compram, eles quem ganham, não é?

Nós ganhamos a terra pensando que a praia tinha entrado na história da terra, não é? Afinal, a praia já era dos meus tataravôs, nós tínhamos cemitério lá, nós tínhamos tudo lá. Tudo nós tirávamos da praia, pescávamos, tirávamos as coisas.

Quando deu fé, chegou esse Pirata lá de Portugal dizendo que a praia era dele. Não é todo mundo unido, é um grupo desse tamanho contra outros, uns são a favor dele, por causa do dinheiro. Os que pescam são a favor dele: pensavam que se ele ganhasse, ia deixar irem pescando. O pensamento deles era esse. Aí nós entramos para a luta. Começamos em 2001 a luta na praia, pela praia. Em 2005, 2007, o MST entrou conosco. Foi uma luta! Graças a Deus tivemos muita ajuda deles, tivemos muita conquista também! Nós temos um colégio muito lindo aqui, que arrumamos junto com eles, andavam mais eles. E aí foi uma luta! Essa daí foi pesada: fomos processados. Eu fui uma das que foi condenada, quatro de nós foram condenados e eu fui uma das que foram condenadas. Porque passou uma ventania e queimou lá umas coisas.[1] Eu levei culpa, as pessoas levaram. Depois fui julgada, depois fui na delegacia. O Pirata processou um cunhado meu, irmão do meu esposo, pro-cessaram, condenaram a 4 anos e 4 meses. Só que, graças a Deus, nós tínhamos advogado e não fomos presos. Bolou, bolou, bolou, andamos muito! Não sei, não fui chamada mais. Em 2014 ainda fui chamada, fui condenada. De 2014 para cá, chamaram só uma vez, aí o advogado derrubou. Não está correndo, não. Mas a gente sempre tem medo, não é? Mas foi muito pesado, que era irmão contra irmão. Ficaram lá, com [o Pirata] comprando gente da nossa família. Essa daqui mesmo [está se referindo à terra do assentamento onde fica a comunidade em que mora], essa aqui foi um assentamento, com todo mundo. A da praia, não. A da praia foi bem complicada. Um grupo é a favor, um grupo é contra. O povo dá mais valor ao dinheiro do que à vida, ao sossego. Nós temos muito medo aqui, porque na época que o Pirata estava lá mesmo (que ele era vivo ainda), ninguém passava, porque tinha pistoleiro. Na época da confusão mesmo, eles tinham muita raiva de mim. A raiva mais dele era de mim, não sei por quê. Um bocado de gente lutava, mas o ódio mais deles era em mim. Um dia, eu estava aqui, uma mulher aí vendendo umas coisas, uma galega vendendo as coisas, chegou um carro escuro. Esteve aí no meu portão, e eu conversando mais a menina. Aí, ele quis abrir aqui, mas desceu de novo. Meu esposo vinha lá da reunião, e, quando chegou, encontrou com ele. Eu tinha para mim que naquela época ele ia fazer a maldade, eu fiquei com medo. Foi verdade, alguém querendo fazer alguma coisa! Eu era essa pessoa muito alegre, viu? Acho que a pessoa se arrependeu, mas eu fiquei com medo. Não perguntou, não saiu, nem nada. A menina perguntou: 'E aquele carro ali, fazendo o quê?'. Eu

---

[1] Houve uma ação coletiva envolvendo gente da região, que derrubou uma pousada feita pelo alegado novo proprietário dos terrenos da praia. As pessoas referem que se têm direito sobre a terra, têm sobre a beira-mar, a que têm de aceder para pescar. Porém, o empresário pretendia construir um *resort* turístico, alegando que os direitos que os assentados tinham não abrangiam a costa.

Seriguelas nas mãos de dona Maria Branca, março de 2019. Foto de Paula Godinho.

conversei: 'Não sei, alguém que está aí'. Essa pessoa nem saiu, nem nada. De onde veio, voltou. Mas é muito pesado! Eu escaldei muito tempo.

    Foi muito bom, a regata, com todo mundo do assentamento unido, todo mundo junto. A regata tem gente de todo canto. Muito boa, a regata. A sétima já! Tem recebido muita gente estrangeira aqui na minha casa. Tem muita gente dos Estados Unidos. A irmã Maria Alice é dos Estados Unidos, teve uns tempos aqui, uns três anos comigo. Ela é uma pessoa que também luta muito, lutou muito. E agora está lutando lá com o pessoal que vem fugindo, não é? Ela está lá na extrema, lá [no apoio aos refugiados que tentam cruzar a fronteira entre o México e os Estados Unidos]. Ela com quatro irmãs (ou são três) estão lá. Aqui é muito bom, graças a Deus! Moro em um pedacinho do céu, com muita fartura, peixe... Produzo muita coisa: produzo ata, produzo coco, produzo manga. Tempo de manga, é muita manga. Graviola, seriguela, ainda tem seriguela, muita, muita. Meu esposo apanhava, juntava de baldes. Graças a Deus! Nós produzimos a macaxeira, a mandioca, remédio medicinal para doenças... Eu crio, crio muito, e nunca comprei um ovo, graças a Deus. Tudo que eu tenho é de casa mesmo, natural. Tenho a minha hortinha. Agora, no inverno muito grande, não presta para essas coisas, mas tinha minha hortinha. Muita fartura também, graças a Deus. Tem a romã, tem tudo aqui. Quando você for, se quiser levar, leve um pouquinho.

Lutar pela terra foi uma necessidade!

Maria das Graças Nascimento, 70 anos, Itapipoca.

Dona Graças, na sua casa, março de 2019. Foto de Lucas Assis.

Neste assentamento, a luta atual parece obscurecer a anterior, em que se conseguiu a terra. No final dos anos 1980, o que uniu os camponeses foi a luta pelo acesso a um espaço que pudessem cultivar e fruir. Foi então possível superar a situação anterior, de dependência de um patrão. Nos anos 2000 surgiu um empresário português que, por uma negociata politicamente urdida, reivindicou a propriedade das terras de acesso ao mar, onde queria fazer um *resort* turístico, aproveitando uma paisagem feérica e um mar convidativo. Num assentamento em que os agricultores e os pescadores coabitam, a resposta não se fez esperar: ocuparam a praia, com um acampamento em que se revezam, para impedir a construção. No relato de dona Graças, dói-lhe a divisão que esta última luta gerou na comunidade: parentes e vizinhos foram aliciados com presentes e empregos em Fortaleza para não se oporem aos interesses do empresário português. Dona Graças nos fala das lutas ganhas, da possibilidade de reter os filhos perto, do papel das mulheres nas frentes da ação coletiva, e em tarefas variadas, da agricultura ao artesanato, passando pela recolha das algas. Com delicadeza, mostra por que é conhecida como especialista na renda de bilros, com trabalhos muito coloridos e elaborados, conquanto lastime que uma alegada quebra no turismo tenha ocasionado dificuldades de escoamento das belas peças que ali se produzem.

Meu nome é Maria das Graças Nascimento. Eu tenho 70 [anos] completos. O nome do meu pai era Manoel João Pinto, e da minha mãe, Ana José do Nascimento. Eles nasceram e se criaram aqui, aqui no Maceió, e a profissão sempre foi agricultura. A minha mãe de tudo fazia um pouco: pesca e agricultura. Meu pai pescava, a minha mãe e também a gente, nessa época, a gente trabalhava. A gente era quem fazia rede para dormir: a gente fiava o fio de algodão, e fazia as redes para dormir. Ninguém comprava rede nem cama, ninguém não tinha. E a agricultura era mandioca, feijão, batata doce. Coqueiro e cajueiro ninguém plantava, porque os patrão não deixava. Não deixava a gente plantar. A maior produção hoje está sendo de coco e caju, mas na época da minha infância, os patrões não deixavam papai plantar. Não plantava. Eu tive 14 [irmãos], e criaram-se sete. Os outros morreram tudinho, criancinha pequena. Era diarreia, malária, sarampo. Morreu tudo pequenininho. Aí nós não tínhamos médico, não tinha acesso, não tinha nenhuma comunicação. As crianças nasciam, e não tinha um apoio político... Até hoje nós não temos apoio político, mas a coisa melhorou mais depois que a gente... Depois que foi desapropriada a terra, a coisa melhorou mais de situação, mas na época não tinha nada. Só [fui à escola] mais tarde. Nós não tínhamos acesso à escola, não. Quando eu era já mocinha, mamãe pagou uma pessoa. Chegou uma pessoa aqui na comunidade, em Maceió... Não era nem comunidade ainda. Os pais pagavam às pessoas para nos alfabetizar. A mãe lavava roupa para o patrão, e a filha do patrão alfabetizou a minha irmã mais velha. Ela hoje mora na comunidade Bom Jesus, aqui uma comunidade próxima. Ela tem 91 anos, aí ela. A mãe disse que ia alfabetizar ela, para que os filhos não fossem criados como ela, que nem sabia nem do 'o' nem do 'a'. E aí pagou com lavagem de roupa, para essa filha aprender... Não foi nem um aprendizado bom, mas foi para alfabetizar os irmãos. Até que ela nos alfabetizou, e muitos jovenzinhos por aqui se alfabetizaram com ela também. Ela ainda hoje é viva e mora na comunidade Bom Jesus. Aí eu só estudei até a 4ª série, mas graças a Deus, sei assinar bem meu nome e sei ler qualquer coisinha. Eu leio sem dificuldade.

[Pergunto se é casada] Sou. Olha meu marido, daqui também. Casei com 32 anos, tive quatro filhos e adotei dois, filhos de parentes. Adotei um casal. Essa que estava aqui e outro que mora no Tianguá. É sobrinho, filho de irmã. Meus filhos ajudaram na agricultura. Ajudam ainda, tem um que ajuda. O estudo deles... Só terminaram o ensino médio. Essa menina que estava aqui, tem faculdade e essa que está em Fortaleza, que está grávida, também terminou a faculdade pelo MST. Foi oferta do MST, foi a luta! Ela terminou a faculdade, mas os [outros] três não terminaram. Fizeram só o ensino médio.

Lutar pela terra foi uma necessidade! Uma necessidade porque a opressão era muito grande. Nossos pais trabalhavam com os patrões três dias por semana e nós só tínhamos dois dias para trabalhar com a família. A gente não conhecia nada, achava que aquilo era certo, achava que estava tudo bem. Aí veio um padre jesuíta, ele era da Espanha. Não tinha nenhuma missa aqui. Nós somos católicos, somos de família católica. Aí chegou um padre aqui, e falou que a gente tinha a Bíblia, que tinha a palavra de Deus, que mostrava que a gente... Que a terra não tinha ficado só para uns, e outros não. Deus tinha feito essa terra, esse paraíso, para todo mundo. Não era só para meia dúzia de pessoas, e outros ficarem sem nada. Então, nós começamos a despertar pela Bíblia. Foi a Bíblia que nos despertou, e a igreja também. O bispo da diocese, ele foi um baluarte nessa nossa luta, quer dizer, ensinando os caminhos. Por sinal, ele... Veio até um advogado para trabalhar por nós, enviado pela diocese. E foi uma luta muito difícil, mas foi uma luta vitoriosa, porque hoje nós estamos aqui ainda, deixando para nossas gerações, que atuam hoje, e as futuras, nessa nossa luta. Nós éramos ameaçados do trator demolir nossas casas. Porque, na época, nós não tínhamos uma casinha de alvenaria. O patrão também não deixava a gente fazer uma casa de alvenaria, era tudo casinha de barro. Mas pra nós era nossa vida, não é? Porque era o que nós tínhamos. Nós éramos ameaçados de derrubarem nossas casas, de o trator passar por cima. Éramos ameaçados de sair, e retirar todo mundo, porque iam fazer aqui um plantio de coco. E aí, nós não tínhamos para onde ir. Nós não tínhamos um terreno fora, nós não tínhamos dinheiro, nós não tínhamos nada! Só tinha a vida mesmo, e a terra para trabalhar. E, mesmo assim, era na maior pressão dos patrões. Tinha que trabalhar para eles três dias por semana, e pra família só dois dias. Se fizesse um roçado, a forragem, que a forragem é o resto que fica no plantio que a gente faz, era tudo deles. Para os animais deles. Ninguém criava um garrote, ninguém criava uma vaca. Não podia, não, porque eles não deixavam. Plantava só milho, feijão e roça. Porque planta este ano e no fim do ano colhe. Bem de raiz, que é coqueiro, essas coisas que dura muito, eles não aceitavam. E aí proibiram a gente de trabalhar, mas a gente trabalhava de mutirão. Ia o mutirão dos homens para a broca dos roçados e ficava o mutirão das mulheres para, se viesse alguma coisa, a gente mandar os meninos avisar os trabalhadores, nossos pais. Nessa época, eu não era nem casada ainda. Aí avisávamos, que era para a gente... para eles se organizarem. E nós mulheres, às vezes, nas lutas, a gente se ajuntava a esse mutirão. Íamos na frente e deixava os homens para trás. Aí nós enfrentava, as mulheres foram quem mais enfrentava a luta, de lado com os homens, mas sempre a gente quem dava o primeiro pontapé! Pistoleiro, assim, não tinha na época da luta pelo assentamento. Já nessa luta pela praia, pistoleiro ninguém sabe, mas segurança [vindo] ninguém sabe de onde, desconhe-

Dona Graça, fazendo renda de bilros, março de 2019. Foto de Paula Godinho.

cido, teve! E a polícia também! A polícia, a polícia morou foi muito tempo aqui na praia. Soltava tiro de noite. Meu marido gostava de pescar de noite. Aí ninguém podia ir mais pra praia. Era horrível, era horrível. Agora está mais calmo, porque também o MST fez muita força por nós. O Terramar, o Instituto Terramar, que luta pela Zona Costeira, e o MST. E nós, junto com o MST, foi quem acampou na praia. O MST deu muita força a nós. Eles conquistaram muita gente aqui na comunidade, mais no assentamento, que é 12 comunidades. As comunidades foram muito fortes, na praia. Agora, aqui na localidade, foi que ele conquistou muita gente. A gente foi desbarrar estrada, que eles vinham com trator fazendo estrada, sei lá por onde fosse... A gente se juntava no mutirão e ia desbarrar. Tudo a gente conseguia, graças a Deus, a gente conseguia! E íamos pra reunião, e nesse tempo nem o Incra, que é o que defende a reforma agrária, não tinha muito acesso aqui, não... Depois, a gente conheceu o prédio do Incra, e os funcionários que trabalham lá. Foi com essas lutas. Nessa época tinha uns fortes no Incra que, Ave Maria! Teve um patrão que derrubou a casa de um morador. Tinha um senhor lá no Incra, ele era superintendente na época, e fez o patrão levantar a casa! Levantar a casa do trabalhador, que ele derrubou. Hoje, nosso assentamento tem 5.800 hectares de terra, contando com as lagoas e as dunas. E foi do rio-mar que foi desapropriado, essa nossa terra. Tinha essa terra como nossa, do rio até ao mar, ao Oceano Atlântico. Até porque nós vivemos de duas atividades: de agricultura, pesca. E artesanato, também se faz pequenas coisas, mas o foco mesmo é na pesca e na agricultura. Hoje o Incra não está mais forte como ele era não, com nós, não. Mas a gente está por aqui, e hoje a campanha da fraternidade é em defesa das políticas públicas. A gente espera que desperte também a igreja com essa situação, porque a situação está meio pesada, com esse governo Bolsonaro! Que a gente não espera muita coisa boa, não. Ainda bem que nós tem o governo do PT, o nosso governador é do

PT, em Fortaleza. Ele é uma pessoa muito... É um governo até bom. Desses ruins, é o melhor. Mas esse lá de Brasília, ninguém não espera coisa boa dele, não.

E quando foi no [ano de] 2000 apareceu um homem de Portugal, lá onde você é professora, dizendo que era o dono da terra. Dono da terra ali, daqui na praia. E aí nós ficamos de orelha levantada. Como é que foi desapropriada a nossa terra, em 1986, para nós, e hoje aparece um 'dono' dizendo que é dono? Está meio... Então, nós fomos lutar contra esse senhor. Esse senhor já morreu. O nome dele é Júlio de Jesus Trindade, tem um bar na Praia de Iracema, lá em frente à Ponte Metálica. Na Praia de Iracema, em Fortaleza. Ele morreu, e tem o herdeiro dele. Até hoje, ainda dizem que são donos da terra. E nós estamos nessa luta ainda, contra eles, porque nós não queremos entregar nosso território. É uma terra tradicional, as famílias são antigas, as famílias aqui são antigas, nossos avós nasceram, se criaram e morreram. E eu já estou contando com 70 anos aqui. Tem gente mais idosa de que eu ainda, e todo mundo nasceu e se criou aqui! Então essas famílias, esses rastos, essas pegadas que tem daqui pra praia, elas não vão se acabar fácil assim. E nós estamos desde 2000, desde 2003 para cá, quando ele chegou dizendo, em 2003 pra cá, que nós lutamos contra. Nós temos um acampamento lá na praia. O acampamento, era preciso que vocês conhecessem, lá na praia. E ele também tem uma barraca: tem os seguranças dele, os vigias. Vigiando, agora não sei quem... Porque são nossos parentes, mas estão contra nós. Nós sempre dissemos que não somos contra eles. Nós somos contra aquelas grandes empresas que querem tomar nosso território! Então, isso aí, nós somos contra. Mas nós aqui, não é para sermos contra uns aos outros: é pra colar as mãos juntas e não deixar ninguém entrar. Mas ele foi estratégico. Porque no tempo da luta por essa terra, a pessoa que comprou foi o Tasso Jereissati, que hoje ele é senador, não é? Ele comprou a terra do patrão, e chegou e impediu todo mundo de trabalhar. Ninguém trabalhava, ninguém trabalha mais. Como a atividade da gente era pesca e agricultura, a gente não parou de trabalhar, e a necessidade era grande. A gente se deu as mãos e ninguém ficou fora, todo mundo ficou dentro da organização. Então, foi uma organização... Tem até um livro, da irmã Alice, que é uma mulher, uma irmã dos Estados Unidos, que ela foi uma grande lutadora aqui junto conosco. Foi embora agora faz dois anos, que ela também já contava com seus quase oitenta anos. Aí ela foi embora, mas antes dela ir, fez um livro contando nossa história. Aí, o livro, o tema do livro é a nossa história: 'Nossa luta é uma luta sagrada'. Que nunca houve conflito, nunca morreu ninguém, graças a Deus. Nós lutamos e estamos ainda nessa luta pela praia. E é acirrada essa luta aí pela praia. Agora, com esse governo que nós temos, ninguém sabe nem o tamanho da luta que vai ser. Porque a gente não quer entregar o território da gente. Eles conquistam muita gente para o lado deles.

Esse senhor chegou aí, Júlio de Jesus, ele fazia oferta para as crianças na data das crianças, no dia 12 de outubro, que é o dia da criança, fazia no dia dos pais, dava presentes, oferecia grandes empregos... [Dizia] que todo mundo ia ser empregado. Ele ofereceu muita coisa e conquistou um bocado de gente. Foi diferente do passado, que esse aí paralisou todo mundo de trabalhar. Ele não, já veio com outro jeito de conquistar o povo: oferecendo emprego, oferecendo... E a gente sabe que emprego não tem, porque se tivesse, o pessoal lá da Praia de Iracema, ao redor do hotel dele, estava todo mundo empregado, não era? Pirata é o nome do bar que ele tem na Praia de Iracema, que é o Pirata Bar. As pessoas que tinham empregado no hotel dele, ele levava conquistados daqui. E os de lá, desempregados. Então, é pra conquistar mesmo, para ganhar o nosso patrimônio. É isso: nós não abrimos mão até agora. Às vezes uns querem desanimar, aí a gente começa a incentivar e estamos até hoje nessa luta.

Na minha família, só meu marido é que pesca de rede. Ele pescava lá fora, no marzão lá fora, mas agora ele deixou de pescar, só pesca de rede ali na beira da costa mesmo. De qualquer maneira, ele chega [com peixe em casa]. Os meus filhos não quiseram a pesca, mas querem a agricultura. Plantam coqueiro, plantam cajueiro, roçam. Eu tenho só um [filho em casa], ainda é solteiro. Aí, ultimamente, ele está cuidando de uma pequena academia aqui, uma miniacademia, porque o pessoal aqui, a juventude, mesmo as pessoas, vai ao médico, e o médico diz: 'Faça exercício físico'. Aí, ele está lutando para montar essa academia, ele está até lá pintando, está... E aí eu acho bom ele lá, para não sair pra longe, porque não tem... Chega nas cidades, lá é que está difícil, não é? Aí, entram às vezes até no mundo velho de perdição, e aqui é mais difícil. Aqui, graças a Deus, está conosco, ajudando na agricultura, e a gente cria um gado, uns gadinhos. Ele é quem cuida, e está ajudando nós aqui no dia a dia, e montando a academiazinha dele, para ter uma renda.

[Fala-se de outro tipo de rendas: a rendas de bilros, em que dona Graças é exímia] Faço! Faço, eu vou. Aí tem até umas peças de renda que eu vou levar para mostrar. [Aprendeu] Com a minha mãe. A renda também é uma tradição, desde pequenininha. A mamãe fazia renda, só que não era para vender, era só para botar nas roupas. As roupas eram tudo enfeitadinha de renda, aí botava nas toalhas, e o consumo era só em casa mesmo. [Aponta para a roupa e ri.] Isso aqui não é renda, não. Depois apareceu, compraram as pecinhas de renda, e até hoje o pessoal ainda compra. A gente hoje faz para vender. Meu marido diz assim: 'Vocês são muito sem gosto: vocês fazem renda e não usam. Só faz pra vender'. E a gente quase não usa mesmo, a gente nunca valoriza o que tem, não é? Nós fazemos pra vender, mas a minha mãe já vinha de trás. Não sei nem quem ensinou a ela, talvez tenha sido a mãe dela também. E, aliás, nós tudo aqui aprendemos com as nossas mães, a fazer a renda de bilro. Fazemos com espinho: mandacaru. Aqui faz [renda] colorida. A gente fazia renda de uma linha mais fina, mais bem trabalhada, que era bem fininha, fazia pra CeArte,[1] ali em Fortaleza, mas nunca mais fizeram pedido. A crise pegou em todo canto. Agora nós estamos quase paradas com negócio de renda, a gente está fazendo porque... Nós aqui temos uma Associação de Rendeiras, só que não tem mercado, não tem... A Associação está quase parada. A maioria das rendeiras vendem para os atravessadores, aqui mesmo. Eu faço renda muito devagar, e aí eu faço as outras atividades de casa. Guardo as minhas pecinhas de renda, e quando tem uma feira, peço as meninas pra levar. Quando tem uma feirinha, às vezes a Associação junta as nossas rendas e aí leva para as feiras. E aí eu guardo, sempre eu gosto de guardar. O projeto de algas foi também através dessa luta. É assim, o projeto das algas foi também para defender os bancos de algas, porque tinha uma empresa do Japão, e tinha umas pessoas aqui que compravam as algas, arrancando. Quando arranca, se acaba. A gente usou uma estratégia de não arrancar as algas, e sim cortar, e plantar na... eles chamam mortadela, uma rede. Enche de algas, bota lá, e ela aumenta as algas, sem precisar arrancar. Também foi criada a associação das algas, a Acalma. E, até então, teve uma saída nas algas, mas depois, depois, não tem mercado nem para nossas rendas de bilro, nem para as algas. Mas alga tem demais, tem tanta alga agora! Aqui, de vez em quando, faz um pedido, mas não é tanto assim de as pessoas tirar e já ter para onde ir. O [Fulano] tem uns tirados, ele guardou lá na casa do filho dele, tem bem uns dez sacos. Está guardando, esperando pedido. Quando chegar um pedido, já tem ela tirada. É só passar no moinho e mandar. Mas tudo isso foi através dessa luta, através de organização, que a gente tem esse projeto. Projeto São José, que foi arranjado também pelo MST junto conosco. E a associação também foi uma ideia nossa, junto com o Movimento, o MST. Nós fizemos essa parceria muito forte, desde que nós acampamos. Antes de nós acamparmos. Em 2007 nós acampamos. Nosso barraco foi derrubado umas três vezes, mas nós levantava de novo. E até que hoje estamos lá. Eu disse a eles que precisava eles verem o acampamento e não sei se vai dar certo. A escola também foi fruto dessa luta: depois do acampamento, foi que veio a escola.

---

[1] CeArt é a Central de Artesanato do Ceará, que centraliza em Fortaleza o artesanato produzido no Ceará.

Já vivo nesse mundo novo da modernidade, mas não deixo de ser índia

Maria de Lourdes da Conceição Alves, "Cacique Pequena", 74 anos, Lagoa Encantada, Aquiraz.

Cacique Pequena, Lagoa Encantada, abril de 2019. Foto de Paula Godinho.

Quando chegamos à Lagoa Encantada, Cacique Pequena estava a regar as flores do pequeno jardim, em frente da sua casa. Começamos por falar dos nomes de cada flor, enquanto usávamos um pequeno regador. Depois se retirou uns instantes. Voltou com um vestido florido, colares feitos de casca de coco colorida e sementes, um cocar de penas. A ocasião lhe parecia merecer os ornamentos rituais, explicou. Tem um discurso pausado e intenso, que fala da luta pela terra indígena dos Jenipapo-Kanindé, das vitórias conseguidas, mas que ainda aguarda homologação, numa conjuntura que é altamente desfavorável. Sabe que viemos da universidade (comigo estão, além de Lourdes Vicente, Suene Honorato e Atilio Bergamini, professores da Universidade Federal do Ceará, e Ferreira, o motorista), e lembra outros que chegaram, que recolheram, e que não devolveram, descumprindo uma regra de reciprocidade básica. Conta o que conseguiu com a sua luta e do seu povo, passo a passo, como foi ser nomeada cacique, interrompendo um modo de acesso à liderança que assentava na filiação, e só se fazia por via masculina – e como foi preciso vencer as reticências de outros grupos indígenas. O seu filho Preá viria a nos dizer que as próximas lideranças dos índios Jenipapo-Kanindé serão mulheres, que se tornou consensual terem sido elas que ousaram fazer o caminho mais duro. Na nossa conversa, conta como se construiu enquanto mulher para a luta pelas terras do seu povo, vencendo uma opressão que reconhece ter-se iniciado com a chegada dos que vieram colonizar, há mais de 500 anos. Cacique Pequena só fora à cidade de Aquiraz para casar, mas teria de se habituar a cruzar a terra e os céus pelos direitos do seu povo, a caminho de Fortaleza, de Brasília, ou de onde fosse necessário: "A minha casa era o meu pano amarrado na cabeça". Fala-nos também de como foi importante compreender que a organização requeria que se juntasse a outras e outros, e do momento fulcral, em que resolveu trocar de vestido, compor-se, e ir com a sua vizinha Zuleida a caminho de Fortaleza, lutar por uma comunidade, e em nome dela. Recorrendo a um discurso religioso, explica também como pediu a Deus talento para defender os seus e as suas causas. Não ter instrução formal foi irrelevante: era a pessoa mais atenta quando ouvia os que falavam de organização, de união, do que havia a aprender. Passo a passo, com insistência, Cacique Pequena nos fala de um povo que já existia quando o colonizador português chegou, e de como foi repudiar a comemoração dos 500 anos desse momento. Quando alguns acenam com a "emergência étnica", Cacique Pequena sabe responder que o seu povo não emergiu, mas antes resistiu, por séculos de opressão. Aqui, tento executar o que pediu: que fizesse chegar a quem lê as suas denúncias e as suas reivindicações, que dizem respeito a um tipo especial de sem-terra, os índios e índias. Porém, o seu discurso abrange alguns dos outros subalternos do Brasil: as mulheres, os negros, os sem-teto, os sem-terra.

Bom, meu nome é Maria de Lourdes da Conceição Alves, conhecida como Cacique Pequena no Brasil inteiro. Por onde eu ando, todo mundo só me conhece por Cacique. E a minha idade, eu sou de 1945. Já entrei para os 75 anos. Meus pais são daqui e eu também. Daqui onde eu estou morando, não. Daqui dos 'Grutião do Saco do Marisco', que é dentro da reserva indígena, dentro do território indígena. Meus pais viveram muito tempo no Saco do Marisco, riacho. Mas era assim: quando minha mãe tinha um filho, que dava um mês, dois, de nascido, o outro morria. Quando eu nasci, ela tinha um filho que tinha seis anos, com o nome de Raimundo. Eu nasci, e com 15 dias de nascida, ele morreu. Ela teve 12 filhos e eu sou a caçula de todos. Minha mãe se desgostou, e pediu meu pai: 'Vamos embora daqui!'. Ele disse: 'Para onde?'. Ela disse: 'Eu não sei, mas vamos embora daqui!'. Aí, arrumaram as trouxas, e foram embora morar no

[rio] Pacoti, lá onde hoje é o Beach Park.[1] Foram embora morar lá. Moraram lá 16 anos. Quer dizer que eu, com um mês e 15 dias, eu saí daqui. Fui criada fora desta aldeia, mas fui morar dentro de outra aldeia, que se chamava Rongó. Lá não tinha casa, era só a casa do meu pai, o céu e a natureza, e o rio muito grande, que era o rio Pacoti. Lá a gente viveu. Com 16 anos, eu vim embora, cheguei aqui e casei com meu marido. Ficamos morando no Riacho por dois anos. No Riacho dava muita muriçoca e tinha tempo que dava sezão, dava maleita, essas doenças que hoje o povo chama de malária. Ele disse assim: 'Não, eu vou embora para a Encantada',[2] que é aqui onde hoje nós estamos morando. Desde 1964 que nós estamos morando aqui. Eu me casei em 1962, só passei dois anos morando no Riacho junto com meus pais. Aí vim pra cá. Nessa temporada de 1964 até hoje, estou aqui. Meu pai ficou morando na terra natal, em que ele foi nascido e foi criado, e onde eu também nasci. Só que teve esse problema de todos os filhos que minha mãe tinha morriam, e ela se desgostou e saiu. Lá ela me criou, eu e mais duas meninas, a Alzira e a Neném. A Neném já é com Deus, o Pai já levou. Ela tombou e o Pai já levou. A Alzira mora em Cascavel, não mora dentro da aldeia. Eu moro aqui, na aldeia.

Teve muita luta, muita luta. Essa luta foi tão grande, mas eu nunca desisti! Eu acho que o Pai [Deus] me botou na terra com uma missão e a missão foi essa de lutar em defesa dos nossos povos indígenas. Eu comecei a lutar em 1984, pela defesa da Mãe Terra e da Mãe Lagoa. Porque tem um empresário muito rico que se desfruta muito da nossa área. Ainda hoje ele desfruta. Se chama Ypioca. A gente se sentia muito sofrido, porque era do que nós vivíamos, era dessa lagoa: para plantar, para tomar água e para pescar, para pegar peixe para a gente comer. Porque o índio, ele não é uma pessoa assim muito... Hoje não, hoje está tudo diferente, mas antes, do meu tempo para trás, de mais nova para trás, era tudo mais diferente. Comecei a lutar em defesa dessas duas coisas: da água e da terra. Foi um período que andou muito empresário aqui, muito latifundiário querendo comprar as terras, querendo tomar as terras dos índios. A gente viu que estava em um sufoco

---

[1] Parque aquático mais famoso do Ceará, pertencente a um dos maiores empresários cearenses, o ex-governador, Tasso Jereissati. O Beach Park é um complexo turístico localizado na praia de Porto das Dunas, município também de Aquiraz. (Nota de Lourdes Vicente).

[2] Lagoa que deu origem ao povo Jenipapo e que atualmente faz parte de uma disputa pela água entre a empresa Pecém Agroindustrial S. A., uma das empresas do Grupo Ypióca, fabricante de cachaça. A água é a matéria-prima na produção de 70 toneladas por dia em bobinas de papel da empresa que entrou na Justiça Federal pela anulação da Terra Indígena Lagoa da Encantada, do povo Jenipapo Kanindé. Em 5 de setembro de 2017, os indígenas ganharam no Supremo Tribunal Federal o direito de permanecer em suas terras e passaram a fazer a luta pela homologação. (Nota de Lourdes Vicente).

muito grande. Aí, eu tenho que criar força, pedir força a Deus, e enviar a luta pra frente! Com certeza, não vai poder ficar dessa forma. Comecei a lutar em defesa da Mãe Terra, em defesa da Mãe Lagoa. Comecei a sair para Fortaleza. Pedi apoio do município, e só encontrava porta fechada, nunca encontrava porta aberta. Eu disse: 'Não, assim não dá certo. Se eu não encontro porta aberta aqui no próprio município onde nós moramos, que é Aquiraz, eu vou mais pra frente'. Comecei a ir para Fortaleza, lá eu encontrei apoio. Um dia eu estava aqui, ao meio dia em ponto, eram 12 horas, quando chegou um cidadão na minha casa. Não aqui, porque aqui eu vim morar está com 20 anos. Era lá na beira da lagoa, lá na Lambada, que eu morava. Ainda morava em casa de palha. Eu nasci, me criei, me casei e morei depois de casada 27 anos em casa de palha. Casinha de palha, oca de palha. Dentro, era sem parede, sem nada, era só ao redor por fora, não é? E as redes armadas nas forquilhas. Enchia de forquilhas dentro de casa e botava as redes pra gente dormir. Rede: hoje nós chamamos rede porque a nossa língua está mudando, mas era 'pussaré', 'pussaré'. Muita gente perguntava: 'O que é pussaré?' Eu digo: 'É rede em que nós dormimos. Rede que vocês dormem, que eu durmo, rede que qualquer um dorme'. Eles: 'Aí, essa é que é pussaré!' [E alguém responde:], 'Ah, eu não sabia que chamava rede e era pussaré na nossa língua'. Na nossa língua, 'pussaré'. Depois, esse homem chegou lá em casa, era umas 12 horas, quando ele chegou, esse cidadão, vindo a mando do cardeal dom Aloísio Lorscheider... Essa história é uma história comprida, é uma história comprida. Ele disse: 'Onde é casa da Pequena?' Nessa época não era Cacique. [Ele:] 'Onde é a casa da Pequena?' Eu disse: 'O senhor está falando com ela'. 'É aqui, é? E onde é a casa do Cacique Teodorico?' Eu disse: 'É bem aí!' Que o índio tem esse linguajar: 'Bem aí'. Aí, você anda, que morre de andar, e não chega no 'bem aí'... Tudo bem. [Ele disse:] 'Eu gostaria que você, dona Pequena, mandasse chamar os anciãos daqui, as famílias, os donos de casa, para nós termos uma conversa'. [Eu:] 'Está bem'. Aí, eu mandei os meninos chamarem. Chamaram o Teodorico, chamaram o tio Neo, chamaram o tio Maciel, chamaram o tio Jorge, chamaram o tio Raimundo Simplício, chamaram o tio Valdemar. Eu só sei que, de repente, chegaram as famílias, não é? Chegaram as famílias. Nessa época tinha 17 famílias aqui. Para você ver, 17 famílias. No final da história eu vou contar quantas famílias tem. 17 famílias. Aí, chegou os 17 donos de casa, sentamos, fomos conversar e esperamos o que é que ele ia dizer para nós. Ele disse: 'Olha, eu vim aqui avisar vocês, a mando do cardeal dom Aloísio Lorscheider: que vocês se organizassem, fizessem associação ou conselho, como quisessem e trabalhassem em cima da organização de vocês'. Aí nós, muito matutos, que ninguém sabia ler... Não tinha ninguém que soubesse ler, ainda. Nessa época, ainda era tudo matuto. Aí, nós ficamos nos perguntando: 'O que é organização? Cidadão, o que é organização? Porque do nosso entendimento, do nosso pensamento, sabemos que organização somos nós que vivemos morando aqui, 17 famílias organizadas, sem viver aperreando ninguém por nada! Nós vivemos da nossa própria vida, trabalhando para comer e viver'. Ele disse: 'Não, Pequena, eu vou dizer a você como é organização. Eu sei que vocês não sabem não, porque vocês são índios e os índios não querem saber dessas coisas, não. Índio só quer saber de trabalhar e comer. Tendo o que comer, o índio está satisfeito, não quer saber de sair, não. Eu vim ensinar para vocês como é, para vocês já ficarem sabendo'. Eu sempre era a pessoa mais atenta, que ficava ouvindo as conversas e botando na memória. Não é à toa que hoje eu sou uma guardiã da memória! [Risos] E botando na memória... Ele disse: 'É assim: vocês vão se organizar, fazer uma associação e vão trabalhar para defender a terra de vocês (...). Porque com a organização de uma associação, vocês chegam onde vocês querem chegar. Porque, se não estiverem organizados, os lobos vêm tomar tudo de vocês e vocês vão ser comidos pelos lobos. Vão ser engolidos pelos lobos'. Eu disse: 'Ah, sim! Então, sendo assim, eu estou sabendo o que é organização'. Aí, foi embora, não é? Foi embora, só deu esse recado e foi embora. Da era de 1980 até 1984, tinham vindo aqui uns alunos da UFC e da Uece,[3] daí de Fortaleza, fazer um estudo aqui conosco. Eles estudaram tudo que nós sabíamos e tudo que nós vivíamos. Eles estudaram quatro anos. Saíram 'como quem não quer e querendo', foram embora, 'tchau, tchau, tchau e pronto'. E aí, nós ficamos na nossa. Nós éramos, como eu estava dizendo para você, matutos. Não tinha letra, não tinha nada, não sabia de nada, só comer, dormir, acordar e trabalhar. E nessa história toda, veio esse cidadão e nos alertou. Aí, eu comecei a sair, porque ele disse: 'Se vocês não forem atrás de alguma coisa, eles vão vir tomar o que é de vocês e vocês vão sair daqui despejados'. Aí, pronto. Os adultos, que eram os senhores de idade, ficaram tudo pensando: 'Como nós vamos viver? A nossa força, o nosso caderno e o nosso lápis, a nossa caneta, é a foice, o machado e a enxada. Como vamos viver?'. Aí, ficaram preocupados. Mas eu fiquei atenta e disse: 'Vou conversar com alguém e vou ver o que é que vão dizer para mim'. Aí, eu fui lá no Trairuçu. Vocês não passaram em uma igreja? Pois desse lado assim [aponta] tem uma casa, é a casa da Zuleide. Fui lá, conversei com ela e disse: 'Zuleide, o pessoal da Encantada, o povo da Encantada está tudo doido, vendo a hora que vão ser despejados!' Ela disse: 'Vai, não! Vai não porque eu estou aqui para ajudar vocês! Meu pai tem terra até dentro da Encantada, mas eu prefiro perder para vocês do que perder para os outros de fora!' Assim mesmo fez: 'Tal dia, vem aqui, que nós vamos a Fortaleza'. [Respondi:] 'Está certo'. E eu não tinha conhecimento de nada. Eu não andava para

---

[3] Respectivamente, Universidade Federal do Ceará e Universidade Estadual do Ceará.

canto nenhum! Eu andei na cidade do Aquiraz no dia que fui casar. Porque eu sou casada de padre [igreja] e civil. Pronto. De lá pra cá, eu me emburriquei aqui e daqui, eu não saí para canto nenhum! Todos os anos só parindo, tendo filho. Eu sou mãe de 16 filhos. E pronto, ela disse: 'Venha, que nós vamos'. No outro dia, eu vesti um vestido, meti [o cocar] na cabeça e fui-me embora! Chegamos lá, fomos bater nas dioceses. [Passa alguém de moto, faz um aparte]. Aí fomos. Chegamos lá na diocese, conversamos, e o advogado disse: 'Olha, vai vir já uma pessoa para te atender'. Quando demos fé, saiu a [nome inaudível]. Era a moça que trabalhava na pastoral. Ela disse: 'Olha, nós estamos se organizando para ir lá ter uma conversa com vocês, e vocês se organizarem. Vocês estão se organizando?' A Zuleide disse: 'Não, porque é uma coisa assim, bem rápida, a gente não sabe'. [Ela]: 'Pois é. Têm que se organizar!' Voltamos para trás, chegamos, fomos contar quantas pessoas tinham aqui. Parece que eram 43 pessoas, dessas 17 famílias. Lá no Trairuçu, parece que tinha 30 também. Ou era 40, uma coisa assim. Eu só sei que deu para tirar diretoria, e os membros da Associação. Sei que fizemos a associação com 60 pessoas, e, fomos trabalhar em cima da associação. (...) Uma bela tarde, eu estava aqui, e quando dei fé, chegou o Aécio Pontes e o Auri. Eram dois advogados. Foram lá para as mangueiras, para o sagrado, onde nós temos o [lugar] sagrado. Chegando lá, fomos conversar. Tudo isso, nós morávamos lá. Aqui era só mato, aqui você não via casa. Hoje você está vendo casa, mas nessa época, em 1984, era só mato aqui, tudo era mata. Aí, ele disse: 'Viemos dois advogados para vocês escolherem qual é que vocês querem, a mando do cardeal'. Eu escolhi o Aécio. Ele era assim bem alvinho, da tua cor, muito quente. Eu notava que ele era um homem de garra mesmo! Eu disse: 'Quero esse. Esse aqui é que eu quero ele, aqui na aldeia'. Ele ficou. Todos os meses ele vinha, de 15 em 15 dias ele estava. Todo mês, ele estava aqui, entre Trairuçu e Lagoa Encantada. 15 dias, ele estava no Trairuçu; com 15 dias, ele estava aqui. Todos os meses, estava aqui na aldeia, entre a aldeia e o Trairuçu. Ele disse: 'Olha, nós vamos trabalhar para defender a causa de vocês. Não é fácil, não. É difícil, mas nós vamos chegar lá!' Eu só sei, minha filha, que lutamos, lutamos, todo dia! Eu tive 11 anos de luta para mim, e essa menina. Todo o dia nós íamos em Fortaleza. Corrigindo os órgãos de Fortaleza, só encontrava porta fechada. Essa época a Funai[4] ainda não estava dentro do Ceará. Foi difícil, foi muito difícil! Mas eu disse: 'Não desisto!' Eu sempre falava com Deus: 'Meu Deus, eu não desisto! O senhor vai me dar força! Eu quero força, Senhor! Eu quero que o Senhor me dê força! Quero que o Senhor me dê sabedoria, quero que o Senhor me dê talento! Eu vou levar para frente, não vou abandonar essa causa!' E o advogado co-

---

4   Fundação Nacional do Índio, http://www.funai.gov.br/

nosco. Sei que quando foi em 1995, uma bela tarde, eles fizeram uma reunião. Aí disseram: 'A partir de hoje, vai tirar uma cacique'. Porque o cacique já tinha morrido, o Teodorico estava com três anos que ele tinha morrido. Ele morreu em 1992. Em 1995, estava com três anos que ele não estava mais na terra. [Os índios:] 'Vamos tirar um cacique'. Aí, eu disse: 'Vamos!' Mas eu achava que era um homem, eu não achava que era eu. Reuniram e tudo, aí, quando eu dei fé, todo mundo disse assim: 'Nós vamos tirar uma liderança, uma liderança forte pra cuidar de nós, essa liderança se chama Pequena'. Mulher, para que é que esse povo disseram isso? Eu cacei areia no chão e não encontrei. Meu Deus! Porque eu não tinha leitura, minha filha. Eu não tinha nada, era uma analfabeta. 'Jesus, misericórdia! Não, eu não. Pode caçar outro, aí, eu não quero, não!' [Eles:] 'Não, vai ser você!' Ficaram nessa troca, até que eu fiz de conta, para não levar a coisa muito além, eu disse: 'Tudo bem! Eu posso até aceitar. Eu não vou dizer que não aceito, mas o que eu fizer, não vão se arrepender! Porque vocês estão botando eu para ser cacique e eu sei é que cacique: só é cacique botado de pai, de filho para pai e de pai para filho. Como é que eu vou ser cacique, sendo elegida, como que eu seja um vereador, como que eu seja um prefeito, como que eu seja um governo?' [Eles:] 'Não, mas nós queremos você!' [Eu:] 'Tudo bem! Mas eu não sei o que eu vou fazer. Eu vou ficar, aceitar porque vocês estão insistindo, persistindo que eu seja essa coisa, mas eu não queria ser'. Fiquei como cacique, comecei a trabalhar, comecei a lutar, eu não tive mais paradeiro. A minha casa era meu pano amarrado na cabeça: eu estava aqui, quando dava fé, o carro chegava: 'Vim buscar a Cacique Pequena pra ir para o Pernambuco'; 'Vim buscar a Cacique Pequena pra ir para a Bahia'; 'Vim buscar a Cacique Pequena para ir aqui para o Ceará mesmo, para o Tianguá'; 'Vim buscar ela para Crateús'. E eu não tinha paradeiro, não tinha paradeiro: 'Vim buscar a Cacique Pequena para ir para Teresina'. 'Vim buscar a Pequena para Brasília'. Aí, pronto, eu não tive mais paradeiro. De 1995 até 2014, era assim: todo dia que eu pensava que ia ter descanso dentro de casa, chegava uma pessoa pra me levar, só para participar de evento, política pública. Participei muito de política pública em Brasília, junto com os sem-terra, junto com os negros, junto com toda a gente da classe média baixa, não é? Eles me levavam para eu falar, e tudo mais. Eu dava o meu recado: 'Estou aqui para dar meu recado. Estou aqui para defender meu povo indígena Jenipapo-Kanindé. Estou aqui, se for preciso eu defendo os outros, o pessoal que não são índios. Estou aqui para defender os povos indígenas do Ceará e do Brasil, se for preciso. Eu sou índia com muito orgulho! Quero defender o meu povo, não quero que o meu povo sofra! Eu sou uma mulher, mas estou pra defender eles. Estou nessa causa, e essa causa eu não deixo por nada!' E, assim, eu fiquei lutando, e não tive paradeiro, lutando dentro da causa indígena. Levei mesmo assim, com gosto de gás! Que eu me sentia, eu me sentia nas nuvens. Eu tinha aquela força, aquele talento, aquela coragem de defender esse povo! E quando eu ganhei a causa indígena da terra, que foi delimitada em 1999... Em 1995, fui a Brasília, cheguei lá, falei com o presidente da Funai, e disse: 'Eu estou aqui, não vim conhecer Brasília e nem vim fazer turismo em Brasília. Eu vim aqui a negócios'. Quando chegou a minha vez, ele de lá disse no microfone: 'Fala tudo. Diga, Cacique. Diga o quê que você quer de mim?' [Eu:] 'Eu vim aqui falar para o senhor o que nós queremos. O povo Jenipapo-Kanindé quer o reconhecimento deles, certo? Para fazer um estudo nos índios, e fazer um estudo na Mãe Terra. É isso que nós queremos, por isso eu vim aqui. Outra coisa: eu não vim aqui só para o senhor mandar o seu povo lá, os seus funcionários'. Aí, ele disse: 'Está certo. Não é hoje e nem amanhã, Cacique. Mas, quando menos você esperar, eles chegam lá na sua aldeia'. Nesse dia que eu tinha ido para Brasília, fomos por Minas Gerais. Lá em Minas Gerais eu fiquei muito chateada dos índios do Sul e da Amazônia. Eles me xingaram, disseram que mulher não era para estar na altura que eu estava, sendo uma cacique, porque quem podia estar ali era homem, e não eu. Porque mulher só servia para cama e pé de fogão; mulher não servia para outra coisa. E eu disse para eles: 'De onde tinham vindo? Qual era o seio de que eles tinham nascido?' Eu disse: 'Olhe, gente! Não é o que vocês estão pensando. Eu não estou aqui de gaiata, não. Eu estou aqui, porque quem me botou foi o meu povo. Foi o meu povo que me botou para eu ser essa pessoa deles. Eu vou dizer para vocês: enquanto eu puder trabalhar, eu estou trabalhando. Porque eu estou trabalhando em defesa do meu povo, para defender o que eles têm! Eu vou dizer mais: a mulher, ela pode nem passar do homem. E, justamente é o que eu não quero fazer: passar de vocês. Mas igualar o meu ombro com o ombro de vocês, eu quero! E a mulher, se ela bem souber, ela estuda para igualar o ombro dela com o ombro do homem. Mesmo nós sabendo que viemos da costela dele, mas nós queremos igualar o ombro no ombro deles, e ficar na altura deles, está certo? Passar dele não, mas igualar o ombro dele a gente quer!' Foi isso que eu disse pra eles, e todo mundo calou a boca. No outro dia, vinha gente para Brasília, lá a gente marchou. Teve três dias de marcha, que começava às 9 horas, terminava às 12 horas. Marchava lá do [estádio de futebol] Garrincha para a praça dos Três Poderes. Não é perto, mas eu mostrei para eles que essa mulher que está aqui na sua frente, que estava na frente deles, tinha pulso para ir à frente até além onde eles fossem! Ela estava para ir com eles e foi! Mostrou a garra que ela tinha. Hoje eu posso nem ter mais, mas naquela época eu tinha garra de vencer as coisas e venci, com o poder do Pai. Pronto. Vim embora e ficamos fazendo reunião, não se acabava a reunião. Todos os meses era reunião. E era eu viajando para aqui, para acolá, para um lugar e para outro. Quando chegou em 1997, a Funai caiu aqui dentro. Aí, a Funai veio para fazer o estudo da gente. Mas como nós estávamos numa grande 'Assembleia dos Povos Indígenas do Estado do Ceará', estavam todos os povos aqui, aí não fez aqui, foi fazer nos Pitaguary. Fez um estudo lá, fez um estudo dos índios, fez um estudo da terra. Aqui tinha sido quatro dias de assembleia, e um dia que eles chegaram e outro que eles foram embora. Deu seis dias, não é? Quatro dias foi de assembleia. Aí, ela voltou e foi fazer um estudo nosso. Fez um estudo dos índios. Os índios [são] um povo assim muito rústico, um povo muito dentro da mata mesmo, que não entendia de nada. Eu já estava começando a entender um pouco, que já tinha ido até em Brasília. Já estava entendendo mais ou menos o que nós estávamos fazendo aqui: nós estávamos trabalhando para nós ter o que era nosso, que nós tinha perdido há muito anos atrás. Tínhamos perdido há 500 anos atrás. Mas eles ainda estavam um povo muito tapado, não entendia de nada. Muitos diziam que sim, muitos diziam que não. Aí eu disse pra eles: 'Olha gente, é o seguinte: isso aqui é o fruto da viagem que eu fiz em Brasília, que chegou agora depois de dois anos... Já para os três anos, que eu fui em 1995 e eles estão chegando em 1997. Isso é o fruto da viagem que eu fiz. Se vocês não reconhecerem que são esse povo...'. Porque nós vivemos muito tempo sem poder abrir a boca, e dizer que éramos índios. Para trás, meu povo, não podia abrir a boca e dizer: 'Somos índios'. Se nós disséssemos, nós éramos mortos. Nós tínhamos que calar a boca. Então, foram muitos anos de boca calada para poder depois nós escancararmos a boca e dizer: 'Somos índios, somos esse povo, estamos aqui querendo nossos direitos, atrás dos nossos direitos! Nós estamos buscando!' Muita gente aceitava, muitos não aceitavam. Eu só sei que nessa história, ela fez o estudo dos índios. Quando ela terminou, disse: 'Cacique, agora eu vou passar para a terra'. Ela disse: 'Cacique é o seguinte: por mais que digam que não são índios, vocês não negam. Não negam dizer que são índios: a característica de vocês, os familiares de vocês... Porque vocês só falta ter irmão com irmão, junto ou casado, como quer que seja. Porque tio, sobrinho, primo, tudo é uma geração... Vocês são a aldeia de vocês só, não tem ninguém de fora!'. Aí, ela foi trabalhar na Mãe Terra. Na Mãe Terra, essa moça trouxe tanta amostra das taperas! Você sabe o que são taperas? Tapera é como aquela casa ali. Não dá para tu ver, não, mas depois tu vai ver uma aqui vizinha. Uma casa desmanchada, que a gente desmancha, tira todo o telhado, tira toda a madeira, e deixa só ali o canto limpo: aí, se chama tapera. Elas tinham muitas taperas dos índios no riacho. Ela buscou muito no riacho onde eu nasci, ela andou muito, para lá e para cá. Para onde ela andava, encontrava tapera de casa. Para cá, para onde ela andou, ela encontrou muita tapera de casa. Então, ela disse: 'Cacique, é o seguinte: por mais que queiram dizer que vocês não são índios, vocês não negam, vocês são índios puros, não têm o que negar. Você vai ver, Cacique, que logo, logo a terra de vocês vai ser delimitada'. Ela levou uns três pacotes, assim, de amostra que ela achava: de coral, de barro, daquelas ostras bem grandes, tudo ela levou. De rapa-coco, uma série de coisas que os antepassados usavam, e ficou enterrado onde eles moravam. Ela levou tudo! Ela disse: 'Isso aqui é bem *facilinho*!' Foi tão provado, que a nossa delimitação de terra ainda foi feita no mandato do Fernando Henrique Cardoso. Quando foi a nossa terra delimitada, Fernando Henrique ainda estava no poder. Tudo isso a gente sabe que tem que passar pela mão de muitas pessoas lá em Brasília, para poder chegar na mão do presidente. Foi passado pela mão dos outros, deputados, ministros, senadores, de juiz também, para poder passar na mão do governo, e ele assinou. Ele assinou a nossa terra delimitada: 1.734 hectares de chão. É pouca? Eu sei que é pouca, mas esse pouco com Deus é muito e o muito sem Deus não é nada. O pouco com sacrifício se torna muito, porque foi sacrifício, foi suor derramado! Suor derramado dessa nega, que está aqui conversando com vocês. 'O pouco com Deus é muito e o muito sem Deus não é nada!'. Eu estou muito satisfeita por esse pouco de 1.734 hectares de chão. Fomos lutar pelo restante, porque aí ela foi só delimitada, ainda faltava mais. Faltava ser reconhecido, oficialmente, no Brasil inteiro, como aqui, nesse recanto, tem esse povo morando. Faltava ela ser demarcada, faltava ela ser homologada, registrada, não é? E está no meio da história: ela foi delimitada, ela foi reconhecida oficial e ela foi demarcada nos três governos que teve: Fernando Henrique Cardoso, Lula e Dilma. Passaram por esse processo, nesses três governos. Hoje está faltando o quê? Só a homologação, a inscrição e o registro dela. Essas três coisas que estão faltando. Eu peço muito às pessoas que vêm aqui fazer entrevista comigo que nos apoiem. Não apoie só a Cacique Pequena, não. Apoie a causa do povo Jenipapo-Kanindé que moram aqui no município de Aquiraz. Que eles precisam desse apoio, eles precisam de ver a terra deles toda legalizada e o nosso registro na nossa mão, para que nós possamos ter mais vitórias. Que nós temos vitórias, temos! Mas ainda precisamos de mais vitórias. Quando nós soubermos que tudo isso que tem sido realizado, que a nossa terra está toda legalizada, que não tem mais nenhum problema, que não tem ninguém pra avançar ao sinal, para querer tomar, aí sim, nós podemos dizer que estamos felizes e que estamos vitoriosos! Enquanto não, ainda falta essas partes, ainda. Eu sempre digo às pessoas que vêm aqui, que eu faço entrevista com eles, eu digo: 'Ajude o povo Jenipapo-Kanindé!' Não é a Cacique. A Cacique fala, mas ela pede ajuda para o povão, para o povo dela! Que ela começou com 17 famílias, hoje tem 129 famílias. Ainda é pouco, porque já era para ter uns mil índios. Ainda não tem, tem uns 400, e uns quebrados. É o que tem de índio, de cabeça de gado. Digo assim, de cabeça de gado, umas 400 e poucas pessoas: entre crianças recém-nascidos, entre crianças de 5 anos, entre jovens de 10 anos acima, entre adultos e entre anciãos. Ainda acho pouco. Era para ter mais, mas as mulheres não querem ter família. Se tem dois filhos, com dois filhos se corta. Era para ter família, que nem a Cacique Pequena, que teve 16 filhos. Tive 16 filhos e 13 foram aqui na aldeia. Só tive três no hospital, porque passei mal e tiveram medo que eu morresse. Aí, me levaram para o hospital. Tem 13 filhos perto, moram dentro da aldeia. Só moram três fora, porque um é dono de uma padaria, o outro trabalha de quê, Pequena? Deixa eu me lembrar. O outro é gerente, é gerente de pousada em Fortaleza e a outra mora bem aqui na Pataca, caminho de Iburetama. Aqui só na minha casa tem dois. Trabalham na agricultura. Tem um que trabalha no colégio: o Préazim, que está acolá. Ele trabalha na pousada, ele é artesão e a minha bebê trabalha, ela trabalha com perfume, trabalha com Avon, vendendo perfume da Avon. É uma finalista, ela. E tem a Juliana, que é diretora da escola, tem a Carlene que é secretária, e tem... Sei que moram todos por aqui, todos trabalham por aqui. Esse que passou agora no carro mora aqui na aldeia, mas trabalha fora. Parece que tem duas que trabalha fora também, que trabalha fora, mas mora dentro da aldeia. Tudo, tudo [foi à escola]. A história foi a terra: todos me acompanharam na luta da Mãe Terra. Hoje, cada qual tem escola pra trabalhar e viver a sua vida, e os outros foram trabalhar fora e vêm pra casa, toda noite, dormir em casa.

Então é assim, gente: quando eu vi que nós já tínhamos alguma coisa que dava para nos fortalecer, fui em busca das coisas para dentro do lugar. Eu digo: bom, primeiro passo é a Mãe Terra, porque sem-terra nós não temos nada. Como é que nós vamos morar sem ter terra para morar? Como é que nós vamos viver sem ter água para beber? Tudo são coisas que pertencem à gente. E aí foi que lutei por esses dois lados, a Mãe Terra e a Mãe Lagoa. Quando sabia que nós estávamos ganhos, fomos lutar por quem precisava mais na aldeia. Fomos lutar por saúde e educação, porque não existia nada aqui. Aqui não tinha nada, era só céu, água e as ocas dos índios. Até aí, quando comecei a luta, todo mundo morava em casa de palha. Era muito bonito. Pena que eu nunca tive telefone para tirar retrato, filmar pra mostrar para o povo. Mas esses alunos que vieram aqui na era de 1980 eles tiraram, tiraram muita foto nossa. Lá na cidade tem, na pastoral indigenista tem muito lá, o CPDH[5] tem lá essas coisas. Fui lutar por essas coisas. A primeira coisa que chegou aqui foi uma casa de farinha, em 1999 mesmo. Ela está até reformada, bem ali, na frente, pelo Projeto São José, já desse ano, que entrou no Ceará. Entrou aqui no Aquiraz, a gente fez um projeto e recebemos a casa de farinha. Nós temos casa de farinha muito bonita ali. Só está faltando che-

---

[5] Centro Pastoral de Defesa dos Humanos, da Arquidiocese de Fortaleza.

gar a mobília dela, a mobília dela é que falta chegar. Em 2000 chegou a energia, e água encanada nas casas, porque de 1997 até 2000, a saúde caiu aqui dentro: dessa época era a Funasa,[6] não era a Sesai.[7] Então, a saúde caiu aqui dentro devido ao problema do [inseto] barbeiro, que tinha tido nos anos atrás. Foi obrigatório nós todos fazer casa de tijolo, de alvenaria e sair da casa de palha, [por causa do inseto], o barbeiro. Barbeiro é um besouro [inseto] que morde a pessoa, dá febre, frio e mata. É, mata, mata a pessoa. A saúde caiu aqui, em 1997. Depois que a Funai saiu, com uns poucos meses, a saúde caiu aqui dentro. Arrancava-se dente debaixo das mangueiras, lá no Sagrado, onde hoje é o Sagrado. Se arrancava dente, se consultava, tudo debaixo da mangueira. Não era nas casas, não. Era debaixo das mangueiras, lá. O Cacique Teodorico tinha deixado esse chão para fazer reunião, dançar o toré, fazer as coisas que a gente quisesse. Depois, eu pensei, e digo: 'Olhe, gente, isso não dá certo aqui. Arrancar dente no relento!? Então, vamos caçar um meio no Iguape.[8] Fomos para o Iguape, caçamos um meio lá nos postos [de saúde]. Nessa época, tinha um posto no Iguape, falamos com o prefeito, e ele liberou uma sala para nós. Dia de segunda-feira, todo mundo ia daqui arrancar os dentes lá no Iguape. Pela manhã, era só nós, e os 'iguapeiros' ficavam danadinhos, porque não podia arrancar os dentes deles logo. [Eles diziam:] 'É, já chegam esses tais de índios, já vieram tomar o nosso lugar'. Era assim, começavam com aquela crítica. Aí, eu: 'Não! Isso não está dando certo, assim, não'. Comecei a ir para a Funasa: 'Olhe, doutora Meire, cuide em fazer o nosso posto de saúde!' Toda reunião era lá debaixo da mangueira, não era pelas casas. Em 2000, ela veio e disse: 'Cacique, é o seguinte: eu já arrumei um projeto para fazer o posto de saúde de vocês, mas o dinheiro é pouco, é 70 mil, não dá!' Isso em 2000. Em 2002, ela veio e disse a mesma história: 'Ainda está nos 70 mil'. Eu disse: 'Doutora Meire, pois faça meio, porque tem que fazer ao menos uma sala para esse povo extrair os dentes deles, e se consultar'. Só sei que, quando foi em 2004, ela disse: 'Cacique, agora nós vamos fazer o posto de saúde!'. Em 2004, ela começou a trabalhar no posto de saúde, em 2005 começou a chegar o material, e foi feito o posto de saúde. O posto de saúde foi feito em 2005. A escola, nós já tínhamos tido conquista, lá onde hoje é a pousada. Vocês passaram lá, não passaram? A pousada era uma escola, tinha sido uma escola também feita em folha de jornal, que a Socorro do Vitor tinha feito pra nós. Quando ela fez essa escola, ela disse: 'Pequena...' Eu ainda não era cacique, não era nada. 'Pequena,

---

[6] Fundação Nacional de Saúde. (Nota de Lourdes Vicente)
[7] Secretaria Especial de Saúde Indígena. (Nota de Lourdes Vicente)
[8] Fica no município de Aquiraz, tal como Lagoa Encantada. (Nota de Lourdes Vicente)

essa escola não é minha e nem é dos meus filhos, essa escola é de vocês. É para você zelar essa escola, Pequena, que é de vocês!' [Eu:] 'Tá bom!'. Aí, ela fez a escola e foi embora. Eu disse que ela fez numa folha de jornal, porque naquela época era mais fácil a gente fazer as coisas e ter mais contato com os governos federais do que hoje. Eu sei que ela fez essa escola e deixou aí para nós, para os meninos estudarem. Foi feita em 1988, a escola que hoje é a pousada, viu? Foi em 1988, em 1988 até 2000. Em 2000, os meninos tiveram a conquista de estudar no Iguape e aprenderem o segundo grau. Em 2000, eles tiveram a conquista de vir aí para escola quatro índios ensinar os outros índios aqui na escola. Quatro índios ficaram ensinando, e a prefeitura deixou dois professores não índios, para irem ensinando as normas de eles aprenderem a ensinar as crianças. Quando completou quatro anos, eles tiraram os professores brancos, e ficou só os índios mesmos, ensinando. Já estava aprendido, já sabia como dava os planos de aula e tudo. E eu lutando, lutando, feito uma formiguinha no meio do mundo! Quando chegava lá na Seduc[9] falava com as meninas. Com a Rosa, com a Mazé, que eram as pessoas que eu tinha mais contato. Eu digo: 'Olha, eu quero a escola lá do povo Jenipapo-Kanindé. Eu quero a escola do povo Jenipapo-Kanindé. Vocês vão se abusar de estar olhando para a cara dessa mulher feita, mas ela só vai deixar de lutar quando vocês fizerem a escola de lá. Enquanto não, ela não deixa de lutar!' Toda semana eu estava lá na Seduc, tinha reunião. Eu tive até uma reunião com a pessoa que era o chefe geral da União, que era o pessoal que estava fazendo as escolas indígenas no Ceará. Eu disse para ele: 'Olha, eu estou aqui na Seduc toda semana porque eu preciso dessa escola lá na aldeia. Eu gostaria tanto que o senhor mandasse fazer a nossa escola! Na hora que vocês fizerem a nossa escola, eu vou deixar de vir aqui. Só estou aqui porque preciso dessa escola para os meus curumins'. Mesmo tendo aquela ali, eu queria uma escola nova, indígena.

[Interrompemos devido a um problema técnico na filmagem. Cacique Pequena retomou o relato].

E aí, eu toda semana estava na Seduc, cobrando, cobrando. Até que, quando foi em 2008, eles vieram fazer a escola indígena. Em 2009, os professores passaram a ensinar na escola nova, e até hoje estão ensinando. Em 2008 mesmo, foi feito o Cras[10] indígena. Em 2005 foi feito o posto de saúde, que é o polo base, que a

---

[9]   Secretaria de Estado de Educação.
[10]   Centro de Referência da Assistência Social. (Nota de Lourdes Vicente).

gente chama polo base. Em 2008 foi a escola, que é o colégio e foi feito o Cras indígena. Em 2008 foi feito o 'cantinho dos Jenipapo', que era o refeitório, para vender comida para as pessoas que vinham visitar. Em 2007, foi feito o galpão. E aí, quando foi em 2009, a gente trabalhou sobre a pousada, trabalhamos em cima da pousada. Em 2010, a gente inaugurou a pousada, e inaugurou também um museu. Foi feita a pousada, lá onde era a escola ficou um prédio sem nada. 'Deixa disso, deixa dessa tua danação'. 'Quer saber de uma coisa, nós vamos ocupar esse prédio, vamos fazer um museu, tirar uma sala para o museu e o restante da casa nós vamos fazer uma pousada'. Fizemos uma pousada: parece que é quatro ou é cinco quartos que tem, tem cama para as pessoas visitantes, que quiserem vir para dormir, de um dia para o outro, os que vêm descansar a mente... Aí vem, dorme, no outro dia vai-se embora. Em 2005, foi feito a trilha turística, de receber os turistas, e também foi feito o turismo comunitário. Nesse turismo comunitário a gente criou cinco trilhas para os visitantes. Os turistas que vêm nos visitar, se quiserem fazer trilha, tem as trilhas para eles andarem. Tem a trilha do Morro do Urubu, da pousada até à lagoa, já é uma trilha, certo? Da Lagoa até em cima do Morro do Urubu, 99 metros de altura, outra trilha. Tem uma trilha para a maré, que são 2 horas de viagem, é longe que só! É o extremante da nossa terra, nossa terra extrema no mar, certo? Pois é. Daqui para lá, é outra trilha, é andando por dentro dos matos todo tempo, subindo morro, descendo morro, é muito distante, bem distante. Tem outra trilha, a trilha da Sucurujuba, e tem a trilha do Tapuio. [Fala com alguém que surge, e retoma] Tem a trilha do Saco do Marisco, que é essa da maré que eu disse. Tem a do Moro do Urubu, tem a da Sucurujuba e tem a do Tapuio, não é? Dá quatro trilhas, já, não é? E tem a trilha da Ponta da Encantada: que vai lá em baixo, no final da terra, lá na extrema da terra. São cinco trilhas que nós temos para os visitantes. Aí eles vêm, é só a natureza, não tem outra coisa. Eles vão perguntando que madeira é aquela, que planta é aquela, que semente é aquela. E a gente vai dizendo, não é? A gente teve uma formação aqui de 38 guias. Mas desses 38 guias, graças a Deus que todos se empregaram, e hoje não tem mais desses guias, que façam trilha com as pessoas que venham visitar. Quem faz a trilha é o Préa, que é o meu filho. Ele junta três a quatro jovens, crianças de 10 anos a 15 anos, sai com eles. Porque não teve mais formatura, só teve formatura nesse ano em 2005. Aí ficou só o Préa e os meninos. Quando vem gente visitar, o Préa pega três, quatro meninos e sai pra fazer as trilhas.

Eu nunca deixei de estar com o pé na luta, lutando sempre em defesa da Mãe Terra. Um trabalho árduo e pesado, cansativo, mas é gostoso! É gostoso porque no dia de amanhã, quando eu tombar, e o Pai for me levar, eu tenho a plena certeza que o que não tinha aqui, hoje eu deixo. Também agora, a gente teve um pequeno projeto de cinema e arte. Ano atrasado, a gente recebeu esse projeto, juntamos os meninos e eles estão esses dois anos fazendo esse curso: cinema e arte, não é? É o que eu desejo mais na vida: é entrar coisas que venham fortalecer eles, pra eles aprenderem alguma coisa na vida. Que muitos deles já sabem fazer esse mesmo trabalho que vocês estão fazendo aí nessas máquinas, muitos deles aqui já sabem, não é? Já tiram foto, filmam, porque veio esse projeto pra eles. Eu arrumei a escola e tudo mais, sem saber ler, só com a confiança em Deus. Deus era o meu professor, sempre eu digo: você quer entrar num trabalho e você quer realizar o seu sonho na sua vida? Você tenha fé no professor que nós temos. Esse professor, ele é professor de todo mundo. E ai daquele que não tiver fé nesse professor! Porque não tem nada e não faz nada, esse professor se chama Jesus, Jesus Cristo. [Podem pensar:] 'Aí, cacique, tu não és índia?' Sou índia, mas já sou de agora dessa geração. Nós já somos a 7ª geração de gente, já passamos por sete décadas, sete séculos de gente, somos da geração dos 400 anos atrás. Quando os 500 anos veio, nós já existíamos, nós já existíamos. Quando os 500 anos veio, que entrou no Brasil, que invadiu o Brasil, que começou pela Bahia, que começou por Salvador, lá por Bela Cruz, está lá... Eu fui lá nos 500 anos, quando foi pra fazer aquela mudança de governo, do dito Fernando Henrique Cardoso. Fernando Henrique Cardoso queria mostrar o Brasil, o lado bom, o lado que não existia pobreza, só tinha riqueza. E os índios foram, mais os sem-terra, e os negros, para mostrar que o Brasil tanto tinha riqueza, como tinha pobreza e que eles tinham acabado com o Brasil! Que o Brasil era um lugar rico, que os índios eram um povo rico, que tinham terra, que tinham ouro, tinham mata, tinham tudo e eles devoraram e deixaram os índios na mão! Nós fomos lá, eu fui com sete homens. Chegando lá tinha muito mais de 5 mil índios lá e sem--terra e sem-teto, sem tudo lá. Passamos uma barreira, cinco barreiras de polícia, nós ainda vencemos três barreiras nos 500 anos. Ainda vencemos três barreiras, não vencemos as outras porque a bala comeu no meio da canela e nós tivemos medo de morrer e voltamos pra trás. Mas teve um índio Xavante que venceu as cinco barreiras e foi lá, e foi nu, como nasceu. Diz que ele não fizesse aquilo com os índios, que era o fim dos índios se ele fizesse aquilo. Então minha filha, nesse tempo todo, de 500 anos pra cá, nós vivíamos escondidos, nós não podíamos dizer que nós éramos índio, nós não podia dizer que tinha direito a nada, nós tinha que calar a boca, nós tinha que calar a boca... [Problema técnico com a filmagem; continua-se a gravar].

Nós tivemos que calar a boca e não dizer nada. Na era de 1980 pra cá, foi que todo mundo começou a levantar voz, a dizer: 'Nós somos esse povo, e esse povo vai lutar pelos seus direitos. Já que nós tivemos que calar a boca: quer quisesse, quer não, de 500 anos até na era de 1980, mas daqui pra frente nós vamos fa-lar'. Se houver guerra novamente, vai morrer muito índio, mas não vai morrer só índio: vai morrer índio e vai morrer branco. Porque hoje, naquela época pra trás, os índios eram só de arco e flecha. Os índios, a maioria dos índios hoje também tem arma, os índios não estão mais sós. Naquela época os índios não sabiam de nada, e sabiam muita coisa! Tinha a sabedoria de Deus, de viver dentro da mata, comendo mel, comendo fruta, comendo caça, comendo peixe. Para eles era a melhor coisa do mundo. E hoje o índio também está subindo. O índio, hoje, ele não é só o índio daquela época. Tem índio hoje que é vereador, tem índio hoje que trabalha junto da sociedade, tem índio hoje deputado, tem índio hoje prefeito, que nem na Bahia. Tem uns índios que já foram prefeitos, não sei se ainda tem algum. Os índios hoje não estão mais dormindo como naquela época. Nós tínha-mos uma sabedoria (como ainda temos), mas a sabedoria que o homem branco tem, nós não tínhamos. Porque nós não sabíamos ler, não sabíamos escrever, não sabíamos nada. Mas hoje nós sabemos. Hoje nós sabemos onde nós botamos o pé. Hoje nós sabemos o quê que nós queremos. Se eles vierem tomar o que ainda nós temos, nós vamos em busca de apoio, de quem der apoio para nós, pra nós não perdermos o que temos. Naquela época de 500 anos pra trás, os índios eram donos de tudo. Os índios, hoje, não são mais donos de nada, os índios hoje vivem encurralados. Você pode perguntar: 'O que é encurralado, Cacique?' O governo demarca um pedaço de chão e bota os índios aí dentro e pronto. [E ele diz:] 'Aí, vocês vivem aí'. Eu estou mentindo? Pois é. Por isso eu chamo encurralado, porque não temos direito de fazer o que fazia antes: nós saíamos da Bahia, ia para o Mato Grosso do Norte, ia para o Belém do Pará, ia para o Maranhão. Hoje, nós não faze-mos mais isso. Pode ir lá (se for visitar outro índio), mas para nós navegarmos que nem nós navegávamos antes, não. Não temos mais esse direito. Então por isso eu deixo aqui o meu recado, que quem vem aqui na minha casa, vem para ouvir, não é? O que eu tenho pra dizer é pedir apoio. Eu peço apoio para o povo Jenipapo--Kanindé, apoiar a causa deles, porque eles precisam de apoio. Precisa que vo-cês entendam que ainda falta muito para chegar o ponto final nosso. Quando nós tivermos essas três partes que ainda faltam, aí nós estamos sossegados para o resto da vida, não precisamos mais andar falando, pedindo! E eu peço, assim, não só para o povo Jenipapo-Kanindé, eu peço assim pelos outros povos indígenas do Ceará e do Brasil. Também peço para os sem-terra, que ajudem os sem-terra, que ajudem os sem-teto, que ajudem os negros, que todos nós somos seres humanos, todos nós precisamos de ajuda. [Podem pensar:] 'A cacique só pediu pra ela, e o povo dela'. Não. Quando eu falo, eu falo em roda, em torno de todos. Eu não sei falar só em torno do meu povo, porque eu sei que todos nós precisamos, todos nós vivemos em cima da Mãe Terra, precisamos de viver, não é isso? E mais o quê que a cacique pode passar para vocês fora da Mãe Terra?

Eu gravei um CD. Depois lancei lá no Dragão do Mar.[11] Já fiz três *shows* nas aldeias: fiz um *show* na aldeia dos Kanindé de Aratuba, fiz outro nos Pitaguary, agora tem outro pra eu fazer aqui nos Tapebas. Parece que é daqui para o fim do mês que eu vou fazer. E eu tenho CD, se você quiser levar um de lembrança, você pode comprar. Vou cantar: 'O dia tão lindo'. Ela vai achar bonito, apesar de que pra mim todas são bonitas.

A sua vinda aqui não foi em vão. Pedir você que ajude nós a sairmos desse sufoco. Não sabe o quanto eu vou ficar grata se você nos ajudar. Vocês nos ajudarem. Você só não, vocês que estão aqui presente, ele também está ali escrevendo, com certeza é pra alguma coisa também. [Dirige-se a Atilio Bergamini, que assiste à entrevista] Não é isso, filho? [Atilio: É!] Pois é. E pedir que nos ajude a sair desse sufoco, não é? Que escreva documento, envie, não é? Para os órgãos públicos, aqueles que vocês veem que merece receber o nosso documento, para nos ajudar para a gente sair desse sufoco e terminar. Que a Funai... Porque está faltando um empurrão de nada da Funai, e eu não sei porque a Funai não vem. No ano passado, no mês de outubro, a Funai era para vir enviar os piquetes, para a história de homologação da terra. Falta eles virem botar os piquetes. Eles vinham ano passado, mês de outubro, mês de novembro, e não vieram. Então, eu gostaria muito que vocês me ajudassem nesse sentido, dessem um empurrãozinho na Funai daqui do Ceará, de Brasília. Porque eu ouvi dizer que a Funai ia ser mudada para uma secretaria, não estou sabendo ainda. E vocês, como vivem participando da história da caneta, do papel, do computador, é mais fácil essas coisas... Porque eu não possuo computador, e a minha menina, que é a mais ativa, que ela é a minha assessora, que é a Juliana, ela não repassou nada ainda, assim, de dizer: 'Mãe, a senhora fique conformada que a nossa terra, eu peguei já. Que está sendo trabalhado em cima desse processo'. Porque é um processo lento, é muito lento. Não é assim tão fácil. Às vezes, eu fico conversando com Deus e peço a ele que nos ajude. Mas tudo tem o seu tempo! Eu converso com Deus, vocês conversam com Deus? Vocês conversam com Deus? Tu conversas com Deus? [Atilio Bergamini: 'Eu tento'.] Você tenta conversar com Deus? [Atilio Bergamini: 'Com o meu Deus']. Pois é. Esse 'meu Deus' que você fala, ele é de todo mundo, ele não é só de um, nem de outro, ele é de todos. Aquele Deus que fez esse mundo tão lindo, fez a natureza, fez o sol, fez a lua, fez as estrelas, fez o mar, fez esse universo lindo, para o homem estragar, para o homem devorar.

---

[11] Centro Cultural, em Fortaleza. (Nota de Lourdes Vicente).

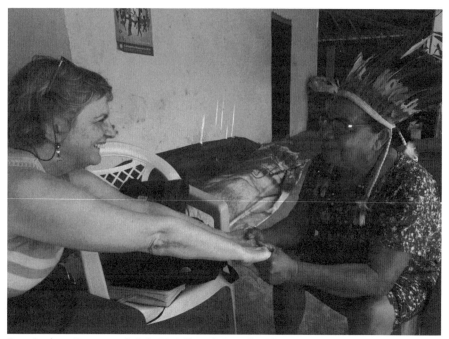
Com Cacique Pequena, abril de 2019. Foto de Lourdes Vicente.

Além de tudo isso que ele fez, nos fez, nos fez cristãos. Que eu sou índia, mas sou cristã, eu sou batizada, eu sou registrada, eu sou documentada, eu sou casada. Então, eu não sou um bicho brabo do mato. Os meus troncos velhos [os antepassados] podem ter sido, mas eu não sou mais. Já vivo nesse mundo novo da modernidade, mas não deixo de ser índia, por mais... Nunca vou deixar de ser índia: 'Ah, meu pai era índio, meu avô era índio, meu bisavô era índio, e eu o que é que eu sou? De onde eu vim? Eu vim lá do teu lugar? Eu não vim do lugar dela. Então, se eu sou daqui, sou índia e vou sempre ser índia!' Sempre eu digo isso para minha família: 'Nunca deixe dizer que você é branca, que você não é branca, você é índia e sempre será!' Então, nós temos essa fé nesse Deus criador, que fez o céu e a terra, e nos criou. Não podemos deixar de ter fé nele, porque ele é tudo na nossa vida. Nós sem ele, nós não vivemos. Então, converso muito com ele, eu converso as altas horas da noite e peço a ele que nos ajude, nos proteja, pra nós vermos tudo ser resolvido, na calma e na paz. Porque sempre eu digo assim: 'Pai, eu não quero derramamento de sangue, eu não quero briga, eu não quero sangria, eu quero a paz'. E nessa história da paz, por mais que a gente padeça, por mais que a gente sofra, por mais que a gente passe na vida, mas a gente alcança essa paz, não é verdade? E a coisa melhor do mundo é a gente falar com o Pai, e ter paciência pra alcançar essa paz que ele nos dá, que aí a gente resolve tudo na maior tranquilidade. Talvez, se eu fosse uma cacique, daquelas caciques peitudas, querendo ser mais do que os outros, querendo pisar no teu pé: 'Eu vou pisar no teu pé, para ver se tu és mais do que eu', talvez eu não existisse. Mas, como toda vida eu fui uma cacique, desde que Deus me deu essa missão, calma, humilde, mansa, estou levando a história da formiguinha, e essa formiguinha vai longe nessa história. Pedindo força ao Pai para resolver tudo e ele está me dando essa força. Eu não quero outra coisa a não ser viver. [E diz para alguém:] Tu estás com fome, é? Eu estou com fome? Não. Que é isso, mulher! Daqui a pouco eu vou comer [risos, e começa a cantar.]

> O dia tão lindo
> As flores sorrindo
> O sol a brilhar
> A natureza a cantar (4x)
>
> A noite é tão bela
> É igual a ela
> As estrelas clareiam
> Na areia do mar (2x)
>
> As estrelas clareiam na areia do mar (2x)

Agora eu agradeço a todos! A mensagem que eu deixo aqui é que foi o que eu pedi: não esqueça de ajudar o povo Jenipapo-Kanindé. É uma honra se nós recebermos todo apoio de vocês, que estão aqui, nos apoiar na nossa causa. Nós ficamos muito gratos ao pai Tupã, muito gratos a Deus, a Mãe Maria Santíssima e a todos, não é? É só o que eu tenho a agradecer, essa é a minha mensagem. Eu acho que essa história que eu falei hoje dá para você fazer uns 10 livros, escolhendo as melhores palavras. [risos] E peço que quando fizer o livro, lembra da Cacique Pequena, não deixa ela de lado, traz o livro para ela. Traz ao menos uma cópia para ela. Então pronto. O que tinha que falar, falei! Olha e não deixe de ser forte, todas as mulheres! Olha, tem dois homens aqui olhando para mim! Não deixem de serem fortes, mulheres! Se espelhem e se inspirem na Cacique Pequena. Se você se inspirar na Cacique Pequena, vocês vão além, sejam fortes!

A questão do pertencimento também é uma afirmação, faz parte de ser quilombola

Cleomar Ribeiro da Rocha, 44 anos, Quilombo do Cumbe, Aracati.

Cleomar, num evento na Universidade Federal do Ceará, abril de 2019. Foto de Paula Godinho.

Cleomar nos fala muito de água, seja a das marés que lhe organizam os dias, a do lençol freático rico do Cumbe, a que vai ficando salina em virtude da carcinicultura, a das regas do seu quintal, quando vai "aguar" as plantas, ou a da que já habitou as conchas, que agora usa para fazer brincos e colares. É também um relato que culmina com a forte resistência feita pelas mulheres, e a repressão de que foram alvo por parte das autoridades, com gás lacrimogênio e balas de borracha. Ao contrário da generalidade das entrevistas, realizadas nos locais em que vivem as mulheres, esta foi feita em Fortaleza, no Centro de Formação, Capacitação e Pesquisa Frei Humberto, para onde Cleomar se deslocou. É a mais jovem das entrevistadas. Reivindica a identidade quilombola, procura aprofundá-la em termos da própria genealogia, e a configura como uma arma política. Traz um discurso em que a sua prática de marisqueira no mar, a da terra, na sua horta, a de artesã e a da militância se juntam a uma nova forma de construir uma mulher, que se considera herdeira do que aprendeu com outras, mas que quis ir mais além, escolhendo um futuro a partir dos passados que tinha disponíveis. Do seu discurso, exalam os cheiros de Aracati, o sabor do sururu e do peixe assado com leite de coco, e elementos muito construídos, como a vontade de romper barreiras de gênero e de classe para estudar. Um portento de força, Cleomar também fala do que ainda está por fazer, das pequenas derrotas e das grandes partilhas, num mundo que encurta, e diz que não se pode obedecer ao capital, porque ele nos adoece e aliena. Conta que fica feliz porque sabe que os humanos têm essa imensa capacidade de transformar o mundo, e de se transformarem com ele.

Meu nome é Cleomar, sou do Quilombo do Cumbe, Aracati. Sou quilombola, pescadora do mangue. Minha comunidade é uma comunidade pesqueira, mas também temos um afeto muito grande pela terra e uma luta também! Resistência por ela, por todo aquele território que vivemos. A minha infância... [risos] A minha infância, acho que foi uma infância muito, muito feliz! Uma infância que eu trago até hoje, que é a memória de tudo isso. E, assim, o que mais me motiva hoje na luta é realmente essa memória. Eu digo que a memória tem gosto, tem cor, porque a gente recorda como se estamos sentindo o gosto, como se estamos sentindo a cor, o colorido da infância. Então, eu digo que é tão viva a memória que motiva nós hoje a estarmos nessa luta: a luta pela liberdade que eu sentia. A minha infância foi de liberdade, e hoje, essa liberdade, não temos mais. Então, assim, o que nos move a lutar é essa infância, essa memória, a vida saudável que eu tinha. Meu pai é da comunidade, é nativo da comunidade, onde meus avós e a gente... Eu tenho uma referência da minha terra, do meu território. Lembro que meu pai, na minha infância, a gente tem uns costumes, umas práticas da gente comer no território, comer no mato. É isso que nós chamávamos comer no mato. Comer no mato o que é? A gente ir para as lagoas, ia para o rio, para debaixo de árvore e a gente levava só a farinha e lá pescava. Meu pai fazia isso muito frequentemente. Então, assim, às vezes nós íamos de carroça... Quando nós éramos todos pequenininhos, ele levava a gente tudo dentro dos caçuás. Era uma rotina que a gente tinha no território. Então, eu conheço bem o meu território. A motivação de eu estar nessa luta é a memória que eu trago das nascentes, da vivência que eu tinha, que isso está sendo tirado, isso está sendo privatizado. Isso me machuca, porque meus filhos não viveram a infância que eu tive. Hoje já sou avó, tenho dois netos, tenho cinco filhos. Meus filhos já não tiveram a infância que eu tive: uma infância, uma inocência, uma natureza, uma exuberância da natureza tão grande, e de uma fartura! Nós tínhamos muita fartura: no nosso rio [Jaguaribe], graças a Deus, [faz-se] a mariscagem,[1] que é onde eu trabalho. A cata do caranguejo, que é a maior economia da comunidade, feita pelos homens, a cata do caranguejo. Meu pai era catador de caranguejo, meu marido é catador de caranguejo. Então as-

---

[1] Pesca artesanal de mariscos realizada majoritariamente por mulheres marisqueiras. Muito comum no litoral. (Nota de Lourdes Vicente).

sim, até hoje, a gente ainda vive dessa atividade tradicional. É uma atividade que ainda move toda a comunidade, a gente, com esse contato com a terra, com o mar, com o rio. A minha luta hoje é porque a gente está perdendo o nosso espaço, nossas áreas de pesca onde a gente ia trabalhar. [Hoje tem] o cercamento.[2] Então, assim, o que mais me move é realmente essa [luta?]. A minha mãe eu lembro muito. Já perdi minha mãe, mas me sinto bem emocionada de ver as demais senhoras que estão aqui.[3] A gente sente aquele aconchego ainda da mãe, porque nós trazemos essa memória. A minha mãe foi grande exemplo para mim. A gente vê hoje ainda no mundo, o patriarcado ainda é forte, o machismo... E que ela era tão... eu achava que ela era tão importante naquele cenário! Mas ela não tinha muita opinião, então ela não tinha um domínio. Era essencial a presença dela, era uma guardiã. Porque é assim, a gente traz coisas quando a gente vê exemplos. Que as mulheres, elas são essas guardiãs das suas práticas, da sua cultura. E que eu lembro, eu recordo da minha mãe, os exemplos que ela trazia. Para mim, tudo era uma arte, tudo que ela fazia era arte, porque ela fazia de uma forma tão artesanal, que era arte. Então me cativava! Tipo: para minha mãe assar um peixe, então, não tinha, assim, uma grelha pronta, então ela tirava uns talinhos verdes, fazia as trempes, e assava aquele peixe. Porque meu pai gostava de peixe no molho do coco, mas assado. Isso era um prato bem típico nosso: um peixe assado no leite do coco, e minha mãe fazia tudo aquilo ali, era uma arte. Então, tudo que ela fazia era com muito amor. Então, assim, era com muita dedicação. E essa simplicidade que ela fazia, me encantava! Porque ela simplesmente tratava uma galinha, eu achava bonitinho, que tinha os ovos. Às vezes, ela matava uma galinha, que tinha os ovinhos. Então, tudo aquilo, dali, para mim era muito encantador. A gente cresce com esse laço, com esse afeto muito grande nas práticas que a gente tinha, então isso infiltra em nós. Hoje nós somos essas defensoras das práticas da nossa cultura, dos modos de vida, e que, querendo ou não, descaracteriza. O sistema descaracteriza esses povos, as suas práticas, os seus costumes. Que a gente siga o sistema é muito fácil, mas esse sistema nos adoece. Quando eu digo que a gente subia as dunas, a gente descia as dunas, a gente era saudável. Hoje a gente vê um 'acomodo', começando das crianças. As crianças não têm mais aquela rotina de correr, de brincar, de subir duna. Então assim, elas vão, como a gente sente

---

[2] A Comunidade é atingida pela carcinicultura que é a criação de camarão em cativeiro e pela implantação de parques eólicos. Com esses projetos, a comunidade perdeu parte do acesso ao mar e às dunas da comunidade. Por isso, se luta pela preservação do manguezal e dos modos de vida dos pescadores artesanais. (Nota de Lourdes Vicente).

[3] Nesse dia 5 de abril de 2019, em que conversamos no Centro de Formação, Capacitação e Pesquisa Frei Humberto, em Fortaleza, estavam por lá várias mulheres assentadas, provindas de todo o estado do Ceará, e que tinham participado na toma de fazendas da reforma agrária. Cleomar era a mais nova.

que a sociedade [vai]. O povo está adoecendo, ele está acomodado, não é? O sistema faz muito isso, nesse sentido de trazer práticas, praticidade, para você não ter mais tempo. A gente vai perdendo os costumes, os valores, porque vai numa ideia que é mais fácil. Porém, essa ideia de ser mais fácil chega um momento que ela vai lhe prejudicar. E, assim, eu vejo que sou pescadora, mas cultivo: adoro ter planta no meu quintal, então sou daquelas que ainda eu cultivo. Porque eu trago isso da minha mãe: dos canteiros, das plantas medicinais. Hoje estamos numa geração em que o pessoal quer fazer academia. Aí, fico só imaginando que academia é isso aqui: eu mexer, eu ir pescar, para quê mais saudável? Então, a gente fica à mercê de um capital que às vezes nos adoece, nos aliena. A gente fica alienado. Na verdade, eu tenho como transformar esse capital, não sou dependente dele. Tenho como me manter sem precisar do capital, eu tenho como até passar isso. O que eu fico mais feliz é que a gente tem condição de mudar. A gente não pode obedecer a um capital que vai nos adoecer, que está nos alienando. Então, no modo de vida, o que puder mudar para que não faça o que eles querem, vejo ainda muito saudável. Porque não deixa de ser essa forma: você vai seguir um padrão, e eu não tenho que ser igual. Às vezes, essa luta é desafiadora na comunidade, para nós. Incomoda ainda mais quando você tem uma comunidade que tem muitos empreendimentos: ali há especulação. Hoje nós estamos protegidos por um programa. Eu sou uma das pessoas, faço essa luta em direito à vida, em direito à terra, direito ao meu território, às minhas práticas, aos meus costumes. E eu quero que seja respeitado, não é? Porque eles tiram esse direito seu. Eles chegam, eles são perversos, eles tiram esse direito seu, sem nem lhe ouvir como é que você quer viver. Tudo isso mexe muito com a gente. Há muito afeto àquele lugar, não é? Há muito afeto, há muito amor. Porque é uma existência, é uma memória. Eu digo, porque me vi em cada cantinho daquele território. Eu me vejo brincando, eu me vejo rindo, numa liberdade que hoje às vezes em meu filho não vejo. E que isso dói, isso me fere, porque quando fere a nossa terra, nosso território, fere nós também, nós somos parte dessa natureza. Uma defesa que a gente faz muito é do manguezal, porque é de lá que a gente tira a nossa existência, é de lá que a gente tira o nosso alimento, de forma tão justa, de forma tão respeitosa. Quando chegam os empreendimentos, eles não têm esse cuidado, eles vêm desrespeitando, e isso fere. Fere muito isso que a gente vive, fere muito. O que eu trago disso é essa memória muito boa da minha terra, que eu tenho vontade de lutar por ela, porque eu acredito ainda que a gente possa mudar e a gente tem capacidade para isso. A gente não temos que achar que somos pequenos. Somos grandes, sim! E quando eu vou plantar minha verdura, sei que não estou acompanhando o sistema, que ele não domina a minha vida, que tenho a minha própria vida, minha própria existência. Assim, hoje, nós estamos buscando cada vez mais a construção da nossa identidade, dos nossos antepassados, da nossa ancestralidade, ali. Nós consideramos o nosso território sagrado. Ali viveram povos, povos que deram sua vida por esse país, eles construíram esse país! E quando eu trago isso, me orgulho, não é? Porque passaram muitas informações erradas [quanto] a isso. E quando a gente não conhece, tem isso, fazer uma crítica, ou não entender. Mas quando você começa a ter um conhecimento, uma busca, uma construção disso, você vai avaliando o quanto isso tem um valor, o quanto isso é importante, não só para nós, mas para toda uma nação. A história, a cultura, isso é rico demais! Às vezes somos desqualificados, descaracterizados, por pessoas que seguem o capitalismo, seguem os empreendimentos, os empresários. Que vejam nessa construção a minha identidade, e querem tirar esse direito... Nós já fomos tão tirados, tão negados, que hoje chega de ser negado! E chega de querer que nos neguem. Nós não podemos negar, então nós temos que estar nos afirmando. E quem pode dizer isso sou eu, tem que vir de mim e eu não posso esperar que outras pessoas digam quem eu sou. Tem que vir de mim, e eu tenho que buscar isso. Porque nós é que temos que buscar, nós é que temos que dizer. Não [são] eles que tem que dizer como você vive. Nós temos realmente que tirar essa ideia de que temos que ser iguais, que a gente tem que optar só por uma coisa. Não, nós vamos quebrar isso. Nós somos mulheres também, com uma defesa, hoje, da questão de gênero, que a gente tem que se apropriar disso. Nós temos que nos empoderarmos, nós, mulheres. Que nós também podemos ter o que eu não vi na minha mãe, e que eu achava ela tão importante. Ela era de uma importância tão grande, num cenário que não dava valor àquela mestra, ali, à matriarca, como onde a gente está participando.[4] Então isso me indigna! A busca que eu quero fazer é de uma transformação, para que na minha comunidade eu também possa mostrar que eu sou mulher, que eu também tenho o meu empoderamento, que eu tenho também o direito de lutar pelos meus direitos, por justiça, como mulher e como cidadã. E como o direito da terra é uma construção ampla de várias questões, a gente vem nessa luta. Mas assim com muito orgulho, com muita força. E não deixar jamais pessoas de fora, sejam quem elas forem. Por terem um padrão de poder, dinheiro? Mas a gente, tendo a nossa verdade, temos a nossa cultura. Nós somos muito ricos, na minha comunidade. Ontem recebi um grupo [de estudantes] da geografia, 40 jovens estudantes, mostrando um pouco cada cantinho. Eu pude [ir] com eles numa trilha, dizer o quanto aquilo ali é importante pra gente, o quanto essa terra, ela me faz, ela me traz uma força. Que ela vem numa história de gerações e gerações, e que eu quero que dê essa oportunidade para as futuras gerações. Que as futuras gerações, elas possam

---

[4] Refere-se à sessão organizada na Universidade Federal do Ceará, no final desse dia, em que participaram mulheres do MST provindas de todo o Ceará.

alcançar, ao menos, um pouquinho do que eu vivi nessa terra. E que eu sou muito feliz, apesar de que a gente tem uma perseguição muito grande, uma perseguição porque você incomoda. Mas diante da minha busca, diante da minha justiça, eu me realizo. Às vezes, a gente cai num processo, por dizer que eu sou quilombola, por eu dizer que sou negra, por eu dizer que eu defendo as crianças, quando elas têm que se reconhecer diante da escola como negras. Às vezes você tem repressão, você é processada porque você está usando um direito seu de questionar. Eu não estou ali denegrindo ninguém, mas estou em busca do meu direito. E que meu filho, que esteja na escola, ele também traga esse reconhecimento de ser quilombola, de ele se assumir. Que traga um estudo contextualizado para ele, com o valor da terra, o valor da natureza, o valor daquele território, a praia que a gente tem... Que lá tem um parque eólico e que isso vem dificultando a nossa vivência naquele território: o direito de ir e vir que está sendo negado. E que os sítios arqueológicos dos primeiros habitantes lá da minha comunidade, os sítios arqueológicos mostram muito isso. Ontem eu mostrei à turma da geografia. Eu lembro que um aluno disse ontem que estava com uma dor na perna, e que só aquele andado, o banho que deu na lagoa, disse que estava melhor. Não sabia porque ele estava tão bem de uma dor. Aí, eu disse: 'Olha, esse lugar é sagrado. Eu tenho plena certeza que, se você disse que se sentiu bem melhor, acho que aqui tem algo que fez você melhorar, e que você volte, com força'. Achei muito interessante quando ele disse isso para mim: 'Olha, estava cheio de dor, e não sei o que aconteceu, que não estou sentindo mais dor'. Eu disse: 'Pois você está num território muito sagrado para nós. Aqui habitaram pessoas, pessoas dignas, pessoas honestas, pessoas que lutam. A vida deles era essa, não tinha dinheiro, não tinha essa guerra de hoje de valor, de poder. Era de amor, de coletividade'. Acho que a maior busca nossa é essa: trabalhar o coletivo, que eu posso ter, meu vizinho ter e que a gente possa se unir juntos, nessa luta.

Pergunto quantos filhos teve. Fico sabendo que teve cinco, e que tem dois netos.

Eu queria muito [ter os filhos no assentamento]! Meus filhos, uns tiveram que ir pra cidade. A mais velha teve que ir pra cidade, e os outros três moram na mesma comunidade, porém já estão casados também. Eu queria que eles tivessem se apropriado tanto quanto eu por esse amor, porque somos o espelho dos filhos, não é? Tanto que eu trago isso da minha geração, da minha mãe, e trago esse exemplo também para os meus filhos. Mas vejo que os meus filhos não aderem a essa busca, como eu busco, está entendendo? Eles também têm uma consciência em respeito com toda essa luta, com tudo que nós fazemos, só não se empoderam como eu. E como eu queria que eles também se empoderassem, na questão de se apropriar do pertencer à terra, do pertencer ao território. É isso que eu queria que eles tivessem mais. Eles são caladinhos, mas eu vejo que também têm esse amor. Porém, eles não têm uma busca a mais, que eu queria que eles tivessem, não é? A mais velha hoje mora na cidade, no meu município, na cidade de Aracati. Então, ela mora lá, mas quando tem algo conflituoso, ela fica: 'Mamãe, num sei o quê...'. Assim, preocupada um pouco com tudo, nessa perseguição que tem contra a luta lá. Fora ela, tem meu filho, tem um menino, um rapaz que já está casado. Foi o que me deu o neto.

Cleomar no Cumbe. Foto cedida por Cleomar Ribeiro da Rocha.

A mais velha não me deu neto, quem me deu o neto já foi o outro, não é? A mais velha ainda não teve filho. Depois, eu tive o rapaz, que hoje ele me deu um netinho. Ele também é muito calado, mas também eu vejo que hoje, nessa luta, a questão da identidade já se apropria. A gente já vem naquela construção pedagógica, a gente está ensinando o que é uma comunidade quilombola, o que é identidade quilombola. Porque quilombola é um termo novo e político, então é novo demais para as pessoas compreenderem o que é quilombola. Então, a minha comunidade diz: 'Olha, eu sei o que é escravo, mas esses quilombolas, nunca ouvi falar'. Então, é para você ver como chega a ser novo, e que a gente vem num processo para trazer esse conhecimento a eles. Tudo é um passo que a gente vem dando, não é? Para eles entenderem, se apropriarem, para também estarem na busca do direito deles, como uma comunidade quilombola. Voltando para os meus filhos, hoje eles agregaram um lado que eu realmente queria: é que eles se envolvessem mais com a terra. Assim, o que eu acho mais encantador é que o meu caçula é o meu espelho. Ele é pescador, ele pega siri e só vive no mangue. Ele estudava pela manhã, acordava muito cedinho, e antes dele ir pra escola, tinha que dar uma volta, assim, porque eu moro muito próximo do manguezal. Ele tinha que dar uma volta no manguezal. Aí, eu ficava chamando ele, que já estava na hora da escola, para ele cuidar. Agora ele está estudando à tarde,

Reivindicações do povo do Cumbe. Foto cedida por Cleomar Ribeiro da Rocha.

tem a manhã todinha para olhar esse mangue, correr, virar. Eu sou presidente da Associação Quilombola, ele diz: 'Mamãe, quando eu crescer, quero ser o presidente da Associação Quilombola'. Então, eu vejo que ele já se inspirou mais do que eu, já se apropriou, até mais do que os outros. Eu vejo que os meus filhos estão muito juntos comigo, porém eles não estão à frente, como eu queria. Mas o meu caçula, ele é meu espelho, ele é meu espelho. (...) Ele tem 12 anos.

Tenho três irmãos. Comigo são quatro. Morreu um com três aninhos, eu lembro muito. Morreu com três aninhos, ele. Ficamos nós quatro: duas mulheres e dois homens. Meu pai, ele era pescador, mas ele tinha uma atividade muito grande de criar, de plantar, só que como a gente não tem acesso à terra, ele plantava para partir de meio. Naquele tempo, às vezes você plantava, mas que a produção era dividida. Meu pai gostava de plantar, mas nós não tínhamos terra para plantar. Ele gostava de criar, porém a maior atividade foi realmente a pesca, até hoje. Meu marido é catador de caranguejo. Nós somos nativos, tanto eu quanto meu marido. Eu lembro dele criança, mas a gente cresceu junto. Hoje ele é catador, eu sou marisqueira. Meus filhos não trabalhavam assim, não optaram pela pesca. É uma preocupação que a gente vê nas comunidades, mas tem muitos que estudaram. Se eles também tivessem um retorno em apoio à comunidade, um retorno que favorecesse a comunidade, não é? Eu também não cheguei assim. A comunidade só ensinava até à quarta série. Eu terminei a quarta série, e disse assim: 'Meu pai, eu quero estudar na cidade'. Aí, meu pai: 'Não, não vai estudar, não. Menina não estuda, menina não estuda'. E aquilo ali me machucou, porque ele dizia que menina não estudava. Então, me casei cedo, me casei com 15 anos. Em seguida eu tive meus filhos, muito cedo. A mais velha tem 27 anos já, a minha mais velha. Terminei o ensino médio através do telecurso, com aula à noite, o EJA [Educação de Jovens e Adultos]. Fiz o telecurso, terminando o ensino fundamental. E terminei o ensino médio, fazendo o EJA. Mas assim, numa busca muito intensiva de estudo, mas que eu via que meu pai não me dava. Ele não me incentivava para estudar, pelo sacrifício que nós tínhamos, principalmente, naquela época, mas também não tinha um incentivo. Meu pai não me dava esse incentivo de estudar; ao contrário, dizia que mulher não estudava, que a mulher é da mão do pai para a mão do marido. Vem nessa linha: era da mão do pai para a mão do marido. Aí assim, a gente quer quebrar isso, quer mudar isso [com] minhas filhas. Eu sou um grande exemplo disso, de dizer: 'Olha, nós temos que ganhar o nosso espaço, nós podemos, sim, fazer coisas. Por que não? A gente está em espaços que acham que mulher não pode estar...'. Quando a gente está nessa luta, lembro de umas tias minhas que diziam: 'Coisa feia. Mulher na luta, lutando'. Então, é assim: a gente recebe isso, e às vezes é da família mesmo. A família já faz aquela crítica, mas em nenhum momento me deixou para baixo. Ao contrário, eu tenho essa autoestima muito bem dentro de mim, apesar dessa linha, que querem que você tenha seu canto, de você ficar... Não! Graças a Deus eu tenho essa construção dentro de mim. Porque tem uma desqualificação, quer desqualificar a mulher por ela estar assim e assado, vestida assim, não é? A gente tem cada um, a beleza. A mulher tem o seu brilho, depende de sua forma, do seu jeito, então ela tem que ser respeitada da forma que você gosta de ser.

Pergunto o que é ser quilombola, como categoria política.

Quando eu me apropriei, quando a gente foi certificada pela Fundação Palmares,[5] em 2014, para a gente era muito novo, não é? Esses espaços de seminário, reuniões, foi uma escola muito boa, muito grande, para mim. Muitos espaços ricos, que talvez na sala de aula eu não tive. Principalmente, quando você aborda vários assuntos que na sala de aula não são abordados. E quando é, não é da forma que às vezes você queria: uma luta de mulheres. Tem assuntos muito

---

[5] Entidade governamental que certifica as comunidades quilombolas como descendentes de populações escravas, que resistiram à escravatura e se implantaram em territórios que ocuparam. Cabe à Fundação Palmares a responsabilidade da construção de políticas públicas, que permitam a integração da população negra brasileira.

Lutas do Cumbe. Foto cedida por Cleomar Ribeiro da Rocha.

fechados, que, nos espaços de luta, eu aprendi muito. E a questão quilombola, o que é ser quilombola? É uma construção que eu venho cada vez mais buscando e que ainda tenho muito a aprender, não é? Hoje, estou em uma busca até mesmo pela minha árvore genealógica: quem foram meus avós, meus bisavós. Tenho uma curiosidade de ir bem mais longe. Ser quilombola hoje, para mim, é uma dignidade que você busca pra você. Uma identidade que é sua, que não se envergonha de dizer quem sou, de onde que você vem, sua ancestralidade. A questão do pertencimento também é uma afirmação, faz parte de ser quilombola. Quando eu falo em político, é porque agrega direitos que, para quem não conhece, acha que a ideia de que ser quilombola é coisa ruim. Desqualifica você por se apropriar de ser quilombola, que é ser quilombola. Nós estamos em um processo na minha comunidade que tem pessoas que se autorreconhecem, e outras não. Aquelas que não se reconhecem, é um direito delas não se reconhecerem, mas não têm o direito de tirar esse direito de eu me reconhecer. Eu digo que é de cada um. A minha construção hoje, por eu ser quilombola, é porque eu tenho um pertencimento de uma ancestralidade, de uma identidade, um histórico muito forte. Tive conhecimento da minha história, da minha comunidade. Eu me aproprio disso, e tenho maior orgulho de dizer que sou quilombola. É um processo de construção, de afirmação e de pertencimento e que, cada vez mais, você vai buscar quem você é, quem eu sou para eu ter essa propriedade de dizer: 'sou quilombola!'.

Pergunto sobre sua rotina. Como não me desloquei ao Cariri, é um modo de conseguir saber um pouco dos seus cotidianos.

Um dia meu: eu acordo, assim, na faixa de 7 horas. Tem dias que eu acordo bem mais cedo, que a gente está mais inspirada, que eu acho que a gente tem mais atividade para fazer no quintal, coisas que mais motivam a acordar cedo, ou no dia que tem umas marés. Porque a gente segue a maré. Não é que eu faça meus horários, eu vou nos horários dela, eu sigo os horários dela. No dia que a maré é pela manhã, tenho que acordar mais cedo, porque meu horário está lá. A maré, ela diz. Aí você não vir, você não vai trabalhar. Então, pronto, eu sigo. Se é 7 horas a maré, 7 horas, eu vou bem cedo. Então, cada dia a maré vai ficando mais tarde, então a gente vai acompanhando ela, aí ela chega para o lado da tarde. Nós vamos acompanhando. Tem dia que a mariscagem é três horas, três horas, e a gente já escurecendo, um pouquinho. E aí às vezes, quando a gente traz na mariscagem, a gente tem primeiro um processo que é tirar a tripa dele (principalmente eu, que trabalho com sururu). Tem o processo de limpeza e, muitas vezes, quando ele está limpinho, nós deixamos pra madrugadinha a gente tirar o miolo. Quando a gente chega da maré muito tarde, a gente já está muito cansada. A gente faz primeiro a parte do trabalho, para amanhã cedinho terminar de fazer o resto do processo, para dar uma descansada e para seguir, no outro dia, a maré, de novo. Mas também tem uns dias que... Eu sou artesã, eu faço brinco de conchas, porque eu me identifico. Nós vivemos no litoral. Como a gente trabalha com concha, com marisco, então, a gente tem um olhar muito precioso para tudo. Por eu ganhar um brinco de uma índia, aí eu tive a ideia: como elas usam muitas sementes, eu dizia: 'Nós temos uma facilidade de ter concha, porque não vamos nós inverter, não é? Em vez de usar as sementes, usar as conchas?' Então é assim, hoje faço artesanato com conchas, os brincos que eu tirei a ideia da índia. Nós fizemos uma troca, ela me deu um brinco de semente, eu dei um brinco de concha. Aí, tem dias que eu tiro uma tarde para fazer meus artesanatos, tem dias que pela manhã eu mexo no meu quintal, a fazer minha horta, e vou mexer nas minhas plantas. Então é assim, é muito amor no que a gente faz. Na manhã, quando eu estou aguando minhas ervas, e sobe aquele aroma, eu digo: 'Meu Deus do céu, obrigada, Senhor, por esse dia! Por esse dia de eu estar cultivando meu quintal, minha terra!' A gente diz terra porque até isso é uma cultura que está indo, os quintais. Pelo menos, eu digo pela minha comunidade. Porque como a comunidade está crescendo, você fica sem espaço. As terras, muitos filhos estão no canto dos quintais, está virando uma casa de um filho, e isso tira mais aquela cultura nossa dos quintais. Eu não me vejo sem o meu quintal. Meu Deus do céu, é muito forte, é nossos canteiros, aguar de manhã. E assim, a gente tem uma rotina: tem dia que eu acordo para mexer na terra, limpo com a enxada, porque eu faço meus canteiros no chão, e aí eu vou limpar quando tem mato, vou aguar. E aí assim, essa rotina, quando eu vou pra maré. E tem dia que eu estou lá, no meu artesanato. E sem falar que a gente faz aquele papel social: como eu sou presidente da associação, então tem todo um trabalho na comunidade: vai ter uma reunião, vai ter isso. Então, tem uma mobilização também na comunidade, desse papel social de nós, mulheres. O Cumbe também traz uma referência na luta das mulheres. As mulheres, elas são bem atuantes. Às vezes, a gente vai para várias [reuniões]. A gente foi para uma última reunião no assentamento e teve mais homens, mas do Cumbe foi nós, mulheres, não é? Então é assim: hoje, a comunidade do Cumbe ela tem bastantes mulheres atuantes na luta, no enfrentamento mesmo. São mulheres bastante guerreiras, que têm um empoderamento mesmo de luta, e eu fico muito feliz de fazer parte. Tem mulheres também, igual a mim, que estão se empoderando, se apropriando dos seus direitos. Além de fazer esse papel social na comunidade, eu ainda digo que sou guia, porque eu é que levo os grupos [de visitantes]. Os grupos chegam, como ontem, e eu andei uma trilha gigante. Fui nas lagoas, nesse período nós estamos com nossas lagoas tudo cheias, não é? O território do Cumbe, a gente diz que tem uns mini lençóis maranhenses, porque nesse período agora, tem muitas lagoas. Então, é tanto que a turma dizia: 'Nós estamos num deserto, o deserto do Saara'. Aí, até brincando, eu dizia assim: 'Olhe, mas no deserto... Aqui nós estamos com muita água, muitas lagoas cristalinas'. Foi uma festa! Fiz vídeo, botei no grupo dos quilombolas: 'A visita da aula de campo'. Era a turma de geografia. Ave Maria, eles saíram encantados! A gente falou um pouco da história da comunidade, da luta, da resistência. Uma resistência muito grande. Somos bem atuantes! Porque não para, é constante, um dia atrás do outro. Então, a gente não pode se acomodar, realmente. A gente não pode, porque hoje temos projetos através da associação, conseguimos projetos. Hoje temos restaurante comunitário na comunidade. Nesses projetos, nós temos um carro, tem dois barcos, fazemos passeios a cavalo, passeios de barco. Nós temos um turismo comunitário hoje na comunidade. Eu também recebo pessoas na minha casa, porque a hospedagem é nas casas das famílias. Então, é assim: nós temos um papel de agregar valores, e que esse turista que vem, ele veja essa comunidade com um olhar com respeito ao modo de vida deles. Porque eu digo que nós não precisamos muito se modificar, não. É isso que nós fazemos que eles vêm para ver, esse modo de vida, de pescar, da gente fazer nossas hortas. Eles vêm com aquele olhar, que vai ver uma comunidade com a sua tradição, como é que ela vive. Então, assim, sou uma pessoa que recebo também essas pessoas, que chegam na minha casa. Eu hospedo quatro, eu divido, nós dividimos tudo. Eles se juntam com aquela família, com aquela vida. Libero meus quartos. Minha casa são três quartos, eu fico com um, está aí dois. Eles querem conhecer a história e a comunidade, aí não tem esse espaço para hospedar. Então, a gente hospeda da forma que nós temos para fornecer. Eu digo que sou guia, recebo os grupos que vão patrulhar no manguezal, vão para as dunas, nos sítios arqueológicos, e toda uma paisagem, eles saem maravilhados de lá. E sem falar da história e resistência do povo da comunidade. Nós temos uma faixa de umas 180 [famílias no quilombo]. Eu não tenho certeza, mas a gente sempre trabalha numa faixa de umas 180. Nós temos umas 90 famílias na associação quilombola, então, é bem dividido, não é? Mas a gente sabe que o outro pessoal, eles trabalham muito dentro das empresas. Então eles não querem se reconhecer, até porque é uma forma deles impedirem de aceitar a nossa identidade. Então as pessoas que trabalham hoje nas empresas, nas eólicas, nas carciniculturas, que é camarão criado em cativeiro, tem todo um trabalho deles não se reconhecerem, e nem querer que a gente nos reconheça. Eles ainda fazem uma divisão, gerando um conflito interno, de morador com morador. E aí a gente, a nossa luta, o nosso objetivo, é trabalhar com o coletivo dentro dos nossos direitos, mas que a gente não avance para a violência, principalmente a violência com nossos conterrâneos. A gente evita muito isso, a gente não quer ir para o combate com família nenhuma. A gente diz que o nosso inimigo não são eles. Então, [temos de ter] essa consciência, e trabalhar para que não gere uma violência, comunidade com comunidade. Então é sempre isso. [A terra], pelos históricos, dizem que essa terra era de uns sete proprietários, e que ela ainda está na mão desses proprietários. E que o canto dos sítios, terra dos engenhos onde fabricava a melhor cachaça do Ceará, era lá. Essa terra hoje, esses sítios, são carcinicultura. As nossas dunas tinham muitas nascentes, muita água, até hoje. Desde a década de 1970, a nossa comunidade abastece o município de Aracati todinho. Nós tem muita essa preocupação, esse cuidado com a água, que a carcinicultura está salinizando. Ela está salgando os poços, que nós temos até hoje, graças a Deus. Nós não temos ainda uma preocupação com água, de não ter água. Assim, o nosso bem maior, a nossa água, até então nós não tínhamos esse problema de ter seca, por nós ter um lençol freático debaixo dessas dunas, com água de qualidade. Na maioria desses 'pés de dunas', hoje, está instalada a carcinicultura, trazendo cercamento, impedimento [de circulação]. Além de eles instalarem em área de manguezal – onde eram os sítios, hoje virou carcinicultura. São áreas que para eles não tinham importância, porém para nós tinha. Essas áreas hoje se tornaram muito valiosas: são áreas de apicum,[6] que eu lembro, na minha infância, eu tomando banho nas margens que

---

[6]   Áreas de estuário de rio do sistema ecológico entremarés.

geravam perto da minha casa. Eu lembro que minha mãe dizia, quando nós era tudo pequenininho e estava gripado, minha mãe dizia: 'Vão tomar banho pra afrouxar o catarro'. E nós lá na maré! Chega, o catarro escorria, e era uma felicidade medonha. Hoje, esses espaços são tanque de camarão, você não tem acesso mais aos braços de gamboa, que era onde a nossa atividade era muito forte, porque a gente pescava muito, as mulheres arrastavam. Então era praticamente nos braços dos rios que a gente tinha as gamboas,[7] que a gente tinha uma atividade muito próxima das nossas comunidades. A gente pescava siri, nós arrastávamos o camarão, dava sururu nas gamboas, e tudo. Hoje não tem mais. Nós passamos quase seis anos sem o nosso sururu, principalmente uma prática [de marisqueio] das mulheres, onde tirávamos mais a nossa renda. Então assim, eles vão trazendo uma problemática muito grande, nos acessos para pescadores. É numa atividade nossa, do dia a dia que ela [a carcinicultura] está sendo construída, nos afastando, nos expulsando, a nós, comunidade pesqueira artesanal. Como migraram para os pés de dunas, nos lugares que tinham as nascentes, que desciam nas levadas, que desaguavam nas gamboas. Ali, a gente, o povo, sempre tomava aquela água. E hoje, praticamente, essas levadas salgaram, os poços que fazia expandiram e salgaram. Tinha os poços que eles faziam, os moinhos de vento, que era de forma artesanal para aguar as plantas, que lá para nós tem muito isso, os moinhos de vento que puxavam [a água] de forma artesanal, para aguar os seus plantios. Esses poços, os que restaram, salgaram. Salgaram.

A eólica chega na década de 1990, trazendo essa problemática. Dois anos depois que elas se instalaram lá, a gente tem uma mortandade de caranguejo muito grande. É, por dois anos. Foi desesperador, foi grito de dor, de você não ter mais o caranguejo para pescar, para comer. E fora várias espécies, que também morreram. Daí surgiu nosso primeiro grito de luta em defesa do território e do meio ambiente. Depois, em 2008, chegou a carcinicultura. Mais violenta ainda, mais abusiva ainda, perversa. Porque quando se trabalhava numa energia limpa, a gente dizia: 'Que energia limpa é essa?' Nós perguntávamos com toda nossa leiguice, não é? Leiga das coisas... Uma eólica, que se diz limpa, e que nos é tão agressiva, machucou o psicológico de uma comunidade. Chegou numa violência tão grande, que uma das comunidades, onde várias das casas eram de taipa, na beira de estrada, muitas dessas casas de taipa caíram. A nossa igreja quase caiu, a nossa escola também ficou comprometida. Então, foi uma violência, assim, e que não tinha ninguém que freasse. Era muita caçamba para fazer essas estradas. Teve uma empresa, que era chamada Petra, que ela trabalhou só na estrada. Então, era uma quantidade de

---

[7] Vala que se usa para pegar peixe de forma natural.

caçambas muito grande na comunidade. Nossos filhos, a gente tinha medo até de mandar para escola, porque não respeitavam. Eles trabalhavam por produção, até oito horas da noite. Se a gente tinha um caneco no pote, chegava a cantar, com a vibração do trânsito que tinha na comunidade. Foi muito violento, em todos os sentidos. Hoje, a paisagem você não reconhece quão mudada foi. Era como se você, que estava no seu território, e que você não conhecia. Modificou a sua vida de cabeça para baixo, como que virada do avesso. E você não entendia o que era visto, diante daquele cenário. Porque você não foi consultado, não lhe perguntaram se ia ser bom, se ia ser ruim. E era assustador! Era tão assustador, quando você sabia que tem os comentários da comunidade: 'Isso vai chegar'. Era muito assustador. É como quando a gente era criança, que falavam de algo que você ficava... E aí, assim, nós fazíamos: 'Que coisa é essa que está vindo?'. Dizem que é limpa, energia limpa, mas sua instalação é muito suja, e ainda continua muito suja. Porque, quando ela privatiza, tira o direito do modo de vida das famílias. Ali, você não tem mais aquele seu acesso. E, quando tem, muitas lagoas foram soterradas, sítios arqueológicos. Porque eles cavam. Onde tinham essas hélices, hoje, os cataventos, foram tirados os sítios arqueológicos. Foram tiradas muitas peças: 41 mil peças tiradas das dunas do Cumbe, porque não anunciaram. Não tinha um museu de arqueologia, então essas peças foram para o Canadá ou Rio Grande do Norte, no [Museu] Câmara Cascudo, onde essas peças se encontram até hoje. Desde 2009, que foi quando começaram a trabalhar nos cataventos. Onde, num buraco, cabia três toneladas de concreto. Então, é uma preocupação muito grande de afetar nossa água. Tem todo um cuidado, não é? Mas foi uma violência quando o empreendimento chegou na comunidade. Hoje, esses empreendimentos, eles agem de forma mais rasteira, manuseando o povo. Eles pegam, eles botam para trabalhar, então ali aquele povo: 'Olha, tu não podes ficar do lado dele. Pode ser até teu irmão, mas tu não podes'. Tem muito isso. E isso mexe com todos nós! Enquanto nós estamos fazendo defesa, eles estão favorecendo um empresário, o empresário a destruir... E eles se empoderam no território de certa forma, porque tem esse apoio na comunidade. A gente recua para não brigar com a comunidade. A gente dá um passo atrás: não! Não é isso? A nossa luta não é essa. As armas deles são essas: usar as pessoas. Eles botam para trabalhar, e essas pessoas realmente ficam contra nós. E é uma luta constante para você ter essa resistência dentro do seu território: por amor, por afeto àquela sua terra. Eu digo que a nossa raiz está tão entranhada em tudo aquilo, que quando você vê o seu território ferido, é como se também você foi ferida. Quando você vê os seus manguezais desmatados, suas águas salgando, isso fere demais, isso mexe demais com o nosso psicológico! Isso fere demais! E teve momentos de embate, mesmo na luta, que a gente tinha momentos que ninguém conseguia falar. Se a gente fazia uma roda de conversa, a gente chorava, a gente não falava, porque a gente fazia a defesa do mangue. A gente ocupou áreas de carcinicultura, que foram abandonadas para a gente replantar o mangue. Um carcinicultor, de São Paulo, estava na região, e ele disse que a propriedade é dele. Por conta disso, uma juíza depois foi afastada por favorecer empresário. O Tribunal de Justiça afastou ela. Foi até lançado no jornal *Diário do Nordeste*, se não me engano, esse afastamento dessa juíza porque ela estava favorecendo empresário. E que foi a dita cuja que deu a [medida] liminar para nós, vindo polícia muito pesada. O Comando Tático Rural é uma polícia específica para o campo, e nós fomos inaugurados com essa polícia, violentamente. Então é assim: você foi tirada bruscamente de dentro do seu mangue, dentro da sua área de atividade, dentro dos seus costumes, dentro das suas práticas. A nossa lida é o mangue. E aí, essa polícia, essa polícia específica, ela veio violentamente. Nós temos muitos registros disso, de toda essa violência contra as mulheres pesqueiras do mangue e principalmente as mulheres. A polícia, ela pega mais as mulheres[8] porque os homens vão para atividade, e as mulheres ficam mais ali. A polícia sempre chegava onde estava mais mulheres, mas muito violenta. Teve bala de borracha, bomba de gás. Eu nunca tinha nem sabido me defender de uma bomba de gás. Era como se aquilo que vinha me corroendo por dentro, aquele gás que eu cheirava, era como se estivesse me comendo por dentro. A dor maior era a dor da indignação: eu, que vivia naquele território, ser tratada daquela forma, como uma bandida, da forma que a gente foi pegada pela polícia. A luta hoje, na comunidade, é essa. É uma referência a nós, mulheres, de estar sempre na frente. Tem o ditado onde diz que 'atrás de um grande homem, há uma grande mulher'. A gente inverte esse ditado, diz que 'atrás de uma grande mulher, há um grande homem', não é? [risos]. Assim, inverter isso, porque eu acho que as mulheres estão para a luta, as mulheres estão para o enfrentamento, as mulheres estão atuantes! E eu acho que é muito justo a gente lutar! A gente não está lutando em si, é um conjunto de coisas, de sentimentos, de afetos. É uma série de questões. Nós, com esse amor à terra e ao território!

---

[8] Refere-se a uma ação específica de despejo de uma área de duna, reocupada pelos pescadores com a colaboração do MST. A juíza deu a ordem de despejo e a ação foi violenta. Estavam no acampamento as mulheres, o trator passou derrubando barracas e arrastando as bandeiras do MST e da OPA (Organização Popular de Aracati) criada pelo MST, em colaboração com a Igreja Católica na região. (Nota de Lourdes Vicente).

Ocupação de terra é uma necessidade grande: a gente não tem comida, não tem roupa, tudo é de esmola para comer

Maria Ana da Silva, 66 anos, município do Crato.

Dona Ana, abril de 2019, Universidade Federal de Fortaleza. Foto de Paula Godinho.

Como podemos esquecer a história de uma mulher que, ao saber que há uma ocupação de terras, que traz consigo a possibilidade de conseguir um local para viver e criar os filhos, se põe ao caminho, e faz cinco léguas a pé, entre Nova Olinda e o Crato, no Caldeirão, perto de Juazeiro do Norte, acompanhada por um menino de 11 anos? Olhando no mapa, custa a crer que alguém saiu de manhã e percorreu mais de 40 quilômetros atrás de um sonho. O marido e os restantes filhos ficaram aguardando. Ana, cuja conversa sai de jorro, sabe que muda de designação quando participa numa ocupação: hão de lhe chamar ladra de terra, porque há sempre quem olhe de fora e não se esforce por entender a necessidade de quem age. Mas quem chama não sabe do sonho dos pobres, que circulam em busca do que lhes falta, e querem um chão para cultivar, morar, ter uma escola, e conseguir aceder a energia, água canalizada, condições de salubridade. Lula e Dilma em Brasília, nos diz Ana, fizeram a diferença. A entrevista decorreu numa sala do Centro de Formação, Capacitação e Pesquisa Frei Humberto em Fortaleza.

Meu nome é Maria Ana da Silva e no dia 15 de março eu inteirei 66 anos. Sou filha natural de Barbalha, eu me batizei e me casei na igreja de Santo Antônio em Barbalha. O nome de papai é Raimundo Serafim da Silva, de mamãe é Maria Ana de Jesus. A vivência lá não era muito boa, não. Era limpando cana-de-açúcar, de fazer rapadura e quebrando coco babaçu, macaúba. E foi indo, foi indo e somos 12 irmãos, seis homens e seis mulheres. Foi uma jornada muito comprida para gente chegar onde está, não é? Graças a Deus. Mas o que eu me admiro é que foi uma vida muito difícil, mas Deus ajudava tanto, que com toda a necessidade, toda a precisão... Porque naquele tempo era difícil, as mães tinham muito filho e não tinha condição de dar um estudo. Porque só quem estudava eram os filhos dos empresários, não é? Nós, que era morador, era para trabalhar como escravo. E ainda hoje. Nós somos todos 12 irmãos vivos, não morreu ninguém ainda. Aí foi crescendo lá, foi crescendo, e papai era muito dono do mundo. Não deixava rapaz nenhum se aproximar. Quando a gente ficou moça, que eram três mais velhas, aí foi que chegou esse rapaz de Nova Olinda, que foi dar um passeio lá em Arajara, não é? Que Barbalha era Arajara, era perto de Arajara. E se interessou por mim, ele mandando recado, e eu sem querer, porque ele já era idoso. Papai disse que lá não tinha nem mulher, nem banco, para o homem alisar o banco. E ele enfrentou o papai, disse que alisava. E ele não alisava. Aí afinal de contas, eu com 19 anos, ele com 32 anos, o rapaz. Como ele foi o único que teve coragem de enfrentar papai, eu disse 'Não, eu vou casar. Porque esse cabra é macho, não é? Porque enfrentar uma fera dessas, não é?' Até que casamos. Fomos, fizemos uma casa lá. Aí de lá, casamos em 1974, em 1975 nasceu a primeira menina. Em 1976 nasceu outro menino. Aí quando esse outro nasceu, nós fomos para Nova Olinda. Lá nasceu outra menina, em 1977, está vendo? [risos]. Em 1977 nasceu outra. Aí, quando a outra nasceu, trabalhando tudo de roça nesse tempo, viemos de lá, viemos morar no Crato. Fui trabalhar na Saaec, que era um órgão que faz a manutenção da água. Aí foi nascer outro menino, 1979. Esse passou um pouquinho, aí pronto. Nos quatro, eu liguei. Nessa época, tinha 27 anos. Aí liguei, aí pronto, só tive esses quatro. Fomos viver lá no Crato, e moramos seis anos. Ele desempregou. Eu tinha dois irmãos que moravam em Fortaleza, um deles foi dar um passeio, trouxe nós para morarmos aqui. Eu comprei uma casinha lá na Praia do Futuro. Morei oito anos na Praia do Futuro. Os meninos começaram a crescer e eu vi umas coisas muito desiguais, que eu não tenho costume de ver, e voltamos para lá de novo. Nesse período daqui, eu arrumei um menino do coração, ele nasceu, a mãe disse que não queria, que não podia criar e o meu já tinha os seus nove, dez anos, o mais novo. Aí, eu disse: 'Eu quero'. Criei ele, hoje está com 35 anos, por aí. Esse eu arrumei aqui. Voltamos para Nova Olinda, de novo. Lá em Nova Olinda foi quando surgiu essa ocupação, que foi em 1991. Vai fazer 28 anos agora no dia 10 de abril, não é? 1991. Eu não sei a data não, assim não, mas vai fazer 28 anos agora no dia 10. Aí, eu deixei o homem cuidando dos meninos e da roça, quebrei e fui para ocupação. Era no Caldeirão. Perdi o carro, fui de pé. Caminhei cinco léguas de pé. Saí de Nova Olinda à 1 hora da tarde, cheguei lá 11 da noite, mais um menino de 11 anos. E ainda hoje graças a Deus, foi o passo melhor que eu dei, foi para lá! Que nesses 28 anos, graças a Deus, nem precisou de eu sair mais. Sofremos muito, passamos muita necessidade. Ocupação de terra é uma necessidade grande: a gente não tem comida, não tem roupa, tudo é de esmola para comer. E ter que ficar na terra, não pode sair, porque se sair perde o lugar, é muito difícil. Mas é muito gostoso, muito assombroso. Que a gente muda logo o nome, que todo mundo que passa por a gente diz logo assim: 'Olha, as ladras de terra'. A gente muda logo o nome, não é? Aí, mas graças a Deus, minha felicidade foi ocupar essa terra. Com 15 dias, eu voltei em casa, e estava todo mundo bem. Eu voltei de novo para terra. O padre mandou chamar o batalhão de choque, que era para nos matar, que nem mataram o povo no tempo do beato.[1] O governo disse que não liberava o batalhão de choque para nos matar. Aí nos tirou de lá, nós só passamos 22 dias lá no Caldeirão. Tirou nós do Caldeirão, e botou nós no parque de exposição. Aí no parque de exposição foram fazer essa vistoria lá na terra onde nós moramos. O Ciro Gomes[2] foi e comprou. Passamos mais 15 dias no parque de exposição, aí nos tirou do parque de exposição e nos levou para essa terra que eles compraram. Que ainda hoje nós estamos. A terra só tinha jurema, nem água tinha. Nem tinha nenhuma casa, não tinha era nada. Sabe o que era nada? Só pedra e jurema. [Interrompemos a gravação, devido a um problema técnico, por breves minutos. A entrevistada continuou.] Só tinha terra e mato. Aí fomos roçar, fazer barraquinha de palha, de lona e ficamos ainda... Nós moramos ainda uns oito anos de barraca de lona, cercado que nem chiqueiro de porco. Foi ocupado com 90 famílias. Quando disse assim: 'Chegou na terra', viram o resultado. Nem todo mundo tem coragem de sofrer, porque a luta traz sofrimento. A maioria foi para casas deles trabalharem para os patrões mesmo, desistiu. Hoje nós estamos com umas 50 ou 60 famílias, porque vai casando o meu filho, com uma filha sua ou dela e vai misturando tudo, porque chegou muita mocinha e rapaz. A minha menina quando eu cheguei lá, a minha menina mais velha tinha 15 anos, hoje com os três de coração que eu tenho, com os quatro que

---

[1] Refere-se ao beato José Lourenço, cujos seguidores foram massacrados, em 1937. Acredita-se que 700 camponeses tenham sido mortos.

[2] Político brasileiro, nascido em 1957, membro do Partido Democrático Trabalhista. No momento referido, era governador do Ceará (1991-1994). Antes, tinha sido deputado estadual (1983-1989) e prefeito de Fortaleza (1989-1990). Foi ministro da Fazenda do governo de Itamar Franco (1994-1995), e viria a ser ministro da Integração Nacional no governo do presidente Lula da Silva (2003-2006). Foi deputado federal pelo Ceará (2007-2011), e candidato à presidência do Brasil em 1998, 2002 e 2018.

eu tinha, fez sete, não é? Já são todos casados e eu já tenho neto que vai fazer 25 anos, que já nasceu lá, já nasceu lá. Vivem todos na terra. Todos vivem trabalhando na terra, todos vivem bem. Tem filho formado. Eu nunca fui para escola. Graças a Deus que a minha caneta, naquela época, o que o pai podia dar para os filhos, era uma enxada, para ensinar a trabalhar. Graças a Deus que a gente ainda teve essa oportunidade do pai ensinar a trabalhar, porque não dava escola, não podia dar caneta. Mas aqui, minha filha, uma enxada... Hoje eu ainda vivo do trabalho de uma enxada. Mas meus filhos, hoje, tudo tem. Há dois que já têm faculdade, formadas em faculdade. Tenho filho professor, tenho filho técnico, tenho tudo de bom, graças a Deus. Teve muito sofrimento. E para poder conseguir um projeto, para fazer umas casas para a gente morar, foi que nós viemos aqui para Fortaleza. O MST organizou, e veio gente de vários assentamentos, não era só o nosso. Passamos 17 dias na Bezerra de Menezes, dormindo noite e dia na pista, para poder o governo liberar um projeto para fazer umas casas para a gente morar. 17 dias, dia e noite na pista. Nessa época, o governo era Tasso Jereissati, e ele atrás de querer matar a multidão de gente na rua, porque [não] tinha vergonha. Porque 'os pobres são uns esmoléus, são uns cachorros', não é? Para eles, para os ricos. Mas o MST graças a Deus, eles são um povo tão sabido! Eles têm todo jeito de despistar tudo de ruim, e aí nós só saímos com o projeto de fazer as casas. Fizemos as casas, passado o quê? Esse povo, quando viu terminar as casas, já estava com 10 anos que nós morávamos na terra. Aí, ficamos sem água, botamos a energia, ficamos com as casas e com energia. Está com dois anos que nós ligamos água, para ter água ligada, para não carregar de cabeça. 28 anos, e agora que tem dois anos que ninguém carrega água na cabeça. As coisas para pobre é difícil! E o que o MST faz é lutar, eles estão aqui, eles trabalham muito, lutando, atrás de benefício e de melhoria para gente. Porque daqui para o Crato é muito distante, mas como a tecnologia está muito avançada, fica muito fácil eles comunicarem. Como é que está, se está precisando de gente para ajudar eles para arrumar um meio para a gente, aquilo tudo... Vem uma pessoa, vem duas, vem três ou dez, se precisar. Dá para a gente viver, graças a Deus. O primeiro projeto que entrou lá foi do grupo de mulheres. O grupo de mulheres trabalhava com suíno, trabalhava com caprino, trabalhava com hortas já, que ainda hoje trabalha com a horticultura... E, graças a Deus, ainda hoje a gente vive trabalhando, plantando roça. Mas já tinha o gado coletivo, quando foi com 10 anos, com o projeto que era do banco, que dividiu o projeto coletivo. Cada assentado ganhava uma bezerrinha, e hoje todo mundo lá é dono de gado, dono de terra, dono de casa. E dá para ir vivendo... À vista de quando nós entramos lá... Primeiramente, graças a Deus, o Movimento Sem Terra e Lula ter entrado em Brasília... Porque se não fosse Lula, ainda hoje nós estávamos na mesma miséria, pedindo esmola e passando fome. O inverno, pode passar dois, três anos sem chover, que não dá para criar nada. Esse ano foi [bom] para chover e criar água nos açudes. Até os açudes tinham secado. Se não fosse um governo que nem Lula, que tinha entrado, e Dilma, os trabalhadores viviam hoje na miséria e com fome. Lula dá a gente de comer três vezes, que nem ele disse que dava. E Dilma, todo mundo que queria, comeu três vezes, e ainda está comendo.

Dona Ana, durante a entrevista no Centro de Formação, Capacitação e Pesquisa Frei Humberto, em Fortaleza, abril de 2019. Foto de Paula Godinho.

Ninguém sabe se vai durar muito, com esses governantes que tem aí. Não é muito legal, para os trabalhadores. Ele[3] não está sendo muito legal, ele tá tirando o que os trabalhadores têm. Ao invés de dar, está é tirando. Nós plantamos o feijão, o milho, a fava, o andu. Para tudo, nós tiramos da roça para comer. Nós tiramos tudo de comer, o inverno todinho. Eu trabalho com a horticultura, além da roça, que tenho todo tipo de folha de salada, de remédio, tudo de bom que planto e vendo nas feiras. Toda semana, eu venho para o Crato vender nas feiras, que tem umas feiras orgânicas no Crato, eu vendo e é uma delícia. Não me canso de trabalhar, eu planto a batata doce, a macaxeira, o maracujá, a banana... A gente vende as galinhas abatidas, traz e vende muito, vende muitas galinhas abatidas. O ovo vende muito. Crio porco, crio galinha, gado, cachorro, tudo. Eita, minha filha, eu durmo muito cedo. Não assisto televisão, não assisto nada. Quando eu chego da horta, estou cansada, no máximo seis e meia da noite, eu vou me deitar. Mas 5 da manhã eu já tenho me levantado para dar de comer as galinhas, aos porcos, para desabar para a roça. E tem uma mocinha que ela cuida da casa, a casa é por conta dela e eu só no roçado. E viajar, eu viajo muito. Dou umas entrevistas no mundo inteiro, já conheci o mundo inteiro, através da experiência do meu trabalho. Já conheci o mundo inteiro, já recebi troféu de mulher de fibra, te-

---

[3] Refere-se ao presidente atual, Jair Bolsonaro.

nho um livro que a Fetraece fez.[4] Sou conhecida mundialmente. Já fui capa de jornal daqui de Fortaleza, um tempo. Foi um jornalista que fez. Agora mesmo, tem umas meninas que chegaram lá, passaram dois dias e fez outro filme. Já fiz um da ASA, que é de várias camponesas, não é só meu, é de muitas misturadas. Tem uma fala minha dizendo assim que 'Nós mulheres, no mundo que nós estamos hoje, nós somos as donas do mundo'. Porque se você for pensar o que uma mulher faz: trabalhar na roça, dar conta de marido, de filho, de neto, de genro, de nora, de tudo a mulher tem que dar de conta... Se tem um doente, 'Faz um chá para mim'. Outro: 'Faz isso, faz aquilo', e ainda trabalhar na roça. Minha horta é minha riqueza no mundo, eu tiro mais salada no mês... Sou eu quem cava, quem bota o estrume, quem planta, quem arranca, quem vende, quem faz todo o processo. É muito gostoso, a família da gente e a gente se organizar num trabalho desses. Olhe, eu me sinto vitoriosa, porque sou uma pessoa com 66 anos e não tenho problema nenhum. Não tenho pressão alta, nem baixa, não tenho diabetes, não tenho doença nenhuma... Porque o trabalho dá vida à gente, trabalhar dá vida! Outra coisa, você só come o que você planta, aí você não vai plantar uma coisa para você usar veneno para você se matar, para você mesmo se matar. Você só come coisa boa. Aí, dá uma vida grande à gente, uma vida longa, é uma delícia. Eu já tenho 13 netos, graças a Deus, o derradeiro ele nasceu esse mês, a derradeirinha.

---

[4] Federação dos Trabalhadores Rurais Agricultores e Agricultoras Familiares do Estado do Ceará. (Nota de Lourdes Vicente).

O MST é essa coletividade que nos impulsiona a essa luta coletiva, de transformação social

Maria de Lourdes Vicente da Silva (Lourdes Vicente), 46 anos, Cidade Jardim, Fortaleza.

Lourdes Vicente. Foto cedida pela própria.

Só com a cara e a coragem, assim se fez à vida e à luta esta militante e líder do MST, que integra uma comuna urbana na periferia de Fortaleza. A Cidade Jardim é uma proposta de superação espacial e social da oposição entre cidade e campo, porque "se o campo não planta, a cidade não janta". Esta mulher – que passou uma parte substancial da sua existência no meio rural, participou em dezenas de acampamentos e ocupações de terras e sentiu a força bruta da repressão – traz um olhar sobre o que significa ser sem-terra nas cidades. Tenho por ela uma imensa gratidão, por aceitar o um duplo papel: coautora num texto, e entrevistada. Pelo que conta, compreende-se que as periferias não podem ser não-lugares, ou cidades sem história, porque têm dentro as histórias dos que as habitam. Lourdes Vicente, carinhosamente chamada "Lourdinha" pelas mulheres de vários assentamentos, tem a rebeldia serena de quem se construiu desde a infância confiando em si mesma, e que se descobriu como sujeito político no âmbito de coletivos: a igreja da Teologia da Libertação, que lhe ensinou a procurar o caminho da terra prometida, e os sem-terra, a quem se juntou, com coragem e entrega. Compreendeu depressa que eram os seus, e as mulheres sem-terra eram as suas, em cotidianos partilhados e momentos inesquecíveis, de ofensiva, mas também de abraços entre o campo e a cidade, que recorda sentidamente. Sabe, porque a experiência lhe ensinou, que quando um acampamento é devastado pela ação repressiva do Estado ou pelos pistoleiros, a mando dos latifundiários, outro vai surgir adiante, porque as vidas têm de prosseguir. O direito à terra é o resultado de muitas lutas, com vitórias que nunca são retumbantes e derrotas que, na sua boca, têm sempre o sabor de um "ainda não..". Além do estudo, que lhe estrutura muitas escolhas da vida, é da prática que lhe vêm os saberes e sobretudo da prática em comum, seja sobre reforma agrária popular, agroecologia, ensino, educação, gênero, seja sobre os repertórios de ação que estão disponíveis, e os que ainda estão por inventar. Agora, é professora, conquanto se tenha escolarizado mais tarde do que deseja para os sem-terrinha, pelos quais luta, porque é preciso aprender a ler o mundo para mudá-lo: a *Pedagogia do Oprimido*, e toda a obra de Paulo Freire são decisivas na sua formação. Generosa e otimista, na sua experiência dilata-se o campo de possibilidades da existência de muitas e muitos, pela construção de utopias concretas; nos ensina que as lutas nunca acabam e insiste na esperança. O impossível é o que ainda não tentamos.

Meu nome é Maria de Lourdes Vicente da Silva. Eu nasci no dia 25 de maio de 1973. Aliás, já começando a falar da minha infância, essa é uma data fictícia. Porque quando eu nasci, minha mãe morreu 17 dias depois, de consequência do parto. Ela tinha 22 anos e eu fui criada pela minha avó por parte de mãe, que eu considero e chamo de mãe. Porque ela é uma data fictícia, essa? Porque até aos 9 anos de idade, eu não tinha documentação. Naquele período, na década de 1970, era muito difícil. Eu sou do sertão de Pernambuco, e minha documentação foi tirada pelo meu pai biológico quando eu tinha 5 anos de idade. Ele me contou que arranjou um emprego, e se dissesse que tinha família, ganhava mais. O salário dele aumentava. Então ele inventou tudo, assim: a data, o mês e até o ano. [risos]. Minha mãe[1] contava – ela não sabia nem ler e nem escrever e não era culturalmente muito ligada a essas questões de comemorar aniversários. Mas ela dizia: 'Não, não foi nesse ano, porque você é mais nova que meu filho tal... Não foi nessa data porque foi no mês de São João, e a hora também'. Porque ele botou 23h45 da noite, e também não coincidia com o que ela dizia, não é? Então: nem data, nem ano, nem mês, nem hora [risos]. E até a cor! Porque ele disse lá no registro que eu sou branca [risos]. Minha mãe até ria... 'Como? Nós todos somos negros e ele botou que você era branca?' E a cena mais engraçada disso tudo é que só quando eu tinha 9 anos de idade precisei da certidão de nascimento. Escondida da minha mãe, eu gostava

---

[1] Refere-se à avó.

muito de estudar. A minha mãe, viúva, tinha cinco filhos dela legítimos, e criou mais dois: eu, desde o dia que nasci, mais um primo meu. Mas a gente se chamava tudo de irmão. Ela precisava trabalhar na roça. A gente trabalhava tudo em um engenho de cana do município aonde eu nasci, para uma família lá. E todo mundo trabalhava, então quanto mais gente... Porque ela era a provedora de todo mundo e não tinha condições de ninguém estudar, pela dificuldade, mas também para trabalhar na roça. Então, de memória, sei que desde os 5 anos de idade que me lembro de trabalhar na roça, com toda a minha família. Éramos sete e, com ela, oito. Aos 9 anos, eu fugia escondida para estudar. Entrei na escola escondido. E a diretora chegava pra mim e dizia: 'Você tem que trazer sua documentação!' Aí, eu dizia: 'Mas eu não tenho!' Minha mãe contava até um fato engraçado: eu fugi de casa. Ainda não tinha tido contato com meu pai biológico, mas sabia onde ele morava, na comunidade onde eu nasci, chamada Piedade. E aí, cheguei lá e disse: 'Oi, você que é meu pai? Eu sou sua filha e eu vim aqui buscar meu documento'. [risos]. Aí, ele achou graça, e tal... Foi a primeira vez que o conheci. A gente se encontrou muito pouco, não é? Ele faleceu com 40 anos e acho que cheguei a vê-lo umas três vezes na vida toda. Como fui criada pela minha avó, não tinha contato com esse meu lado paterno, não é? Fui para a escola aos 9 anos, meio que escondido da minha mãe, mas eu era louca por estudar. Quando ela foi descobrir, eu já estava na escola [risos]. Eu ia para o roçado às cinco horas da manhã. Quando dava sete horas, ia pra escola, e, quando dava 11 horas, corria para o roçado de novo, e assim... Até que ela se acostumou que eu tinha que estudar [risos]. O resultado disso é que realmente sou a única da família que pude ter acesso ao estudo. Mas enfim! O que eu me lembro da minha infância... Tem esse fato aí da documentação. Não tive contato com meu pai, mas sei que na minha região a gente diz que somos descendente de uma tribo que chamava os Babicos,[2] mas ela nem existe mais. Depois que chegou o padre João Leite, famoso lá da região, essa história meio que se acabou. Mas, assim, de característica: a família do meu pai é toda indígena, já a família da minha mãe é toda negra. Então eu tenho 50% de índio e 50% de negra, não é? De descendência, digamos. Mas a negritude pesou mais na minha cultura [risos]. A minha infância, do que eu me lembro, é assim: nós passamos muita dificuldade. Era minha mãe sozinha para criar todos os filhos, não é? Os mais velhos

---

[2] De acordo com a historiografia da região do Alto Pajeú (PE) e da serra de Teixeira (PB) sabe-se do povoamento por famílias ligadas a um povo indígena/caboclo, os Babicos, comumente conhecidos como "Povo Babeco da Umburana". Umburana era o nome dado ao local pelos indígenas, em homenagem a uma árvore nativa. Passaria a ser chamado de município de Itapetim que na língua tupi significa "pedras soltas". (Nota de Lourdes Vicente).

cuidavam dos mais novos, eu me lembro. Mas também me lembro de muita fome, e, ao mesmo tempo, tenho recordações de muita fartura no período do umbu (que é uma fruta típica do sertão), de caju, de manga... As frutas da época... E a gente se deliciava naquele período, não é? Até aos 9 anos, eu trabalhei na agricultura, e com nove anos, comecei a estudar. Aos 9 anos de idade. Minha irmã (que é tia, na verdade), mas é dez anos mais velha, era quem cuidava da gente. Para ajudar em casa, ela foi trabalhar de empregada doméstica para uma família muito rica da região, latifundiária. A gente trabalhava nas terras de outra família, especialmente na cana: fazendo cachaça, fazendo rapadura. E aí, a minha irmã foi trabalhar numa casa de família que era dona de terra, mas também eram comerciantes locais. Eu fui sempre muito esperta. Então, ia visitá-la e começava a brincar com os filhos dessa mulher, dessa família. Como eu era muito esperta, ia brincar, e aí eu aprendi o preço das coisas. Então, ele tinha uma loja, as pessoas chegavam e eu me intrometia. A pessoa dizia: 'Quanto é esse tênis?' Eu ia à frente e dizia: 'É tanto!' Aí, ele dizia: 'Essa menina tem jeito pra essas coisas!' Aí, disse: 'Você não quer trabalhar aqui na loja?' Então, eu fiquei. De 9 anos, eu comecei passando o pano, limpando, tirando a poeira. Aí fui aprendendo e cheguei quase ser a dona da loja, no sentido de fazer compra, de vender, de anotar o lucro dele e tal, não é? Toda a parte financeira da loja. Sei que eu fiquei dos 9 até os 14 anos, mais ou menos, trabalhando com ele. Aí, eles se separaram (ele da mulher dele, não é?). Minha irmã criou os três filhos dela – aliás, eram quatro, mas um faleceu, jovem. Ela ficou com três, minha irmã criou todos três. E quando eles se separaram, eu fui trabalhar com ela, num salão de cabeleireira. Passei um bom tempo. E tudo era assim: a motivação era o estudo, porque se ficasse em casa, minha mãe não deixava. Então, com 12 anos, mais ou menos, fui morar na cidade vizinha com essa família. Foi nesse período que eu conheci umas freiras da Igreja Católica. Aliás, não contei antes, mas eu morava com minha mãe, e eu dormia com a minha bisavó, para ela não dormir só. Eu era criança e ela era muito católica, então ela me levava para as coisas da igreja. Gostava de participar com ela. Quando chegou essas freiras no meu município, passei a participar das coisas da igreja: fui ser catequista junto com elas, visitava os doentes junto com elas, tudo. Passei a viver com as freiras. Trabalhava, estudava, mas não ia para minha casa, ia para casa das irmãs, não é? Aí, eu dizia: 'Menina, eu acho que quero é ser freira!' [risos]. Surgiu, não é? O desejo de tanto trabalhar, de conviver. Era muito ligada à Teologia da Libertação, não era aquele catecismo da igreja católica oficial. A gente fazia muitas coisas inovadoras; por exemplo, acompanhar a luta pela terra na região, visitar comunidades e tal. E eu fui também me acostumando com isso. Acho que eu ainda estava na oitava série, naquele período, para já ir para o segundo grau, quando elas disseram: 'Lourdes, tu não queres ir para o colégio das irmãs, em Recife?' Que já era capital. Eu devia ter uns 14 anos, mais ou menos. 'Aí tu vais, fica estudando...'. A motivação era o estudo, não é? 'Aí se você se adaptar, você fica, convive lá com as irmãs e qualquer coisa entra no convento'. Aceitei o convite. A motivação da minha vida sempre foi o estudo, para tudo! Se dissesse assim: 'Era pra estudar', eu estava lá. Até hoje! Aí fui para o colégio lá, nesse colégio Maria Tereza, em Boa Viagem. Foi um choque cultural muito grande, porque toda vida eu fora filha de pobre, porque era muito pobre, não é? E chegar num colégio que era classe média, de Boa Viagem, um dos melhores colégios de Recife... Mas, mesmo assim, sempre digo, ao olhar para esse período (eu convivi lá, de 1991 até 1994), que foi um dos períodos de melhor aprendizagem para mim! Eu sempre tive uma característica de ser muito ativa nas coisas, mas também muito questionadora [risos]. No convento, não foi diferente. Tentava me adaptar àquelas situações, mas questionava tudo! Questionava o tipo de alimentação que a gente tinha, questionava o tipo de atuação das irmãs, questionava o trabalho. Eu dizia: 'Olha, não é filha da caridade? Não é para os pobres? Porque que esse colégio é só de rico?' Então, sempre dei muito trabalho para as irmãs, porque era muito proble-matizadora [risos]. Uma das cenas mais engraçadas foi uma greve que eu inventei lá, de fome [risos]. Sem necessidade, mas a comida estava muito ruim. Éramos 12, e aí eu disse: 'Vamos fazer uma greve, porque aí as irmãs vão atender'. Mas era coisa de rebeldia mesmo, de juventude! Porque a gente tinha alimentação, não é? Mas aprendi muito com as irmãs, foi um período de uma reeducação mesmo. Por-que foi um período intenso de organização da vida, com essa coisa de ter hora para tudo, não é? Eu, sempre com as minhas rebeldias... Mas foi muito bom! Nesse pe-ríodo, dentro do colégio, nós criamos um grupo de jovens chamado 'Grupo Maria-no', e eu dizia para a juventude: 'Mas não pode ficar dentro do colégio, vamos pra favela!' Atrás do colégio tinha uma favela. Então a gente ia, arrecadava comida com as famílias e ia distribuir na favela. Foi um período bonito, de muita participação do ponto de vista de grupo e tal. Aí, nesse período, eu conheci uma freira da mesma congregação aqui do Ceará: a irmã Letícia Cabral. Ela foi passar um período lá, que ela estava doente, eu acho. Ela vivia na vivacidade, e aquele era colégio muito con-trolado. Ela dizia: 'Você não cabe aqui, como aqui não cabe você!' Aí eu dizia: 'Pois é! Mas eu quero me dedicar a Deus, o que eu faço?' [risos]. Aí ela disse: 'Olha, tem um grupo lá em Fortaleza, de meninas leigas. Você não quer conhecer?' Aí eu dis-se: 'Ah! Eu quero!' Através dela, eu conheci duas meninas desse grupo, que era de leigas. Elas se diziam 'leigas consagradas', eu as conheci, e a gente começou a se comunicar por cartas, e eu comecei a sonhar, sonhar!... Elas diziam: 'Olha, aqui a gente mora numa favela, eu trabalho com prostituta...'. Aí, eu só me reconhecia, não é? Falava de pobre, eu era a própria se reconhecendo! Com meninos que moravam nas ruas, que elas chamavam na época de menores abandonados. Aquelas coisas que enchiam meu coração, não é? Como eu queria conhecer esse grupo, eu vim para o Ceará nas férias, passar o mês de julho. A menina começou a sonhar, também com a minha vinda, porque a casa era na periferia. Aí uma delas que também tinha vindo do interior começou a dizer: 'Olha, se tu vieres para Fortaleza, a gente vai criar uma casa no interior'. Aí pronto! Eu ganhei vida, não é? Voltei para Recife em agosto, em setembro eu me mudei pra cá! Eu vim para morar no interior. Foi uma chegada super difícil, porque eu desci na cidade do Chorozinho sem conhecer a cidade, eu só sabia o nome da menina, e sabia que as irmãs moravam lá. Disse para o motorista: 'Quero descer numa cidade chamada Chorozinho'. Aí ele: 'Está certo'. Quando ele parou o ônibus e disse 'Chorozinho!', eu desci... Quando eu desci com a mala na mão, eu olhei assim e disse: 'Meu Deus, que loucura é essa? Eu estou em um lugar que eu não conheço ninguém, não conheço as pessoas... O que é que eu vou fazer?' Aí eu disse: 'E agora? Pra onde é que eu vou?' A gente da comunidade combinou emprestar uma casa, porque a radicalidade era grande naquela época, não podia ter nada! Era votos de pobreza total [risos]. Eu sei que a gente foi viver como leigas consagradas nessa casa. Não podia ter vínculo com a paróquia, porque a gente queria era se dedicar ao povo mesmo, aos trabalhadores. Para viver, a gente foi ser professora, porque naquela época era uma carência muito grande. Então, rapidinho, eu já estava terminando o segundo grau, fui ser professora na escolinha da comunidade. Chegaram mais duas meninas, nós fomos quatro. A vida nesse período foi assim: os dois anos só que durou, a gente rezava juntas, dividia tudo, trabalhava durante a semana, e os finais de semana a gente ia fazer celebrações nas comunidades, tudo dentro da teologia da libertação, ler a Bíblia, cantar!... Eu passei a fazer parte da Comissão Pastoral da Terra, não é? Nesse trabalho dentro do grupo, a gente foi criar um nome para o grupo, chamado Rebento, baseado em Isaías, não é? 'Que um rebento brotará das raízes', e tal. Foi um momento, do ponto de vista espiritual, muito bonito! A vida foi essa, até que chegaram uns militantes. Em 1993 chegaram uns militantes do MST lá na paróquia, para fazer trabalho de base para uma ocupação. E o padre, ele nem gostava da gente, das leigas, porque dizia que a gente era radical demais. Quando chegou esses militantes, o padre não queria saber do negócio de terra! Aí ele disse: 'Eu não gosto dessas coisas, mas tem umas meninas que são leigas, umas leigas consagradas, na comunidade do Cedro, que elas gostam aí de visitar as comunidades. Vocês procurem elas'. Aí eles chegaram no Cedro e entraram em contato com a gente. No primeiro momento, ficou todo mundo assustado, não é? As quatro. Nós éramos quatro. 'Será que nós vamos nos meter com isso? Negócio de invadir terra dos outros...'. Só eu quis ir. Porque as outras tinham muito medo. Aí, eu digo: 'Pois

Lourdes Vicente, numa cerimônia em que lhe foi atribuído um diploma por haver participado numa ocupação de terra. Foto cedida por Lourdes Vicente.

eu vou!' Se é para ser radical, eu vou ser mais radical ainda! É viver com os sem--terra. Já que ninguém gosta deles, pois é com eles que eu vou viver, porque acho que é lá que Deus está presente!'. Aí fui, no dia da ocupação. A gente os ajudou a andar por todas as comunidades. Onde a gente conhecia, a gente ia apresentando eles: 'Olha, aqui são militantes do movimento, vieram falar da terra...'. Como a gente já fazia o trabalho, a gente ajudava eles a convencer as famílias a irem também pra terra, mas como Pastoral da Terra, não é? 'Olha, nós estamos dando apoio à luta deles e tal'. Eu tenho que contar essa história, porque ela é o marco da minha entrada no MST: quando foi no dia 27 de novembro, da minha comunidade mesmo, Lagoa do Cedro, fomos 11 famílias. Adrenalina era lá em cima, porque eles combinaram assim: 'Vamos nos encontrar 22h da noite, numa comunidade vizinha. A gente vai se encontrar em Lagoa do Martins, 22h da noite'. Nós éramos 11 famílias, 12 comigo, aí a gente saiu. Eu me emocionava, obviamente, parecia que eu estava vivendo o Moisés, não é? Porque era uma escuridão medonha, um candeeiro na frente guiando o caminhozinho estreito e essas 12 famílias: com crianças, com cachorro... Nós nos encontramos em Lagoa dos Martins. À meia-noite, foi chegando o caminhão... Aquela imagem bonita, que sempre é, das famílias chegando, descendo dos caminhões, muita criança e tal e os militantes montando a estratégia, e o mapa, dizendo para onde é que a gente ia. Eu era muito devota de Nossa Senhora das Graças, da Medalha Milagrosa, e tinha levado várias medalhas. Aí, na hora de cortar a cerca do arame, fizemos aquela roda... Eu era muito religiosa, quando entrei no MST. Andava com terço pendurado assim. Fiz aquela roda, rezamos um

Pai Nosso, Ave Maria, aí eu disse: 'Agora, antes de nós entrarmos, vou jogar essas medalhas, que é para Nossa Senhora das Graças proteger a gente!' Aí, antes de cortar o arame, eu joguei. Eu até tenho diploma que o assentamento me deu, quando fez 20 anos, que eu fui uma das que cortei o arame do latifúndio, bem novinha. Acho que tinha 19 anos de idade.

Os assentados lembram dessa cena até hoje, que joguei as medalhas e eles disseram que foi a bênção sobre nós, a bênção de Deus, não é? Porque a gente cortou o arame e fomos viver na terra. Foram dois anos de acampamento. É. Nós fomos despejados. Nós ocupamos no dia 27 de novembro, que era o dia de Nossa Senhora das Graças mesmo, celebrado em novembro. Quando foi em janeiro, a polícia nos despejou. Era uma média de 150 famílias. A gente passou muita fome no acampamento. Dessa experiência do primeiro dia, eu fiz uma carta para as irmãs falando da ocupação e convidando elas para virem para o acampamento. Digo que foi uma experiência de Moisés, da Terra Prometida, cito Chico Biá, que é o senhor que ia com o candeeiro na frente, e comparo ele com Moisés... Toda a figuração do povo de Deus em marcha caminhando em busca da Terra Prometida. É um pouco isso que a carta fala. Nós ficamos acampadas, e meses depois as próprias irmãs decidiram acampar, foi super bonito assim. A gente foi despejada, mas fomos para uma outra terra, essas famílias, para um assentamento chamado Zumbi dos Palmares, em Aracati. O MST, em maio, reocupou essa terra, e quando reocupou as irmãs ficaram morando com essas famílias, durante 22 anos. Então, foi minha primeira experiência como MST, foi ser mesmo acampada. No acampamento, fui a primeira professora. Como eu já era, já tinha experiência de professora, ensinava às crianças e aos adultos, na alfabetização de adultos. Ao mesmo tempo, foi um período em que eu já participei de um grupo de mulheres. O MST já motivava para ter grupo de mulheres no acampamento. Então, a gente fez parte desse processo, e minha consciência de gênero vem desde aí, desde o acampamento, quando a gente no grupo discutia e tal. Essa foi minha primeira experiência. Eu tinha perdido as contas, mas era uma média de umas 40 ocupações de terra que eu tinha participado, e de vários setores do Movimento. Primeiro, fui do setor de educação, como professora; de lá, fui para coordenação estadual, para coordenar 40 turmas de Educação de Jovens e Adultos (EJA), no Estado. Aí, fui liberada do acampamento para atuar no setor de educação, que foi meu primeiro setor. Depois do setor de educação, fui de frente de massa, para fazer novas ocupações. Fui das relações públicas, do setor de saúde, de juventude – já passei por todos, praticamente. O mais intenso foi o setor de gênero, porque em 1998 participei de um Encontro Internacional, e o estado do Ceará me elegeu para atuar no setor de gênero. Então, passei 12 anos atuando no setor de gênero. Em 2001, fui fazer Pedagogia, na

Universidade Federal do Pará, numa turma do MST, por indicação do Movimento, e me formei em 2005. Em 2004, o setor nacional de gênero me convidou para ir morar em São Paulo, para coordenar as ações nacionais de gênero, e as internacionais, na Coordenadoria Latino-americana das Organizações do Campo (Cloc) e Via Campesina. Então, de 2004 até 2010, a minha atuação política foi em esfera nacional e internacional dentro da Cloc – Via Campesina, acompanhando a discussão de gênero nesses espaços e nos Estados. Foi nossa primeira secretaria do setor de gênero, então foi muito trabalho nesse período. Em 2010, disse: 'Agora quero voltar para o Ceará, já dei minha contribuição na história aqui do setor de gênero, eu quero voltar...'. Em 2005, tinha terminado a graduação e em 2010 voltei para o Ceará. Coordenei a campanha dos agrotóxicos, quando cheguei. Foi bem no período do assassinato do Zé Maria do Tomé, uma liderança comunitária que foi assassinada pelo agronegócio.[3] Acompanhei toda a região, todo o processo. Em 2012, fiz um projeto para o mestrado, aqui mesmo na UFC. Já não era um curso específico do movimento. Entrei na universidade, estava meio cansada do debate de gênero, porque foram muitos anos e o setor é sempre começando: cada mulher, cada acampamento é um novo recomeço, são novas mulheres. A formação é anual, você formava uma mulher, elas iam para outros setores, vinha outro coletivo, e tinha que começar tudo de novo. Isso depois de 15 anos, ficou meio cansativo, sabe? Aí, eu digo: 'Não, quero experimentar outras coisas', como boa geminiana, não é? Fui para a questão ambiental, estudar a questão ambiental, a saúde, os agrotóxicos, toda essa temática. Me apaixonei! Tanto que meu projeto de mestrado foi nesse âmbito: estudar o trabalho das mulheres nas empresas de fruticultura. Aí terminei o mestrado em 2014, fui coordenar o Centro de Formação Frei Humberto, até 2016. Entrei no doutorado, em seguida, e agora estou aqui. Depois do Centro Frei Humberto, voltei para o setor de educação, para acompanhar a formação de professores das escolas de ensino médio. Há dois anos que estou atuando no setor de educação. Do que eu me lembro, é isso! [risos]

Para falar da Comuna [urbana], tem um marco no MST que é o III Congresso Nacional, em 1995. No III Congresso, o grito de ordem era 'reforma agrária, uma luta de todos!' Esse grito de ordem demarcou a atuação política do MST, sabe? Porque era como se a questão agrária fosse um tema dos camponeses, de modo geral, mas aí a sociedade estava também incluída e isso fez com que o Movimento também se abrisse a novas pautas políticas, por essa compreensão. Se a reforma

---

[3] No dia 21 de abril de 2010 foi assassinado à queima-roupa José Maria Filho, conhecido por Zé Maria do Tomé, próximo de sua casa, na comunidade de Tomé, Limoeiro do Norte, Ceará. Este militante se destacara na luta contra os agrotóxicos, na Chapada do Apodi (CE).

agrária é uma luta de todos, a luta de todos também é reforma agrária. Então, o Movimento começou a construir (sobretudo nos estados do Paraná e de São Paulo) ações urbanas, porque havia uma constatação, por parte do Movimento, de que o perfil das famílias acampadas estava mudando. Pessoas das periferias das pequenas cidades estavam indo para as ocupações de terra. Estava mudando um pouco o perfil do sujeito sem-terra, que não era só aquele camponês que lidava com a terra, mas era aquele camponês que tinha sido expulso da terra, que estava morando na periferia e que queria voltar para a terra. O Movimento teve duas grandes experiências: no estado do Paraná, que tem uma ocupação com 3 mil famílias. Quando você vai olhar o histórico de vida, eram pessoas que tinham terra, que perderam, que eram das periferias da cidade, mas que queriam voltar para ser do interior, para trabalhar com a terra. Em São Paulo, a mesma coisa. São Paulo, posso falar mais, porque fui conhecer a comuna. A gente começou a chamar de experiências de comuna: comuna urbana e comuna da terra. No caso de São Paulo, a comuna da terra, o nome é Irmã Alberta. É o primeiro assentamento de Reforma Agrária no município de São Paulo, só que nessa característica de ser uma terra menor, e que abrange muitas famílias. No caso da comuna da terra 'Dom Tomás Balbuino', e na 'Irmã Alberta', as famílias têm, em média, dois hectares de terra. É tipo um resgate mesmo do ser sem-terra. A partir daí, nós tivemos várias experiências. Então, aqui no Ceará, a gente foi convidada por um movimento chamado Movimento dos Conselhos Populares (MCP), que tentavam fazer ocupação urbana, mas percebiam que tinha tipo uma máfia, que dominava as ocupações urbanas. Fortaleza é, historicamente, ocupada muito de forma irregular. Pelos últimos anos era muito assim: a constatação é de que se faz ocupação, demarca aquele pedaço de terra onde vão ser as casas, os barracos, e aí pessoas que têm mais posses começavam a comprar. Eles queriam fazer uma forma coletiva e não conseguiam, porque tinha essa coisa que os próprios movimentos chamavam de máfia mesmo, sabe? A 'máfia das ocupações'. E como eles conheciam a experiência do MST de coletivização da terra, eles nos convidaram para dar esse apoio. Isso foi em 2010, a ocupação aqui, onde eu moro atualmente. A gente começou a fazer trabalho de base nos bairros, junto com esse movimento MCP. Havia uma constatação de que existiam mais de 150 mil famílias que não tinham moradia e que estavam mais ou menos organizadas nesses Conselhos Populares, que viviam de aluguel. Havia uma demanda, não é? Nós, sempre muito receosos, porque a gente dizia: 'Olha, nós temos experiência, mas com trabalhador rural, com camponês. Tem um jeito próprio de lidar com a terra, com a própria vida, os valores... A gente não tem experiência'. Aí eles: 'Não, mas a gente precisa de vocês, que a gente pegue essa coisa do método do MST, que é do coletivo, da nucleação, não é?' 'Então, vamos lá!'

Mesmo receosos, a gente começou a fazer trabalho de base. A gente achava: 'Vamos começar assim, pequeno, com poucas famílias e a gente vai preparando a formação dessas famílias e tal...'. No dia da ocupação, que eu até estava presente, a gente achava que ia fazer a ocupação com 150 famílias. Aí, na hora, chegaram 300. Nós já nos assustamos. No segundo dia, já eram 600! E nós: 'Gente, será que nós vamos dar conta?' Eu sei que com uma semana já tinha 1.200 famílias na ocupação e a gente: 'Não, vamos fechar o acampamento, porque a gente minimamente precisa de controle político para organizar, nuclear as famílias'. O primeiro grande desafio foi exatamente esse. Quando esses começaram a fazer os quadrados da casa, nós dissemos: 'Não! Nós trabalhamos diferente. Aqui a terra é de todos e quando nós conquistarmos é que nós vamos organizar as moradias'. Então, sugerimos a construção de grandes barracos. Então ninguém morava em pedacinhos isolados, mas a gente organizou como se fossem ruas e cada rua era um grande barraco, onde cabiam 100 famílias, na outra rua mais 100 e assim. Com barracos coletivos, não é? Foi uma experiência super bonita, porque a gente passou a pensar sobre o trabalho. Então, por exemplo: de quê que nós íamos viver aqui na cidade? O primeiro trabalho dos militantes foi fazer uma sistematização dos tipos de profissões. O que as pessoas sabiam fazer na comuna? E aí, a gente foi descobrindo quem era comerciante, quem era cabeleireiro, quem era costureiro, quem era vendedor de cafezinho, quem era mecânico, quem era eletricista... Todas as profissões do acampamento. No primeiro momento, a gente constatou que umas 200 famílias queriam voltar para a terra. Tinha os que queriam só moradia e tinha os que queriam a terra para trabalhar. Então, no primeiro momento, nós dissemos: 'Vamos fazer uma comuna urbana, e uma comuna da terra'. Passamos esses que queriam trabalhar com a terra, fizemos horta, e as hortas eram para beneficiar as próprias famílias. A gente organizou bodega coletiva e, em vez de comprar fora, nós dissemos: 'Todo mundo compra aqui dentro, porque o dinheiro volta para todo mundo'. Então passou um período de muito tempo com essa bodega coletiva, e quem era comerciante ia para dentro da bodega, em vez de ter seu comércio individual. Foram 4 anos, de 2010 a 2014. Muito intenso, esse trabalho de organizar, não só a casa em si, mas de pensar o trabalho, as diferentes profissões. Então, as professoras: 'Nós montamos uma escola', aí o setor de educação vinha capacitar. Com as mulheres fizemos formação de gênero. Então, por exemplo, nos primeiros meses, nos assustou muito a violência na família, que é um negócio que no campo a gente não vê tão fortemente como a gente vê na periferia. Então, nós criamos uma estratégia de uma militante, que tenho certeza que, se tivesse viva, era ela que estaria dando esse depoimento aqui. A Jacinta. E ela, que junto à gente criou essa coisa do apito para inibir a violência! Um combinado com as mulheres era que a gente precisava inibir a violência e muitas tinham medo de falar, porque tinham medo de ser assassinadas mesmo. Aí nós criamos a estratégia de comprar apito para todas as mulheres, e que quando uma ouvisse qualquer que fosse o grito dentro do barraco ou de algum espancamento e tal, as mulheres começariam a apitar e todas as outras apitavam também e esse era um aviso para a gente ir para o meio da comunidade fazer assembleia, cantar e ter a coragem de coletivamente ir lá falar com o companheiro, e dizer que aquilo ali não era mais permitido no nosso meio, não é? Então, isso virou meio que uma característica da Jacinta, ela era meio que essa liderança do apito [risos]. Para qualquer problema, ela tinha o apito como essa ferramenta de luta. Para o acampamento todo, mas especificamente para as mulheres, foi uma ferramenta muito importante. Como aqui era muito perto do estádio de futebol, e ia ter a Copa de 2014, era um lugar muito estratégico para o governo, então a gente parava a cidade. Quando faltava luz no acampamento, a gente dizia: 'Vamos trancar a BR, trancar a pista aqui, que é a Avenida Perimetral'. Pronto! Parava a cidade porque une dois grandes bairros que é Bom Jardim e Messejana. Essas ações fizeram com que o governo fosse sendo pressionado. Era assim: qualquer luta, a gente juntava mil pessoas daqui, e ia para o Palácio do Governo muito facilmente. Então virou tipo de um calo no pé do governo, porque toda ação a gente estava lá. A ocupação foi de 2010, e o governo decidiu, em 2012, fazer a desapropriação da área e nós conquistamos a terra pelo [governo do Estado que elaborou o projeto de construção pelo] Programa Minha Casa Minha Vida.[4] Nesse período, eram 1.200. Só que o governo, estrategicamente, também utilizou isso para fazer as remoções da Copa. Precisava fazer grandes projetos, tipo o Veículo Leve Sobre Trilhos (VLT), querendo tirar as comunidades de projetos. Tem também essa contradição do próprio governo, que resolveu ampliar: não era só para as 1.200. Resolve fazer um grande projeto, que beneficiou essas 1.200 do MST. Garantimos que a gente ficasse todo mundo junto, em blocos. Discutimos com o próprio governo como seria a moradia: desde o tamanho, os compartimentos, ao que a gente chama de infraestrutura social. Tinha que ter quadra, tinha que ter pista de skate, tinha que ter caixa d'água, toda a infraestrutura, escola, transporte. Foram anos longos de negociação com o governo para atender essa pauta da comuna, até que em 2014 as primeiras famílias entraram e conquistaram a moradia. De lá para cá, está sendo por etapa. Então já são quase 6 mil famílias, por isso o nome Cidade Jardim, porque é uma cidade, não é? Colocou as primeiras famílias do MST, de reivindicação, e depois foi trazendo as das obras da Copa. Já está no período

---

[4]   Programa habitacional do Governo Federal de ação social criado no governo do PT para garantir moradia para população de baixa renda. (Nota de Lourdes Vicente).

que está fazendo algumas remoções que chama de 'área de risco': aquelas famílias que moram nas beiras dos rios e dos canais. Então, aos poucos, vai entregando por etapa. Eu, no primeiro momento, não quis participar. Tanto é que eu não fiquei acampada, até porque todo o meu vínculo é com o assentamento lá em Chorozinho, não é? Vínculo político, familiar, social e tudo. Mas na segunda chamada de militantes, o pessoal disse: 'Lourdes, a tua atuação é em esfera estadual, então acho que tens todo o direito de também ter uma moradia, fruto dessa luta que é nossa, não é?'. Aceitei, e vim na segunda etapa, em 2015, para morar aqui. E, nesse período, a gente teve muitos problemas internos, com que o próprio Movimento até hoje não soube lidar, como drogas. Tem o uso das drogas, que é muito forte. A gente pegou um período de inserção da milícia, de algumas milícias, de algumas facções [do crime organizado] e esse foi um período extremamente difícil. Tivemos vários conflitos, assim de enfrentamento. O MST, sempre com uma grande sabedoria: 'Nós estamos aqui fazendo uma luta, uma luta por direito à moradia e quem estiver com a gente vai ser dentro desse marco da luta por moradia'. Então as famílias nunca abandonaram o Movimento, apesar de algumas facções, por exemplo, fazerem essa tentativa de tirar a bandeira do Movimento do acampamento, e tal. A gente teve muitos problemas e soube lidar sabiamente com essa situação de não se desvincular do objetivo central, que é a luta por moradia, e de respeitar quem é usuário de droga, fazer um trabalho de educação em saúde, e fazer esse trabalho de convivência. Mas aí, depois que se ampliou para muitas famílias, inclusive que não participaram do acampamento, a gente tem esse desafio de estar num espaço que foi uma conquista nossa. As famílias, se você andar em qualquer uma dessas casas, das 1.200, elas dizem assim: 'Se não fosse o MST, nós não estaríamos aqui, não é?' Eles têm esse agradecimento ao Movimento, esse reconhecimento do papel do Movimento na luta por moradia. O Estado todo vive esse desafio de lidar com a violência. Eu lembro que tinha, por exemplo, suicídios. Os militantes diziam: 'Meu Deus! Eu nem sei o que é suicídio!' Aí a gente dizia: 'Corre, fulano, que alguém está se matando ali!', e o militante corria. O que eu quero dizer com isso é que a ocupação urbana trouxe grandes desafios para o MST. Um, é pensar essa ideia do sujeito político urbano, que é diferente do sujeito político camponês, sabe? O camponês tem mais essa coisa da coletividade, do ponto de vista cultural, de viver em comunidade, de se conhecerem, de estar ali no assentamento todo mundo. Essa coisa de conhecer o território, conhecer as pessoas. Na comuna urbana tem esse desafio, porque as pessoas vivem numa individualidade muito grande, como família. Um grande desafio nesse período todo foi: quais são as bandeiras que nos unem, em que as famílias se reconhecem? A moradia foi uma delas. Foi muito importante o apoio urbano, de estudantes, do movimento estudantil, de professores, que vinham e contribuíam para a formação dessas famílias. Foi um período muito intenso para o Movimento, mas que nos permitiu que hoje o MST entenda que a reforma agrária não é só uma questão do campo, mas engloba o seu terceiro objetivo, que é a transformação social. Só é possível fazer Reforma Agrária se a cidade, se os trabalhadores estiverem também convencidos dessa bandeira, não é? Então a gente entende que esse é um passo inicial para essa aliança entre campo e cidade.

Tenho quatro experiências na minha vida que são muito marcantes, assim, da luta pela terra. A primeira delas ainda não era uma violência direta da polícia, mas considero uma violência do Estado. Eu era acampada e era professora num acampamento, ainda em Aracati, quando uma mulher estava grávida e foi parir. O filho dela, que era meu aluno, correu na sala de aula e disse assim: 'Lourdes, tu corres que a mãe está ganhando menino!' Aí disse assim: 'Meu Deus, o que é que eu vou fazer com essa situação?' A Delmira (era o nome dela) não tinha muita noção das coisas, ela tinha problemas psicológicos. Aí cheguei e ela disse: 'Chega, Lourdes, que o menino está nascendo!' Eu disse: 'Delmira, vamos tomar um banho primeiro, para a gente ir para o hospital'. Chamei as mulheres, para elas irem pegar uma carona no meio da pista. Considero isso uma violência extrema: a falta de condições de uma criança nascer. Na condição de acampada, é você chegar no extremo da violência. Então, fui dar o banho. Quando eu estava dando banho nela, ainda com o cabelo cheio de shampoo, o menino começou a nascer na rede. Ela estava sentada num banco e eu não sei com que forças eu levantei ela e botei na rede. Quando olhei, realmente, o menino já estava nascendo, e ela tinha aquelas dores de cinco em cinco minutos, em que desmaiava, e eu sozinha. As mulheres tinham ido pedir carona, porque a gente não tinha dinheiro para pagar carro, na beira da pista do acampamento. Era a 40 km da cidade mais próxima. O homem do carro, que vinha cheio de gente, decidiu dar carona. Aí eu disse: 'Meu senhor, vamos, que a mulher está desmaiada e a criança está nascendo!' Quando ela entrou no carro, sentou no meu colo, e ele dirigindo. Aí ele disse assim: 'Só não vá sujar o meu carro!' Aí eu disse: 'Meu senhor, estou querendo salvar a vida da criança, e você vem falar em sujeira de carro. Pelo amor de Deus!' Eu sei que o menino nasceu e, na hora, ela desmaiou. Eu tinha botado um plástico. Aí não ouvi grito nenhum de criança, e já fiquei meio assustada. Eu rezava com o terço, assim, desesperada: 'Bora, moço! Bora, moço, que a criança nasceu e eu não sei o que fazer!' Sei que quando chegamos no hospital, a criança tinha nascido morta. O médico deu graças a Deus que ela não estava com infecção, mas a criança já tinha 9 meses, tinha morrido na barriga e o corpo expeliu o feto. Ela chegou para mim, chorando, e dizia: 'Lourdes, tu tens que enterrar meu filho, tu tens que enterrar meu filho!' Isso já era 13h da tarde.

No hospital, o médico me deu essa criança enrolada, botou numa caixa. Só depois é que fui saber que, como era um feto de 9 meses, tinha que ir na ambulância. Tinha que ter uma certidão de óbito, mas nada disso ele fez. Então, eu saí com essa caixa, e o feto na caixa, para voltar para o acampamento. Ela ficou no hospital. Eu me emociono até hoje, porque fui pedir carona no meio da pista com essa criança morta. Aí eu dizia: 'Que vida é essa? Que condição é essa? Que país é esse, que não permite às mulheres terem seus filhos de forma digna?' Então, esse foi um dos momentos mais impactantes que eu tive e que me deu consciência de gênero, inclusive, sobre os direitos da mulher, de ter o direito de parir e

Lourdes Vicente, num ato na Universidade Federal do Ceará, abril de 2019. Foto de Paula Godinho.

o direito de ter uma dignidade para o seu filho, mesmo que morto. Quando cheguei no acampamento, já era umas 15h da tarde, morrendo de fome. Fomos reunir as mulheres, e não tinha cemitério, não tinha dinheiro, que eles cobravam não sei quanto, não tinha transporte para levar para o cemitério. A gente decidiu enterrá-lo ali mesmo no acampamento. Esse foi um dos momentos mais violentos que eu já vivi, não comigo mesma, mas por essa situação de vivenciar essa coisa das crianças não terem dignidade nem com a morte, não é? Isso foi muito forte!

O segundo momento que eu vivi foi na ocupação, no dia 25 de julho, nos anos 2000. Quando o Denir[5] foi assassinado, eu era dirigente do setor de gênero e a Cosma era outra dirigente muito jovem da região. A gente estava preparando uma lista do dia do trabalhador rural, que é 25 de julho. Estava o bispo, todo mundo, quando a gente recebeu a notícia que o Denir tinha sido assassinado. Era um jovem de 28 anos, lá em Ocara, um acampamento que tinha sido da Comissão Pastoral da Terra (CPT), e que eles tinham pedido a contribuição do MST para organizar as famílias. Assim, foi uma situação muito, mas muito difícil, porque o tiroteio durou 40 minutos

---

[5] Francisco Aldenir Mesquita tinha 28 anos quando foi assassinado, em 25 de julho de 2000, Dia do Trabalhador Rural.

no acampamento. Era uma briga por água: as famílias não estavam dentro da terra, mas iam para a terra para pegar água. Eles tinham feito uma porteira para poder pegar a água, e a dona da terra, que tinha 86 anos e era muito carrasca, contratou oito pistoleiros para matar o Denir, que era uma liderança do acampamento. O Denir morreu com chapéu de palha, com bombons no bolso, porque ele estava pronto para ir pra missa. Aí eles chegaram, chamaram ele, pegaram o cavalo dele e disseram assim: 'Ei, menino, de quem é esse cavalo?' [As crianças responderam:] 'É do Denir'. 'Pois vá chamá-lo'. Aí, quando chamou, ele veio. Foi uma cena muito triste, porque quando eu cheguei lá ainda pude ver. Todos os funcionários da fazenda estavam em cima do açude olhando ele ser assassinado, parecia uma cena de filme. Eram os trabalhadores da fazenda na parede do açude, eram os oito pistoleiros lá na cerca, e o Denir do outro lado da cerca. Quando ele disse: 'Eu não quero conversa com vocês', que ele deu as costas, levou o primeiro tiro na nuca. Aí, ele caiu. Quando caiu, as famílias correram. As famílias viram o tiro, correram, e foi tanto tiro que foi pegando em mulher, em criança, em idoso... Quem vinha chegando o tiro pegava. Quando eu cheguei, era uma situação de desolação no acampamento. Era tanta gente ferida que a gente não sabia quem socorrer primeiro, sabe? Os pistoleiros passaram 40 minutos atirando, e ainda estavam na casa da proprietária. Ninguém tinha coragem. Aí, tinha eu, uma professora da Universidade, a irmã Doré e o Luis Carlos, que era um militante da região. Era só nós cinco: a Cosma, eu, a Dore, a Gema e o Luis Carlos, socorrendo as famílias. Era muita gente ferida. Nós apelamos para a professora da universidade ir com a gente no carro dela, depois de socorrer e de organizar mais ou menos o acampamento, porque as pessoas ficaram desorientadas, elas não sabiam se corria, se ficava, naquela situação! O corpo do Denir lá no chão, e a gente sem poder mexer. Uma situação muito triste. Nós estávamos com um fotógrafo que chegou em seguida, de uma revista famosa aqui do Brasil [*Revista Caros Amigos*]. Ele estava na missa e, quando soube, foi encontrar com a gente. Aí nós tivemos coragem de ir, e nós dissemos: 'Oh, tu vais ser a nossa segurança! Porque tu vais dizer que é repórter'. E nós vamos para casa da fazendeira. Encontramos com a polícia, e a polícia disse: 'Vocês são doidos? Vocês sabem quem é esse pistoleiro? Ele é muito perigoso!' A própria polícia ficou com medo, e nós dissemos: 'Se vocês não nos protegem, o jeito que tem é nós mesmos nos protegermos'. Porque eles tinham ido para a casa da fazendeira deixar as armas, né? Só com a cara e a coragem, chegamos, e esse fotógrafo atrás. Batemos na porta e ela disse na nossa cara: 'Matei! Mandei matar e vou mandar de novo se for necessário!' Na nossa frente. Aí falamos: 'Pois a senhora está presa!' [risos]. Nós nem éramos policial!... 'Pois, a senhora está presa!' Trancamos ela na casa, e fomos atrás dos policiais: 'Ou vocês prendem ela ou a gente também não responde pelo que vai acontecer'. Então, ela foi presa por uma semana, porque é esposa de quem foi prefeito durante 20 anos, os filhos tudo do direito, tinha muito poder, não é? Mas assim, foi uma das situações mais difíceis que vivi. Com toda aquela situação das famílias, os policiais ficaram foi com medo e correram... E teve que ser nós, com as nossas forças! Nós não conseguimos pegar os pistoleiros, porque eles já tinham ido embora. Fugiram. Mas a gente conseguiu, pelo menos, que a dona da terra fosse presa, apesar de que ela só ficou uma semana. Então, foi uma situação, assim, como militante, dirigente, muito difícil. Porque você se emociona, você se envolve, mas você tem que mostrar uma clareza política, uma segurança para as famílias, e dizer: 'Olha, é melhor nós todos juntos do que nós nos separarmos. Nós não sabemos onde estão esses homens'. Essa coisa da firmeza, da força militante, foi necessária para aquele momento, porque as famílias estavam desesperadas. No meio do desespero, alguém tem que ter segurança, mesmo que as pernas tremam, mesmo que o coração esteja acelerado. A gente teve que mostrar, até que chegassem mais pessoas que fortalecessem o acampamento... Como a gente diz, até brinco eu e a Cosma: era nós e nós. Nós temos que enfrentar.[6]

A outra situação que eu vivi, que foi muito difícil também, foi na Barra das Moitas. Na Barra das Moitas teve um conflito por terra.[7] Um sargento reformado tentou matar uns três trabalhadores lá. Eles se organizaram em mutirão e mataram esse sargento reformado, porque os pistoleiros correram e deixaram ele sozinho. Então foi uma ação com umas 150 famílias. Tanto é que eles assumiram coletivamente a ação, depois, no julgamento. Mas a parte que eu participei foi a do medo. Que foi o pós morte, quando a gente soube. Barra das Moitas era muito longe, mas destinaram eu, que era da direção estadual, e o Zé Ricardo, para ir organizar as famílias nesse período. Quando nós chegamos lá, o acampamento estava sitiado por policiais e a gente. Eram as famílias lá, e a gente não sabia o que estava acontecendo dentro da comunidade. Estava cercada. E nós: 'E agora? O que vamos fazer?' Então, Zé Ricardo, eu e o Bernardo, que é um camarada que já faleceu, companheiro da Maria de Jesus, a gente foi para um outro assentamento e veio a pé por dentro de um mangue, de um rio, para poder chegar na comunidade. Quando a gente chegou, foi a mesma situação: estavam os homens, todos escondidos no mangue, com muito medo, porque tinha acontecido a ação na noite e nós

---

[6]   Vale lembrar que meses depois, em novembro, o MST convidou o cantor francês Manu Chao (que estava de passagem por Fortaleza em uma turnê pelo Brasil), para fazer um *show* no acampamento onde ele pôde conhecer de perto o conflito. O *show* deu grande repercussão internacional ao conflito e à luta do MST. (Nota de Lourdes Vicente).

[7]   Conflito envolvendo a terra de nativos, em Barra das Moitas, Amontada. Um empresário português quis tomar a terra, na beira da praia e construir uma pousada. (Nota de Lourdes Vicente).

chegamos já na madrugada. Estavam só as mulheres e as crianças, na comunidade. Essas mulheres não sabiam o que fazer, o medo era grande. Aí nós fomos organizar, montar uma estratégia, no meio do conflito, porque os policiais podiam agir a qualquer momento: 'Vamos para cima de uma duna para que a gente possa ver toda a movimentação'. Eu conto nessa situação das Moitas muito mais a parte da força das mulheres, do que nossa, militante. Porque as mulheres eram de uma clareza de dizer assim na frente da juíza: 'Olha, eu acho que derramou sangue, e se preciso vai ser derramado mais ainda! Ou da nossa parte ou da parte deles, mas nós não vamos abrir mão dessa terra!' Foi uma ação que só estava as mulheres e as crianças, e nós tudo fazendo vigia, montando vigia. Foi um período que a gente teve que pensar em tática e estratégia com as mulheres, com as crianças: o que cada um ia fazer, onde é que cada um ia ficar, e que me permitiu crescer muito na minha ação militante. Aprender com as mulheres essa força da defesa da terra: 'Eu estou aqui, Lourdes, mas se for preciso eles vão me matar, mas eu não dou um passo atrás na defesa da minha terra!' Então foi um conflito em que eram todos os policiais contra nós, mulheres e crianças, mas com a força que tinha, das mulheres com as crianças, eu enchia o peito, assim, de orgulho: 'Pois vamos lá!' Essa coisa do enfrentamento ao medo, não é? Até que a gente conseguiu montar uma barreira, que os policiais não puderam adentrar na comunidade. Eles conseguiram pegar seis companheiros homens, mas o que foi bonito dessa ação é que a comunidade inteira assumiu o ato de ter assassinado o sargento reformado em legítima defesa. Realmente, ele estava muito armado, ele realmente atirou nas pessoas, três pessoas foram baleadas. Como era muita gente, mais de 100 pessoas, então eles assumiram como uma ação coletiva em defesa da terra!

E, por último, eu queria citar [o ocorrido na avenida] Bezerra de Menezes. Em 1997, um ano após o [conflito em] Eldorado dos Carajás, que foi um cerco, uma ação do Estado direta, da polícia sobre nós, não é? Nós já estávamos há 17 dias acampados e o governo não cedia, inventava que estava fora do país e tal. Até que ele decidiu fazer o despejo, não é? Nós tínhamos ocupado um lado da pista na Secretaria de Agricultura do Governo do Estado e nós estávamos no meio da rua mesmo, dormindo no relento, aos 17 dias sem cama, sem nada, na pista mesmo! Eu era do setor de saúde essa época, aí tinha sempre a barraquinha da saúde na ocupação. Nós tínhamos ido para a Assembleia Legislativa e a polícia tinha batido muito na gente. A Fátima Ribeiro levou um corte, sangrou muito. Outra dirigente, a polícia quebrou a perna dela. Nós, do setor da saúde, trabalhamos muito, levando esse pessoal para o hospital; levando um, pegava outro. Era um período neoliberal, com um governo bem carrasco, que era o do Tasso Jereissati. Ele mandava mesmo bater, e batia sem pena e nem dó. Aí a gente fez essa ação pela manhã:

a gente saiu em caminhada para o Palácio do Governo e eles barraram, fizeram um cordão de polícia. Era 17 horas da tarde e a gente sem almoçar. A gente só tinha o café da manhã, com muita fome, muito cansaço, decidimos voltar para o acampamento. Quando a gente chegou e que foi jantar, já era 19 horas da noite, na ocupação, depois de 5 km de caminhada. Sabe aquele dia de cansaço mesmo? Do sol quente, da caminhada, dos conflitos que a gente tinha vivido, todo mundo deitado na pista... Aí chegou um padre, muito amigo nosso e disse (eu me lembro como se fosse hoje): 'Lourdes! Lourdes, uma fiel da minha igreja disse que o filho dela foi chamado para despejar os sem-terra!' Chamei as meninas. A Fátima, que era nossa dirigente nacional, disse: 'Não! Isso aí é pressão psicológica'. Aí: 'É, não!' E a Fátima: 'Ele já bateu demais na gente!' Eu sei que no primeiro momento a gente não... Quando deu umas 21h, ele veio de novo: 'Olha, é verdade, eu passei lá em frente e tem 20 ônibus da polícia e eles estão vindo despejar os sem-terra!' Aí foi quando a gente começou a ligar e tal. Um sargento chegou, e disse assim: 'Cuida das mulheres e das crianças, porque eles me tiraram da negociação. Agora é outro coronel, e ele vem para despejar vocês!' Isso já era 21h, a gente teve uma hora para ligar para os deputados, para os jornalistas e dizer: 'Olha, vão nos despejar, vocês venham para cá!' Quando foi 23h da noite, começou os carros a não passarem mais do outro lado da pista. A gente começou a desconfiar. Para resumir a história, eram sete tipos de polícia: tinha cavalaria, tinha os cachorros, tinha o corpo de bombeiro, até o Instituto Medico Legal (IML) tinha! Polícia Civil, Polícia Militar, o Grupo de Ações Táticas Especiais (Gate). Eles vinham, fizeram um cordão. Primeiro foram aqueles de preto, que a gente só vê pelos olhos, mas era a noite, não tinha nem como ver. Eu sei que a gente fez um cordão, não é? De dar assim as mãos. O povo muito cansado, mas a gente fez um cordão. Aí, eles davam um passo e a gente dava outro, eles davam um passo, e a gente dava outro. Para nossa sorte, alguns deputados conseguiram chegar antes deles, e também jornalistas. Pronto! Eles chegaram com megafone: 'Nós viemos aqui pra proteger vocês!' Com essas palavras. 'Nós queremos que todo mundo entre nos ônibus'. Aí, nós dissemos: 'Nós não vamos!'. O coronel chegou, eles ligavam aquelas bombas dos bombeiros, de jato d'água, para ameaçar a gente. A jogar na gente! 'Pronto, é agora que nós vamos cair!' Aí, daqui a pouco, eles botavam os cachorros na frente para latir em cima da gente. E, nós lá, firmes, só de mãos dadas, não é? Eu sei que deu 23 horas, meia-noite, 1 hora da manhã... Os deputados e jornalistas queriam sair do acampamento, mas eles não deixaram. Então, criou um fato político muito intenso: os sem-terra, alguns deputados e alguns jornalistas, inclusive da rede Globo, ficaram reféns da polícia. Então, virou um fato, que foi bom, a nosso favor! Nós ligamos o carro de som e botamos nas principais rádios da cidade e as pessoas diziam: 'Olha, roubaram aqui no meu bairro!' Aí, o outro ligava e dizia: 'Estão lá, matando os sem-terra!' Então teve uma comoção social: eram 1.200 sem-terra e 1.800 policiais. A gente até brincava, era dois policiais para cada sem-terra. Quando foi pela manhã, nós já muito, muito cansados fisicamente, com muita sede, acabou a água do acampamento. Só tinha dado tempo da gente tirar as mulheres grávidas e as crianças. Começou o povo curioso a chegar, da cidade. Então era nós aqui, o cordão da polícia no meio e outro cordão, que era do povo da cidade. Começou a chegar comida, começou a chegar água, que o pessoal da igreja mobilizou bastante. Um dos primeiros conflitos é que eles começaram a jogar biscoito, que caía, e os policiais machucavam, que era para a gente não pegar. Isso machucou alguns deputados, a mão do deputado ficou ferida, os pés... Porque eles tentavam pegar a comida e os policiais não deixavam. Aí foi quando a gente teve a ideia do lençol. Que é o famoso lençol branco, que tem foto e tudo. O pessoal jogava aquelas garrafas de água de 5 litros e a gente aparava com um lençol, jogava biscoito... Aí a gente dizia: 'Tragam rapadura, que é mais forte!', que a gente não sabia quando é que ia comer. Eles começaram a jogar, e a gente chamou até de 'maná do deserto', baseado na Bíblia. Que era o 'maná do deserto'. Nem o governo cedia, nem nós cedíamos, e a gente só dizia: 'Vai acontecer um segundo Eldorado do Carajás', porque só fazia um ano do massacre. Até que eles decidiram recuar, 13 horas da tarde! Aí, foi aquela cena muito bonita, que eu tenho na memória até hoje! Éramos nós de mãos dadas, aqui, o pessoal do cordão lá, e de repente os policiais começaram a sair. Quando a gente viu que estava livre, a gente passou uns 30 segundos sem acreditar que a gente podia se abraçar, não é? Então foi aquela cena bonita, que eu digo, do encontro do campo com a cidade, que a gente pode se abraçar e dizer: 'A nossa força, o nosso cordão rompeu o medo, rompeu o cansaço e mais do que isso, rompeu com o aparato policial do governo Tasso Jereissati!' Então foi a partir daí que ele pôde nos receber e atender a nossa pauta que era muito extensa, não é? Foi uma conquista enorme, mas foi assim, de uma violência muito intensa. Porque a cada dez minutos era um tipo de pressão psicológica. Era cachorro, era cavalo, era água, e até o IML. Tinha hora que eles botavam o carro do IML, aí eu dizia: 'Vai morrer gente, vai morrer gente!' Mas, enfim! Foram essas. Teve uma também do Rio Grande do Norte [...] Se eu for contar aqui, vão ser muitas. Eu acho que eu vou ficar nessas [risos].

Tenho que falar como mulher sem-terra. Porque isso é uma construção que a gente vai fazendo, não é? Ao longo do nosso processo dentro do MST e dentro da luta pela terra. Então, mesmo entrando no MST, já com uma clareza política de igreja, de que queria contribuir para a transformação social, quando entro na ocupação de terra, eu sempre costumo dizer que a ocupação nos faz como novo sujeito. Acho que o principal papel do MST é nos transformar no sujeito político sem-terra, com uma identidade coletiva. Porque é assim: eu sou a Lourdes, vim sendo a Lourdes desde a minha infância, dentro da igreja, mas quando eu entro na ocupação, a Lourdes não é só a Lourdes, a Lourdes agora é sem-terra, a Lourdes agora faz parte de uma identidade coletiva. Isso sempre me encantou no MST, porque até os símbolos falam muito disso para a gente. Quando a gente encontra alguém com um boné do MST, qualquer que seja o lugar, a gente diz: 'Ali tem um sem-terra, ali tem alguém que sonha, ali tem alguém que luta pela terra'. Então essa coisa do reconhecimento é muito importante. Eu lembro que na tese da professora Gema[8] sobre o nosso assentamento tem um depoimento de um assentado, que para mim ele marca muito essa coisa da identidade sem-terra. Ele disse assim: 'Olha, quando nós ocupamos a terra, era preciso nós mostrar que existia'.[9] Quer dizer: existia a Lourdes antes do MST, mas a Lourdes passa a ser um sujeito coletivo depois da ocupação, não é? Mostrar que a gente existia, porque para a sociedade os sem-terra são invisíveis. Então é a luta que nos dá essa característica, não é? Queria citar as lutas do setor de gênero que eu participei com as mulheres sem-terra, porque nesse período de 2006 a gente começou, não é? Começou em 1996, fazendo acampamentos, que a gente chamava até de acampamentos pedagógicos. As mulheres iam para a capital levantar a bandeira da saúde, levantar a bandeira do reconhecimento como trabalhadoras rurais, levantar, naquele período, a bandeira em defesa da titulação da terra em nome do homem e da mulher. É uma conquista que a gente sempre costuma dizer, internamente, assim: ser mulher dentro do MST tem uma diferença enorme quando a gente olha para outra realidade de outras mulheres que não estão na luta social, nessa luta mais coletiva. A gente teve conquistas históricas, nesse período, como o reconhecimento da mulher no cadastro do Incra, como também sendo uma titular da terra. É um negócio assim que, para mim, demarca um período histórico da luta que a gente conquistou em 2003, mas que ela vem desde a década de 1990. Foram as mulheres sem-terra que pautaram esse reconhecimento do seu nome no cadastro do Incra, com o nome do homem e da mulher. A gente costuma dizer: no MST vivenciamos um período de invisibilização da nossa presença na luta, mesmo nós estando em todas as ações políticas. Como movimento social, quando você pensa a história do começo da luta do MST, sempre vem a dos homens, dos homens que participaram. E as mulheres estavam presentes 50%, porque é um movimento da família, não é só de homens. Para a ação vai toda a família, mas a gente

---

8   Ver a tese de Gema Galgani Silveira Leite Esmeraldo, discutida em 2004, no âmbito de um doutorado em Educação na UFC, "O MST sob o signo de uma economia subjetiva: o assentamento José Lourenço". (Nota de Lourdes Vicente).

9   Ver capítulo 1: A ocupação. O invisível forjando o visível. *Nós precisava mostrar que existia*. (Nota de Lourdes Vicente).

passou por esse período de invisibilização. O segundo período, a gente chama de participação. Pega exatamente esse momento em que participei no setor de gênero, que era nosso debate em todas as instâncias do MST. Desde o acampamento, assentamento, até as instâncias nacionais, que era dizer: 'Oh, nós temos que participar'. O grito de ordem era 'Se a mulher participar, nós vamos massificar!' A gente teve esse período de buscar as condições efetivas para participação, e isso fez com que o Movimento seja reconhecido. Hoje nós temos as linhas políticas assim, o movimento é 50% homens e mulheres nas suas instâncias nacionais. Isso não é uma conquista fácil. Para garantir a paridade de gênero, foi uma conquista longa, intensa, com muito debate, muitos conflitos. A gente teve a ciranda infantil, que começou aqui no Ceará, na época que a gente era do setor de educação. De as crianças também terem um lugar reconhecido, na luta pela terra, e fazer as brincadeiras do seu período histórico. A ciranda, a participação nas cooperativas, enfim. São 19 linhas políticas que a gente tem no movimento, mas que aos poucos vai virando cultura. Por exemplo: hoje a gente não admite ter uma mesa de debate que não tenha mulheres colocando o seu olhar sobre a política. Isso é uma conquista, isso faz parte da nossa formação e desse período da participação. Mas em 2006, teve uma ação política, e a gente já falava em protagonismo das mulheres. Fazíamos uma avaliação interna: 'Estamos em todas as instâncias do movimento, participamos de todos os setores, na efetivação das ocupações, na consolidação dos assentamentos. Porque que a gente não pensa as nossas ações, por nós mesmas? Nós temos essa capacidade!' A gente não queria estar na instância só por números, a gente já fazia uma crítica aos movimentos feministas: nós não queremos ser só números, e dizer que tem 50% de mulheres. Nós queremos estar nas instâncias pela nossa capacidade política, organizativa, de compromisso social. Então, nós dissemos: vamos fazer uma ação para mostrar essa nossa capacidade. As mulheres faziam uma crítica aos movimentos de modo geral, ao movimento ambientalista, e dizia: 'A culpa é do capital, a culpa é do agronegócio, a culpa é dos capitalistas, dos banqueiros, das empresas'. E as mulheres, trabalhando muito no universo da concretude da vida: 'E onde é que está esse capital? Quem é o agronegócio? Que rosto ele tem? Que características? Quais são as terras? Que tipo de produção que eles estão fazendo?' E começou a se perguntar sobre isso, e decidem por um alvo que foi o 'deserto verde'. Nas primeiras reuniões, o pessoal dizia: 'mas tem os desertos verdes...' , e as mulheres diziam: 'Mas o que são os desertos verdes?' 'Nós não sabemos, mas vamos estudar'. Então, começaram. Passaram um ano estudando. Optaram por pegar uma das cinco *commodities* do agronegócio que era o eucalipto, e passaram um ano estudando esse deserto verde. Poderia ser a cana, poderia ser a soja, mas optaram pelo eucalipto, por inúmeros fatores. Por estar nas áreas de fronteira (diminuindo inclusive as áreas de fronteira), por estar no lençol freático, e aí entra um elemento muito importante no movimento, que é a articulação do debate da reforma agrária com a questão ambiental. Até então se fazia o debate, mas não era o debate concreto. Então foram estudar o que era o Aquífero Guarani, aonde ele estava localizado, que impactos uma monocultura de eucalipto trazia para o ambiente, como era a forma de produção, de onde eram essas empresas, em que terras elas estavam, até chegar na Barra do Ribeiro, no Rio Grande do Sul, com uma fazenda enorme de produção, com um laboratório de planta transgênica, de branqueamento da celulose. E aí chegou na Aracruz, não é? E foram estudar a empresa: de onde veio seu capital e todos seus aspectos e planejaram a ação da Aracruz com essa capacidade das mulheres de pensar a totalidade. Estava tendo uma Conferência Internacional da FAO para alimentação e reforma agrária no Rio Grande do Sul. E, coincidentemente, era na Jornada do 8 de março, não é? Então, foi uma ação de conspiração mesmo das mulheres sem-terra e da Via Campesina. Tem as notícias dos jornais, mas o que é considerado mais importante dessa ação, é que ela só foi possível porque todo mundo subestimou a capacidade das mulheres. Nem os homens [do movimento] acreditavam, nem a polícia acreditou. Passaram 20 ônibus perto do posto policial: como eles não sabiam? Foi feita toda a ação na madrugada, e no dia 8 as mulheres foram para a conferência. Foram levando os eucaliptos. Teve uma pressão com a polícia para entrar, mas conseguiram, pararam a conferência de reforma agrária e leram o 'Manifesto das Mulheres da Via Campesina contra o deserto verde'. Foi uma coisa assim, uma experiência ímpar na vida das mulheres, porque teve uma repercussão internacional. No mesmo dia, na mesma hora, os jornalistas em vez de procurarem quem tinha feito a ação, foi procurar o João Pedro Stedile, aí disse assim: 'O que você diz dessa ação das mulheres?'. Ele com muita sabedoria diz assim: 'Nós apoiamos a ação das mulheres da Via'. Mas ele não sabia de nada, não é? Óbvio que teve toda a ofensiva contra o MST, da mídia, no primeiro momento: 'Elas destruíram tudo! Vinte anos de pesquisa'. Entrou o debate da universidade, da ciência, entrou o debate ambiental, entrou o debate da reforma agrária. Eu sei que foi uma ação que mexeu. Porque o movimento falava do agronegócio, mas as mulheres conseguiram trazer para a pauta política aonde estava o agronegócio, o que ele estava fazendo, quem ele era. Isso foi em 2006, 37 mulheres criminalizadas. Para você ver essa coisa de subestimar, o próprio João Pedro foi criminalizado por apoiar a ação das mulheres. A justiça brasileira tem questão de gênero também. O movimento teve que repensar a ação política. Até 2006, a nossa luta era muito clara contra o latifúndio, com essa pauta da reforma agrária nos moldes capitalistas. E é a partir de 2006 que a gente começa a falar em Reforma Agrária Popular, porque a gente diz que nenhum governo com esse projeto de apoiar as grandes empresas, vai querer fazer reforma agrária. Então dá um salto de qualidade na ação política do movimento. Em 2007, as mulheres e o conjunto do movimento avaliaram e resolveram dizer que não é só a Aracruz. Decidiram fazer uma ação em cada estado desse país, onde as mulheres escolhiam o alvo do agronegócio. Aqui no Ceará foi contra a fruticultura irrigada dos agrotóxicos. É a primeira vez que se fala dessa problemática, dos agrotóxicos no Ceará. Em São Paulo as mulheres fizeram uma ação contra a Cargill, da cana transgênica, porque o Bush vinha no Brasil, assinar o acordo com o governo Lula, do etanol. Fizeram uma ação na Cargill, uma ação na Monsanto, sobre o milho transgênico. Foram muitas ações. Contei toda essa história das ações do 8 de março, porque nos coloca nesse patamar na luta política contra o capital, de forma localizada. Tudo começou no Fórum Social Mundial, com a destruição de transgênicos,[10] que também teve grande repercussão. Depois veio o assassinato do Keno, pela Syngenta,[11] no Paraná. Tudo isso, assim, é pra dizer que, no caso das mulheres sem-terra, elas conseguiram protagonizar uma ação desde o seu planejamento, o seu estudo, até a organização, até a efetivação da ação, e que foram mulheres as protagonistas desse processo, mostrando a capacidade de articulação política, de formação em todos os aspectos. Então, foi a partir daí que a gente começou a discutir essa ideia do 'Feminismo Camponês'. Quando a gente estuda o feminismo, estuda o feminismo urbano, das operárias, e sempre houve uma invisibilização das mulheres camponesas. Mas há um feminismo da ação política, que não é um feminismo de debate teórico, de qual teoria, a qual pertence. A gente faz uma demarcação: o nosso feminismo é o feminismo da ação política, que transforma a vida das mulheres. Da ação política contra as empresas transnacionais, o que fez com que o movimento, a pauta da reforma agrária, se ampliasse para uma reforma agrária popular, não mais nos moldes capitalistas, mas mais do que isso. Essas ações têm nos formado como mulheres, como dirigentes, como camponesas. A gente aprende a fazer fazendo, como dizia Paulo Freire. É na ação política que a gente forma a nossa consciência. Não tem como a gente falar da luta das mulheres sem falar de que a ação política nos forma. Nos forma quando a gente rompe com o latifúndio, nos forma quando a gente ocupa uma empresa. A cada ano, a gente escolhe alvos que estão na pauta política. A violência, o feminicídio, têm também sido uma preocupação nossa, como movimento social. Por isso a ocupação das terras do João de Deus [em março de 2019], porque está na agenda, está na pauta política, esse debate da violência estrutural do capital aliado ao patriarcado e aliado à luta de classe! É o tripé aí que a gente

---

[10] Em janeiro 2001, durante o Fórum Social Mundial, o ativista francês José Bové participou da destruição de uma lavoura de soja transgênica da multinacional Monsanto, junto com o MST. (Nota de Lourdes Vicente).

[11] Em 2007 a empresa transnacional Syngenta mandou assassinar o militante do MST Valmir Mota de Oliveira, o *Keno*. Em 2015 o Tribunal de Justiça do Paraná responsabilizou a empresa pelo assassinato. (Nota de Lourdes Vicente).

não pode separar e que é isso que tem nos formado como mulheres. Quer dizer, eu permaneço camponesa, mas uma camponesa que está antenada. Acho que essa é uma das grandes missões das ações do 8 de março: é que faça a luta contra o capital, mas a gente consegue mostrar que esse grande capital está lá, no território próximo ao assentamento, com a eólica. É isso que nos permite fazer essa articulação do local com o global, do território com as questões ambientais, da reforma agrária com a pauta política. A gente tem que pensar nesse período do Bolsonaro, mas o MST nunca parou de lutar e nunca deixou de sofrer ofensa por parte do Estado. Somos um dos movimentos, não somos o único, mas nós somos um dos movimentos que tem sofrido na pele o que é essa violência do capital e essa violência do Estado, nesses 35 anos. Não teve um ano de descanso para nós. Essa sabedoria política de fazer a ação política, de pautar as bandeiras econômicas de melhoria de qualidade de vida, aliada à formação, toda essa nossa luta por educação, é isso que tem feito com que o MST continue sendo esse espaço que posso dizer, assim com muito orgulho, que é essa coletividade que tem nos permitido ser gente e acreditar em gente! Eu acho que a esperança passa por isso e o nosso objetivo da luta pela terra é essa. A gente até costuma dizer; 'Pela vida das mulheres, somos todas Marielle!' Quer dizer, a gente assume a bandeira da classe trabalhadora, de modo geral, sendo camponeses. Acho que isso dá um diferencial, inclusive de um olhar sobre o campesinato e do seu papel na história. Historicamente nós sentimos que a gente é renegado, não é? O MST é essa coletividade que nos impulsiona a essa luta coletiva, de transformação social.

Lourdes, entre mulheres zapatistas. Foto cedida por Lourdes Vicente.

Epílogo

*Pode ser que exista outro mundo dentro deste,
mas não o vamos encontrar a copiar e recortar a
sua silhueta no fabuloso tumulto dos dias e das
vidas, não o encontraremos na atrofia nem na
hipertrofia. Esse mundo não existe, precisa de ser
criado como uma Fênix.*
Julio Cortázar

*Para a alegria o nosso planeta está mal pre-
parado
Há que arrancar a alegria dos dias futuros.*
Vladimir Maiakovski

"Vamos ver o nosso açude, que sangra!", foi das expressões felizes que mais ouvi, nos dias de março e abril de 2019, entre as mulheres do sertão. Ficavam risonhas com a água, que insistiam em mostrar. No Ceará, a chuva traz o bom tempo, aquele que empapa a terra, e cujas águas se tenta reter. Quando se olha para o céu, espera-se o sinal de nuvens, uma promessa de chuva, que engorda a terra. À gente estranha que chega, e que se ressente das estradas e caminhos devastados pela pluviosidade, convida-se a partilhar o júbilo pelos dias que virão. Nestas terras secas, quem nos recebe já antevê aquilo que o solo há de dar. Sabe-se, por ali, que se o futuro fosse igual ao presente, os longos meses secos não indiciariam as águas de março, que mudam o curso do tempo e transfiguram a paisagem.

Pensar o porvir como se fosse uma continuidade de um determinado presente, é cair no erro daquela personagem do escritor Ian MacEwan, que em meados do século XIX, media e comprimia os excrementos deixados pelos cavalos nas ruas de Londres, para poder prever quando ficariam intransitáveis, tornando impraticável a vida na cidade. Sem incorporar o imprevisto, a aceleração do tempo, o sonho, ou o que está por inventar, o futuro amanhece falecido, carregado de desânimo, com ameaças de colapso (Jappe, 2019; Taibo, 2019) e de roubo do futuro (Lanceros, 2017). Dificilmente um náufrago numa barcaça descortinará um cais salvífico se continuar a olhar para as ondas que chocam com a embarcação. Se partimos da realidade, do aqui e agora, e das práticas possíveis, os relatos destas mulheres mostram que o alfobre do porvir pode estar num caminho para o incerto, construído contra presentes sombrios e exasperantes.

A dúvida constante é inerente a quem trabalha no domínio das ideias. Contudo, é acertado realçar as certezas relativas, que nos ajudam a prosseguir. A primeira certeza que trazem as mulheres sem-terra do MST contraria os futuros póstumos, e se enche do "ainda não" da esperança, seja em coisas tão prosaicas como a tentativa de fazer um sabão que ainda não conseguiu a consistência adequada, relatada por uma das mulheres, seja na caminhada para um mundo que insistem em melhorar, e que não querem só para alguns.

Aos olhos de gente estranha, o sertão é enganoso, porque é difícil acreditar que possa reaparecer verdejante, após a desolação dos tempos de longa seca, com a caatinga das "raízes de aço vegetal" descritas por Alceu Amoroso Lima (*in:* Torres, 1963, p. XII), entre o cinza e o marrom, os caules frágeis, os espinhos que dilaceram os corpos que queiram atravessá-lo. Nos dias mais quentes, e são muitos, custa também a acreditar que o entardecer trará uma brisa fresca que sossegue os corpos. Em Morada Branca e em Quixadá chamam-lhe "Aracati". Os sertanejos põem o banco à porta para receberem esse vento refrescante, mobilizado desde o mar, bem longe, e que desliza sobre a umidade do caprichoso rio Jaguaribe. Dizem que esta brisa anda arredia, que as mudanças no planeta a fizeram arreliar e partir para outras paragens, que se terá volvido tempestade noutros lados do mundo, porque tudo se torna diferente quando se aparta de lugares fundacionais. Não é completamente verdade que o vento Aracati tenha partido, embora pelos écrans cheguem efeitos devastadores em vários pontos do globo. Basta uma noite ao relento para nos apercebermos na rede da sua frescura. Contudo, retemos uma segunda mensagem que nos traz mais do que uma consciência ambiental, e uma necessidade de preservação de recursos: vivemos num mundo em que tudo circula, como se estivéssemos ao mesmo tempo em todos os momentos, e por todo o lado, e fôssemos todos, por tudo, em todos os instantes. Essa é uma segunda certeza, inquietante ou empolgante, a partir destas vozes.

Houve um tempo em que os limites, primeiro como zonas, e depois como linhas, foram considerados úteis para pensar as sociedades, que teriam um lado de dentro e um lado de fora. Delimitá-las foi uma maneira de estabelecer cordões sanitários, fronteiras, ou modos heurísticos úteis para olhá-las. Em demasiados sítios do planeta esses limiares são barreiras que dificultam a circulação dos pobres, numa aporofobia política que lhes atribui um caráter perigoso e poluente. Nos assentamentos do MST abalam-nos essa certeza confortável do *dentro* e do *fora*, do avesso e do direito das sociedades, sobre a qual se ergueu muita da teoria em ciências sociais, e que persiste. Através da Via Campesina, a continuidade transfronteiriça da organização dos camponeses do MST demonstra que foram manifestamente exageradas as previsões sobre o fim do campesinato. Numa obra póstuma, publicada recentemente, o historiador espanhol Josep Fontana recorda-nos que no final do Antigo Regime e da emergência do formato de capitalismo em que passamos a viver, havia outras possibilidades (Fontana, 2019). É certo que, numa historiografia acadêmica feita *de cima para baixo*, nos foi ensinando que o Congresso de Viena tomou decisões significativas, mas, quando se escova a história a contrapelo, segundo a sugestão de Walter Benjamin, compreende-se que, mesmo nos mundos capitalistas do Norte, havia uma sociedade mais igual, com uma economia de pequena escala e um conjunto de relações que valorizava a proximidade. A terceira certeza, que é uma dilatação da segunda, centra-se na dificuldade de continuar a alimentar a ideia de que existe um interior e um exterior, em qualquer sítio do mundo, e que outro mundo é possível. *Isto anda tudo ligado*, escrevia o poeta Eduardo Guerra Carneiro. As brigadas enviadas pelo MST para o Haiti, depois do terremoto de 2010, ou para Moçambique, para auxiliar as populações, após o ciclone Idai, em março de 2019, são outro modo de escrever esta história.

Os açudes, que retêm a água das chuvas e tornam de imediato mais úmidas as suas imediações, são uma garantia de que os dias que virão serão abundantes. O sertão precisa. Quando insistem para que os visitemos, engordados pelas águas, estão a nos apresentar a abundância futura e o porvir risonho, seja a partir do modo mais humilde das vidas comuns, seja como metáfora de utopias repletas – e concretas. Quem viu o sertão seco e de vegetação quebradiça, precisa de confiar no que ouve: vai regressar espantosamente verde, num processo que parece da ordem do taumatúrgico, do divino, do excepcional, ou, mesmo, do impossível. O conhecimento nasce a partir de dentro, do saber comum e localizado destas mulheres que, ao mesmo tempo, nos demonstram que o "dentro" e o "fora" se tornam esbatidos. Essa capacidade de construir a partir de dentro é também incentivada pela prática política e pelos modos de organização. Em mutirão, nos trabalhos comunais, e pela ação coletiva, à conquista de melhores condições de vida, detecta-se por aqui energia criativa e esperança, que são imprescindíveis para transformar em realizável o que é aparentemente inexequível. O impossível, que parece fora do campo das probabilidades, não se faz todos os dias, mas guia muitos seres humanos no caminho para uma vida melhor. É preciso usar a história, rastrear, reivindicar e recuperar o que é contra-hegemônico, com o contributo de quem foi vencido e é anônimo, dos e das subalternas de todas as cores, gêneros e identificações, de quem usa línguas minoritárias ou inventadas, de quem foi encarado como sacrílego, ou dos que estão abatidos, com a melancolia das revoluções derrotadas. A quarta certeza que podemos tirar das palavras das mulheres do MST do Ceará que foram ouvidas é a de que cortar uma cerca, passar uma fronteira, ocupar uma terra, é conquistar a liberdade de entrar e sair de mundos que deixam de ser alheios, e são apropriados, e que a realidade tem gretas, que permitem que nos furtemos às prisões das possibilidades, embora sejamos muitas vezes derrotados. Esse é só o momento de recomeçar.

Quando se compartilha uma idêntica condição, ritualmente alimentada nas designadas "místicas", que são centrais nos encontros de militantes do Movimento de Trabalhadores Rurais Sem Terra, gera-se uma partilha do sensível (Rancière, 2000). Repleta de cumplicidades, com um idioma que une e uma capacidade para agregar quem tem a mesma condição, a partilha do sensível cria uma noção de comum. *Nós,* é um pronome plural que tem potência coletiva, criatividade, plenitude, e que implica produzir redes, relações, espaços, linguagens, diferenças (Garcés, 2013, p. 37). Foi fulcral para subalternos e perseguidos, em momentos variados da história, fossem de defensiva ou de ofensiva, pela ecúmena. Como notou Marina Garcés, "Onde não chega a minha mão, chega a de outro. O que não sabe o meu cérebro, sabe o de outro. O que não vejo nas minhas costas, alguém percebe de outro ângulo" (Garcés, 2013, p. 30, tradução minha). Deste Sul de veias abertas, nas palavras de Galeano, em que os subalternizados foram espoliados pela sanha colonial e pelos formatos do capitalismo, ouvimos uma lição constante: "*Ninguém solta a mão de ninguém*". Essa não será só uma certeza, mas uma proposta, que dá ânimo em tempos e espaços propícios ao medo e ao desespero, apresentados com a palavra 'fim' a adorná-los.

Porque circularam quando foi preciso, e acamparam à beira das estradas quando necessário, porque afrontaram os proprietários e o Estado em busca de uma terra que entendem ser prometida, estas mulheres nos demonstram que o fim de um caminho é o princípio de outros. Mulheres e homens continuam a viver as suas vidas, a olhar para trás e a sonhar para diante, mesmo durante os tempos em que o presente sufoca, em busca de sonhos humildes, que configuram objetivos supremos. Muitas vezes, sondam veredas, só entrevistas ou esboçadas, mais que asfaltadas e confortáveis. Assim os vemos no documentário *Chão*, de Camila Freitas (2019), a desenhar como projetam organizar a terra que um dia terão: o esboço é o sonho de que partem, e terá uma casa, árvores de fruto variadas, legumes na horta, mandioca, milho, café – e um jardim de rosas.

Afinal, só no fim da farinhada se varre a casa da farinha com a palha da carnaúba, para juntar os vizinhos e recomeçar, quando for necessário. A história não chegou ao fim, e mesmo estas histórias contadas pelas mulheres têm já novos dias que valeria a pena relatar. Entre as várias gerações de mulheres militantes do MST parece estar a se construir uma dimensão de feminismo emancipador, a partir de baixo, ousado e radical, ou seja, que vai à raiz, e se mantém na ofensiva. A história é um processo inacabado, e os tempos do porvir dependerão da correlação de forças sociais em momentos precisos, em condições que se tornaram voláteis. É sempre demasiado cedo para concluir.

Paula Godinho, Santiago de Compostela e Lisboa,
maio-outubro de 2019.

Bibliografia

CARVALHO, Horacio Martins. "A emancipação do movimento no movimento de emancipação social continuada (resposta a Zander Navarro)", *in*: SANTOS, Boaventura Sousa (org.). *Produzir para viver* – Os caminhos da produção não capitalista. Porto: Afrontamento, 2003, p. 199-222.

FONTANA, Josep. *El futuro es un país extraño* – Una reflexión sobre la crisis social de comienzos del siglo XXI. Barcelona: Pasado & Presente, 2013.

FREITAS, Camila de. *Chão*, documentário, 110', 2019.

_____, *Capitalismo y democracia 1756-1848* – Cómo empezó este engaño. Barcelona: Crítica, 2019.

GARCÉS, Marina. *Un mundo común*. Barcelona: Bellaterra, 2013.

_____. *Ciudad Princesa*. Barcelona: Galaxia Gutenberg, 2018.

GODINHO, Paula. *O futuro é para sempre* – experiência, expectativa e práticas possíveis. Lisboa/Santiago de Compostela: Letra Livre/Através Editora, 2017.

JAPPE, Anselmo. *A sociedade autofágica* – capitalismo, desmesura e autodestruição. Lisboa: Antígona, 2019.

KRENAK, Ailton. *Ideias para adiar o fim do mundo*. S. Paulo: Companhia das Letras, 2019.

KOINΩNΊA. "Controlar o espaço através da dor", *Mapa*, 18 de maio de 2017. Disponível em: http://www.jornalmapa.pt/2017/05/18/controlar-espaco-atraves-da-dor/. Acesso em: 30 ago. 2018.

LANCEROS, Patxi. *El robo del futuro* – fronteras, miedos, crisis. Madrid: Catarata, 2017.

MARIÁTEGUI, José Carlos. *Teoria e prática da reacção*. Lisboa: Iniciativas Editoriais, 1976.

NAROTZKY, S.; SMITH, G. *Immediate struggles* – people, power and place in rural Spain. Berkeley e Los Angeles: University of California Press, 2006.

ORTNER, Sherry B. "Practicing engaged anthropology", *in*: *Anthropology of this Century*. 25 de maio de 2019. Disponível em: http://aotcpress.com/articles/practicing-engaged-anthropology/. Acesso em: 20 jun. 2019.

PINTO, Eudes de Souza Leão. *O Brasil em face da reforma agrária*. Conferência Mundial da FAO, Inda, s/l, 1966.

POZZI, Pablo; GODINHO, Paula (coord.) *Insistir con la esperanza* – el compromiso social y político del intelectual. Buenos Aires: Clacso, 2019.

RANCIÈRE, Jacques. *Le partage du sensible.* Esthétique et politique. Paris: La fabrique, 2000.

REIS, Cristina de Souza. *Os bastidores da mídia e os movimentos sociais: o caso do MST.* Tese de Doutorado em Estado, Direito e Administração, Faculdade de Economia da Universidade de Coimbra, 2011.

SALGADO, Sebastião. *Terra.* Lisboa: Caminho, 1997.

SCHWARCZ, Lilia M.; STARLING, Heloisa M. *Brasil: uma biografia.* Lisboa: Temas e Debates/Círculo de Leitores, 2015.

SCOTT, James C. *The art of not being governed.* New Haven and London: Yale University Press, 2009.

TAIBO, Carlos. *Colapso* – capitalismo terminal, transição ecossocial, ecofascismo. Lisboa: Letra Livre e Mapa, 2019.

TAUSSIG, Michael. *Mi museo de la cocaína.* Popayán: Universidad del Cauca, 2013.

TORRES, Alexandre Pinheiro. "A poesia de João Cabral de Melo Neto", *in:* MELO NETO, João Cabral de. *Poemas Escolhidos.* Lisboa: Portugália, 1963.

VUILLARD, Éric. *L'ordre du jour.* Paris: Actes Sud, 2017.

GRÁFICA PAYM
Tel. [11] 4392-3344
paym@graficapaym.com.br